"十四五"普通高等教育本科部委级规划教材

数字产品策划

宋晓利 / 著

中国纺织出版社有限公司

内 容 提 要

本书为"十四五"普通高等教育本科部委级规划教材，全书共分为八章，从科学史、媒体发展史、现代艺术史等宏观角度入手，总结了数字媒体的起源和演化。本书结合大量实际案例讲解，深入浅出地阐明了动画、影视、游戏、IP等领域的数字产品发展现状及困境，并从用户需求和市场需求两个方面对数字产品策划提出建议。有助于人们加深对数字媒体艺术、数字产品本质的了解。

本书可作为高等院校相关专业师生的教材使用，也可供数字媒体行业从业者、爱好者参考阅读使用。

图书在版编目（CIP）数据

数字产品策划 / 宋晓利著 . -- 北京：中国纺织出版社有限公司，2024.5

"十四五"普通高等教育本科部委级规划教材

ISBN 978-7-5229-1248-6

Ⅰ . ①数… Ⅱ . ①宋… Ⅲ . ①数字技术—电子产品—策划 — 高等学校 — 教材 Ⅳ.① F764.6

中国国家版本馆 CIP 数据核字（2023）第 237896 号

责任编辑：苗 苗 责任校对：高 涵 责任印制：王艳丽

中国纺织出版社有限公司出版发行
地址：北京市朝阳区百子湾东里 A407 号楼 邮政编码：100124
销售电话：010—67004422 传真：010—87155801
http://www.c-textilep.com
中国纺织出版社天猫旗舰店
官方微博 http://weibo.com/2119887771
北京通天印刷有限责任公司印刷 各地新华书店经销
2024 年 5 月第 1 版第 1 次印刷
开本：787×1092 1/16 印张：14.5
字数：268 千字 定价：69.80 元

在科学技术、计算机科学等技术研究的推动下，我国数字媒体产业高速发展。数字媒体技术的合理应用与发展，简单、快捷而有效地改变着人们的生活生产方式，数字媒体艺术产品也为广大用户带来了新的体验感。正如法国哲学家让·鲍德里亚（Jean Baudrillard）曾说："世界已不再有真实，一切真实都由虚拟而生，虚拟正在改变现实。"数字媒体连接了现实与虚拟、艺术与科技，其以互动改变时代，开阔了人们的视野与思维。可以说，数字媒体时代，既是互联网时代，又是信息互动时代。

而数字产品正是文化、科技、艺术与商业跨界合作的产物，它由科技与艺术碰撞而生，涉及范围广泛，是文化创意产业最具活力和潜力的一部分。截至2022年12月，我国网民规模为10.67亿，互联网普及率达75.6%。目前，我国文化强国战略稳步推进，文化产业蓬勃发展，庞大的市场需求对数字产品的数量与质量都提出了更高的要求。因此，如何满足数字媒体创意产品市场的经济需求，制作出符合消费者用户需求的数字产品，培养高端数字媒体产品策划与设计人才，已成为中国数字媒体专业教育的当务之急。

本书正是在此背景下应运而生。本书的教学角度主要集中于探讨各领域数字文化产品设计特点和产业链运营方式，具有一定的理论前瞻性、较强的跨学科属性和突出的实际应用性等基本特点。为院校培养适应现代数字产品设计、具有复合学科特征的人才，提供理论参考。

本书分为八个章节，主要内容包括数字产品与新时代用户、交互式媒体与计算机图形学技术、人机交互界面设计及策划、数字媒体艺术与影视策划、数字媒体下的动画策划与设计、数字媒体艺术下的游戏策划与设计、"IP"经济模式下数字文化产品策划及设计、数字媒体环境下数字文化创意产业的发展路径。本书首先从科学史、媒体发展史、现代艺术史等宏观角度入手，总结了数字媒体的起源和演化，并结合大量实际案例讲解，深入浅出地阐明了动画、影视、游戏、IP等领域的数字产品发展现状及困境，还从用户需求和市场需求两个方面对数字产品的前期策划提出了建议。有助于人们加深对数字媒体艺术、数字产品本质的了解。

　　在图书的撰写过程中，研究生刘小雨、周轩轶、徐佳慧等为本书做了大量的资料收集和图片整理工作，笔者在此对他们表示感谢。

　　由于时间仓促，书中不足之处在所难免，恳请广大读者批评指正。

宋晓利

江南大学　设计学院

2023年7月10日

课程设置指导

本书适用的专业方向包括：数字媒体艺术、艺术设计、视觉传达、工业设计等。

总课时为28课时。各院校可根据自身教学特色和教学计划对课程时数进行调整。

教学内容及课时安排			
章（课时）	课程性质（课时）	节	课程内容
第一章（2课时）	基础与理论（4课时）		数字产品与新时代用户
		一	信息与数字产品
		二	数字产品的经济学特性
		三	数字产品的消费者分类及特点
		四	基于用户需求的数字产品创新
第二章（2课时）			交互式媒体与计算机图形学技术
		一	数字媒体的研究范畴
		二	数字产品设计的前期
		三	计算机图形技术的发展
第三章（4课时）	方法与实践（24课时）		人机交互界面设计及策划
		一	用户心理及界面设计需求策划
		二	界面设计的流程及方法
		三	新媒体时期的界面设计风格
		四	媒体界面交互设计的案例及问题
第四章（4课时）			数字媒体艺术与影视策划
		一	新时代的影视设计变革与受众心理
		二	影视创作中的设计与策划
		三	影视发行中的设计与策划
		四	影视放映及市场后期策划
		五	数字媒体时代我国电影产业的运营模式
第五章（4课时）			数字媒体下的动画策划与设计
		一	新媒体时期的动画分类及设计特点
		二	动画受众的心理需求
		三	动画策划与设计的主要环节
		四	近现代科学技术发展对动画设计的影响

续表

教学内容及课时安排			
章（课时）	课程性质（课时）	节	课程内容
第六章（4课时）	方法与实践（24课时）		数字媒体艺术下的游戏策划与设计
		一	数字媒体技术推动下的游戏设计及特点
		二	游戏策划的流程与特点
		三	游戏开发及运营
		四	数字媒体环境下游戏制作的新困境
第七章（4课时）			"IP"经济模式下数字文化产品策划及设计
		一	"IP"时态下的数字文化产品特点
		二	数字文化产品的用户
		三	新媒体时期的文化创意产品创新传播方式
第八章（4课时）			数字媒体环境下数字文化创意产业的发展路径
		一	文化创意产业发展现状
		二	数字媒体与文化创意产业的关系
		三	数字媒体对文化创意产业的影响
		四	数字文化产业发展策略

目 录
contents

第一章

数字产品与新时代用户

课程名称： 数字产品与新时代用户

教学内容： 信息与数字产品

数字产品的经济学特性

数字产品的消费者分类及特点

基于用户需求的数字产品创新

课程时数： 2课时

教学目的： 通过本课程的学习，要求学生达到以下要求和效果。

    1. 理解数字产品定义、分类及特点。

    2. 学习并掌握用户研究的相关方法，掌握新时代用户特点。

教学方法： 讨论法、讲授法、提问法

教学要求： 开放式的教学环境，在有明确主题的基础上，让课堂以问题为中心。

教学重点： 掌握数字产品的特性，尝试构想设计方案，并不断完善。

第一节　信息与数字产品

一、数字产品的定义

20世纪90年代以来，信息技术不断创新，信息产业持续发展，信息网络广泛普及，信息化成为全球经济社会发展的显著特征，并逐步演进为一场全方位的社会变革。进入21世纪，信息化对经济社会发展的影响更加深刻。广泛应用、高度渗透的信息技术正孕育着新的重大突破。信息资源日益成为重要的生产要素、无形资产和社会财富。

科技的进步带动经济的发展，人工智能、云计算、大数据、5G等新一代信息技术的发展，成为数字经济发展的重要抓手。与此同时，应运而生的数字产品出现在大众的日常生活中。肯尼思·阿罗（Kenneth J. Arrow）提出，信息就是事前概率与事后概率之差。由此可知，信息产品就是基于信息的交换物，数字产品就是信息内容基于数字格式的交换物。因此，如果把信息产品集合用A表示，把数字产品集合用C表示，则有C属于A，所有的数字产品都是信息产品，但是信息产品不全是数字产品。例如，被数字化的书籍既可以称为数字产品，又可以称为信息产品。但是，纸质书籍就只能称为信息产品不能称为数字产品。

美国著名经济学家卡尔·夏皮罗（Carl Shapiro）和哈尔·瓦里安（Hal R. Varian）在《信息规则：网络经济的策略指导》一书中认为，数字化（digital products）就是编成一段字节。包含数字化格式，可编码为二进制流的交换物，均视为数字产品，如以数字格式分布和使用的数据库、软件、音频制品、股票指数、电子邮件等。所以，凡是数字产品一定是信息产品和数字化产品，凡是信息产品就一定含有信息。信息与产品的交集构成信息产品，数字化产品与信息产品的交集构成数字产品（图1-1）。

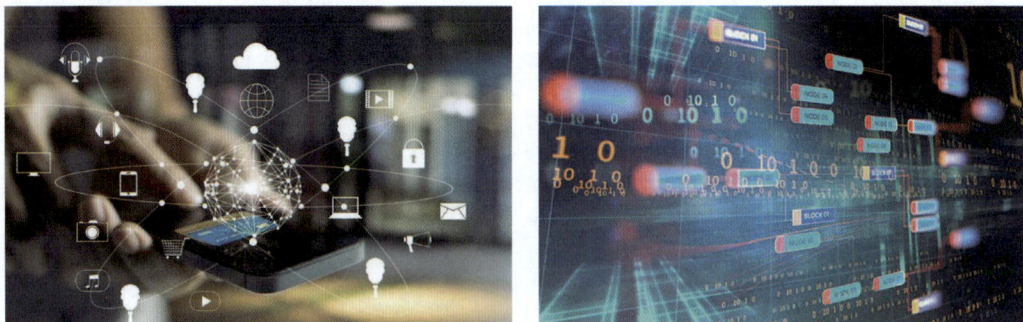

图1-1　不同类型的数字产品

由此可以得出狭义和广义上的数字产品：狭义上，数字产品是指信息内容基于数字格式的交换物或通过因特网以比特流方式运送的产品，而广义的数字产品除了包括狭义的数字产品外，还包括基于数字技术的电子产品或将其转化为数字形式并通过网络来传播和收发的产品，或者依托于一定的物理载体而存在的数字硬件产品。

传播学大师麦克卢汉认为："任何新技术都要改变人的整个环境，并且包裹和包容传统使用环境，并把传统环境改变成一种艺术形式。"媒介在人类历史的长河中总是"后浪推前浪"，它们之间的矛盾关系包括既排除新媒体数字产品使传统媒体变得老旧过时，又包容新媒体以旧媒体为其内容的演进历程，从语言、书写、印刷到电子媒介莫不如此。"媒介即信息"的概念就是：所有媒体的"内容"便是另一个媒体，借用麦克卢汉的思想可以看到当代社会的数字媒体产品正是在利用、改造、解构、拼贴和重构传统媒介如文本、影像、图像、版画、电影、动画、音乐、戏剧或表演的过程。将传统的数字产品作为内容或艺术形式，建构出自身的"数字化"媒体艺术产品特征和体系。因此，麦克卢汉媒介理论是我们理解和掌握新媒体时代数字产品本质的钥匙（图1-2）。

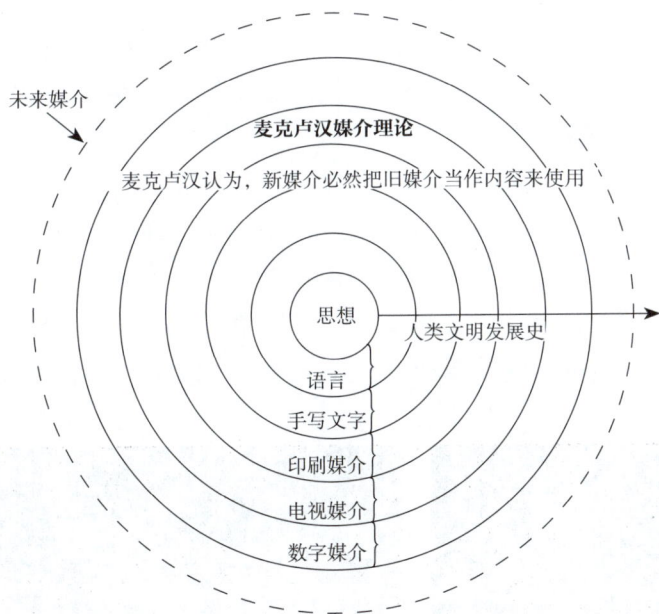

图1-2 麦克卢汉媒介理论

二、数字产品的分类

以数字产品的形式和内容作为划分依据，可以把数字产品分为内容性产品、交换性工具产品以及数字过程和服务性产品。其中，内容性产品是极为主要的组成部分，它又细分为三种：新闻、书籍、音像的数字版本。交换性工具产品指代表某种契约的数字产品，如象征、符号和概念等，具体包括网上订票服务（航班、宾馆等），以及财务金融工具（电子支票、电子货币、信用卡、有价证券等），这些都是可以被数字化为数字产品的金融工具。数字过程和服务性产品是指任何可以被数字化的交互行为，但是这里所说的交互行为，实质上是通过相应的软件来驱动和激发的，具体包括电子政务、电子商务（如网络购物、网上支付、网上拍卖）、虚拟图书馆、数字博物馆等。

以数字产品的存在形式进行分类，可将其划分为有形的数字产品和虚拟的数字过程和服务两种类型。第一种有形的数字产品通常是有物质载体的。例如，一个软件可以刻录到光盘上，其物质载体就是光盘，同时也可以直接通过互联网提供下载，此时载体就是终端服务器的磁盘。而有形的数字产品从使用角度又可以分为内容类数字产品和工具类数字产品。首先，内容类数字产品含有一定的内容信息，其价值主要来自对信息和知识的制作及开发。内容差异是构成价值差异的基础，载体相同而内容不同的数字产品具有不同的价值。其次，工具类数字产品又可以说成"象征、符号和概念"，比如数字门票、电子货币、电子票据、电子凭证等。例如，于2022年7月6日至9月12日在北京时代美术馆展出的"WAVE LENGTH：感知边缘"当代艺术展，就结合了前沿科技与数字艺术（Digital Art）。"WAVE LENGTH：感知边缘"展览系列的数字收藏门票（图1-3）限量发行11000张。利用区块链技术，每一张数字收藏门票都拥有专属的数字编码，具有永久存证、不可复制、不可篡改等特性。观展者在游览"WAVE LENGTH：感知边缘"展览后，能够留下一份永久保存的"独特而唯一"的纪念，收藏一份探索世界与认知的承载。这种借由算法创作的数字产品新奇、好玩，展示场景灵活，且具"专属"价值，让更多艺术圈外的受众更容易接触到艺术，同时在一定程度上有助于推动艺术的普及。

图1-3 "WAVE LENGTH：感知边缘"展览系列数字收藏门票

第二种是虚拟的数字过程和服务。虚拟的数字过程指没有实体存在，但可以通过网络发生交互行为的过程（图1-4），如电子政务、远程教育、在线服务、电子化市场等。数字手段和虚拟技术不仅仅是工具和效果表现方式，它们更大的意义不是为结果服务，而是为过程服务❶。数字过程是交互式的，就要求必须要有人的参与，同时也要有实体数字产品的驱动。类似地，人类的相互作用与相互交流的过程也可以归整成一个数字过程或一个电子化的市场。例如，一家传统的新闻采编公司为顾客搜索报纸，寻找和收集顾客要求的数据和信息，一段计算机程序也可以对数字化的网络新闻做同样的信息过滤。所有虚拟产品的拍卖行为可组成一个电子拍卖市场，在这里可以在线浏览拍卖品并进行电子化地竞价与付款。eBay公布了它的在线拍卖目录，但要与未来的电子竞争者相抗衡，它还必须改善拍卖过程。政府和公司也可以利用电子商务市场征求建议，数字化地接受和评估这些建议，不仅可以提高效率，还可增加参与人数。如果电视台或电台利用电话、传真或信件做观众访谈，几百条信息会耗费大量人力物力，但如果在网上进行，容量就可以轻而易举地达到上万，还可以进行实时分析和应答。创造性的数字化还可以丰富我们的生活方式。比如有时需要送真实的鲜花，但网上送的花同样能表达问候、安慰、爱或其他任何情感。一束虚拟花（花的图形文件）也可以是作为意义的象征，它是实物产品数字化的实例。

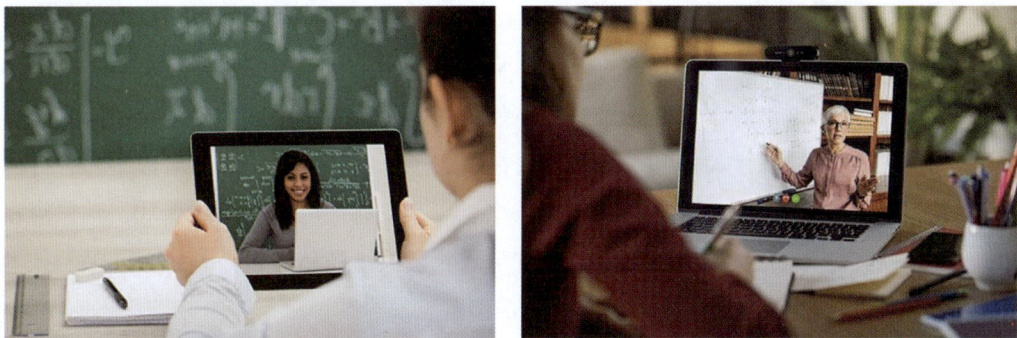

图 1-4 远程教育

三、数字产品的物理特性

1. **不易破坏性** 数字产品的不易破坏性，是指其一旦生产出来，就能永久保持存在形式。数字产品不像传统的有形产品，会随着时间和使用频率的增加慢慢磨损，它是永不变质的。因此，数字产品不易毁坏性的有利之处就在于其内容的稳定性，这种特性的

---

❶ 王歌风.建筑设计中的数字手段与虚拟现实技术[D].北京：中央美术学院，2007：37.

不利之处在于数字产品成了"耐用品",而用户不会像购买消耗品一样经常购买,从而导致该产品的销量难以增加。为了解决这一矛盾,数字产品生产厂商只有通过不断提高产品性能和扩充产品信息量来将产品升级换代,以吸引更多的新顾客,并促使购买了旧版本的老顾客再次购买新版本的数字产品。例如,电脑、摄像机、电视、手机等,都在不停地迭代(图1-5)。

图 1-5　不易破坏的数字产品

2. **可改变性**　数字产品的内容是可以改变的,该特征可以推动数字产品的定制化和个性化生产。例如,一些管理系统的供应商可以根据用户要求,基于系统的基础功能,通过增加部分特殊功能来适应不同用户的具体业务需要。同样的,软件提供商可以通过软件包对现有用户的低版本软件进行升级,利用数字产品的可改变性来克服由不可破坏性带来的问题。另外,数字产品生产厂商不能控制其产品的完整性,因为制造商在产品售出后会失去对其准确性的控制,即消费者在购买了数字产品后,可以对数字内容进行修改、组合等操作,从而改变产品内容的原貌。数字文件一旦在网上被下载,就很难在用户端上控制内容的完整性。尽管有些办法可以验证数字产品是否被改过,如加密技术和数字签名,但其程度和范围非常有限(图1-6)。

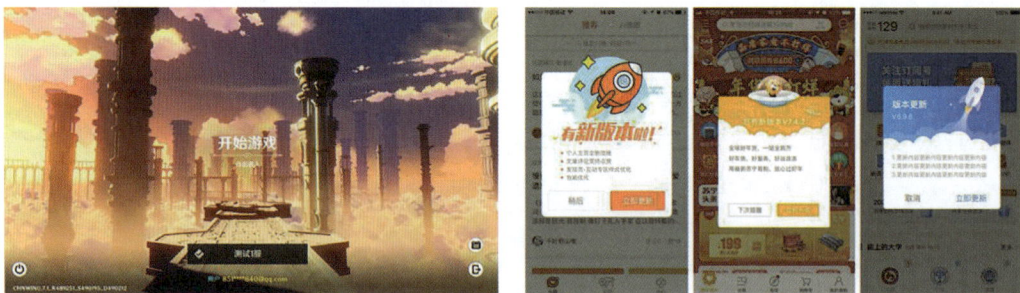

图 1-6　游戏、App 等可修改的数字产品

3. 可复制性 数字产品的可复制性与非数字产品的可复制性有着本质的区别。首先，数字产品复制的经济成本几乎为零。与高额、固定的初始投资相比，复制拷贝的成本几乎为零。其次，数字产品的传播速度较快，该特征是虚拟的数字产品所特有的。虚拟的数字产品通过网络可以在极短的时间内，在不同地区、不同消费者之间进行交换和共享，具有非数字产品无法比拟的速度优势。电子邮件是理解数字产品速度优势的最佳例子之一（图1-7）。同时，我们在线购买数字产品时，减少了消费者的搜索成本，并可以短时间内通过网络传达到消费者手中，缩短了消费者等待产品的时间。

图 1-7　电子邮件传递

4. 互补性 通常指的是有形的数字产品与无形的内容，如DVD和碟片。如果只有碟片而没有DVD、CD等播放装置，那么碟片就不能实现其相应的价值。同样，如果只有DVD而没有碟片，那么DVD也是没有用的。DVD和碟片共同组成了一种互补产品，只有两者结合在一起共同发挥作用才能给消费者带来效用。如果两者分开，则任何一种产品的效用都会有很大程度的降低。数字产品的这种产品互补的特征，使厂商在定价时考虑的因素更多。比如在为一张软件或影片的碟片定价时，不仅要考虑碟片本身，还要考虑与其形成互补产品的DVD品种的多少和价格的高低。也就是说，在为这种具有互补关系的数字产品定价时，应考虑到它们之间的互动关系。

5. 新媒体属性 数字媒体产品的范畴如图1-8所示，数字产品在新媒体时代可以称为数字媒体产品，其研究的范畴作为交叉学科，我们可以一个更为贴切的解释，即数字产品是传播、科技、艺术的结合。也可以说"数字产品是数字科技、视觉艺术和媒体文化三者的结合"，图1-8中可以阐释目前数字媒体产品所涵盖的领域，包括动画、动态媒介（片头、栏目包装、媒介广告、MTV等）设计、实验影像、数字影视、数字影视特效、影像编辑等。按照新媒体研究学者、美国得克萨斯A＆M大学教授兰迪·克鲁福的观点，该领域属于"叙事逻辑"的领域，与视听语言、蒙太奇理论、戏剧结构、角色造型、场景、表演、剪辑、媒介艺术史等课程相联系，它们也同样具备大众性、商业性和娱乐性，但更侧重观赏性。交互产品设计领域包括网络媒体，如博客、购物网、体验馆、视频网、游戏。在数字产品的概念与理论上目前数字媒体产品所涵盖的领域如电子出版物设计、多媒体产品设计、交互设计、信息设计、UI界面设计等都属于该体系。其知识体系属于"数据库逻辑"。克鲁福认为：在叙事逻辑中，控制权在讲故事的人手里；在数据库逻辑中，控制权也在接受者手中，所以数字产品是由用户控制导向的。因此，该领域更侧重用户的"需求性"以及"交互性"的研究。包括可用性设计、信息架构、智能化设计、服务设计、认知心理学、原型设计、人机工程学、用户体验、创客模式和社会学—人类学方法等。其中外圆的部分为广义的交互产品设计范畴，这部分和新媒体领域、数字互动娱乐领域有许多重叠的区域，如交互动画、交互电影、网络游戏、电子出版物等。内圆的区域为更单纯的新媒体设计领域，如信息与交互设计、智能终端产品设计、网络媒体设计、可穿戴产品设计、装置艺术设计、可视化设计等。数字娱乐领域的范围比较模糊，主要指电子游戏、网络游戏、装置艺术、增强现实、交互动画、虚拟漫游、虚拟表演、交互墙面等。这里既有"时间媒体"的特征，又有"交互性"的特征，并属于更侧重观众或玩家体验性的艺术。这个知识体系属于"对话逻辑"，其进程主要是由互动性而不是由叙事形式决定的。但这部分内容同样与数字媒体产品两个领域存在相互重叠区域。而传统媒介延伸领域主要指基于纸媒或户外展示的平面设计、摄影、广告、装帧、插图、漫画、信息导航设计等。虽然这个领域也属于"叙事逻辑"，但往往不呈现时间的依赖特征，而数字设计工具的高效率和丰富性更为重要。图1-8中用虚线表示的部分是数字媒体产品创作、发布与传播中的计算机创作语言、工具或平台，其与媒介产品设计的重叠可以表示这些创作工具涉及的领域。

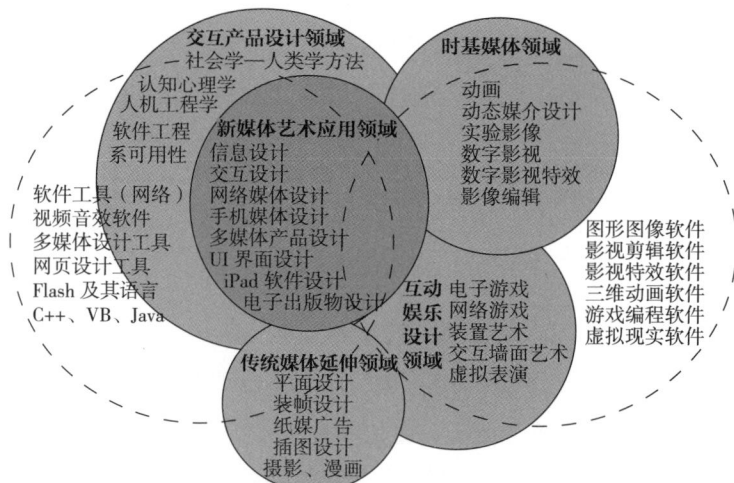

图1-8　数字媒体产品所涵盖的领域

第二节 数字产品的经济学特性

一、个人偏好依赖性

从传统意义上说，数字产品被消费的是其所代表的思想和用处。任何产品的需求都随消费者的个人偏好差异而改变，这点对数字产品的需求则更突出。个人消费偏好是指消费者对于所购买或消费的商品和劳务的爱好胜过其他商品或劳务，又称"消费者嗜好"。它是对商品或劳务优劣性所产生的主观感觉或评价。偏好受文化因素、经济因素、社会因素等多种因素影响[1]。偏好的重要性质是偏好的有序化，即消费者对于商品组织的偏好程度是有顺序的，偏好的有序化具有偏好公理中所规定的行为公理。

其中，消费审美取向所形成的消费偏好尤为突出。消费审美取向是指人们对消费对象的欣赏和情趣的感受，它是文化环境与人的心理交互作用的衍生物。文化的民族性和国度性在消费者的审美取向上都有深刻的反映，这造成了消费者的审美消费行为具有文化的选择性。同种文化中的消费者的审美标准和审美情趣具有高度的趋同特征，它作为一种消费需求反映在市场活动中构成了同质市场。从这个意义上说，文化因素对消费者审美取向的制约和选择是我们区分市场性质的隐性标准之一，忽视了这一点，就是缺乏对市场的深刻考察，必然对其营销活动产生不利的影响。因此，数字产品的销售往往根据消费者的偏好来进行分类。这要根据消费者类型或其他身份信息进行产品的定制和差别定价，因为数字产品的用途和价值是相对不同的，对于差别化的数字产品，应根据消费者的评估意见或边际支付意愿而不是边际成本来制定产品价格。

DELL公司的总裁迈克尔·戴尔（Michael Dell）说过："我们现在的研发部门已不用更深入地去研究企业要去生产什么，因为我们的消费者会告诉我们要生产什么样的产品。[2]" 在网上，企业可以针对不同的消费者为他们量身定制个性化的数字产品，并且根据不同需求状况向不同的消费者收取不同的价格。企业也可以根据消费者的受教育程度、专业、职业、兴趣、爱好提供他们所需要的数字产品。随着云计算、物联网、大数据等技术的发展，这些技术为消费者的私人定制提供了技术条件。特别是3D打印技术的发展，越来越多的企业承接私人定制业务，这项业务完全以消费者的个性化需求为依据，在私人定制的模式下，消费者可通过网络将自己的需求传达给制造商，制造商依托

❶ 陈雪.数字产品特征及其多重定价策略研究[J].平原大学学报, 2006(5):8-10.
❷ 翟姗姗.数字产品的定价策略研究[J].湖北经济学院学报(人文社会科学版), 2008(2):69-70.

大数据和云计算等智能生产平台，以最快的速度满足消费者的需求，提供个性化的数字产品。3D设计师Ganit Goldstein，2022年使用Stratasys 3D打印机，制造了华丽的时装系列"GnoMon"，于2022年米兰设计周期间首次亮相，她将织物视为打破界限的媒介，希望在工艺和新技术之间找到新的平衡点（图1-9）。

图 1-9 Ganit Goldstein 使用 3D 打印的服装

二、独特的成本结构

数字产品独特的成本结构主要表现在生产原创产品的成本非常高，但是用于拷贝生产的成本却极其低廉。比如研发一个软件需要几个月的时间，同时还需投入大量的人力和物力，但是一旦软件开发成功，其复制的成本又极其低廉。这就说明数字产品的固定制作成本很高，但复制成本却很低。而且数字产品的固定成本大多属于沉没成本，即若停止生产，前期投入的人力、物力、财力等固定成本将无法收回，不像传统产品那样，停止生产后可以通过折旧等方式挽回部分成本。对于数字产品的可变成本，如果生产了数量很大的拷贝数字产品，多生产一份拷贝数字产品的成本基本不会增加，使数字产品的边际成本几乎为零。这就使传统的边际成本定价策略不再适用于数字产品，应采取其他形式的定价策略。

三、高附加价值

附加价值是指在产品原有价值的基础上，通过生产过程中的有效劳动而新创造的价值，即附加在产品原有价值上的新价值。数字产品的附加值通常指通过技术创新而创造的科技附加值，数字产品的技术知识密集性正是高附加值产品的特征体现。并且随着网络宽带的普及，数字产品应用也趋于多元化。比如一首《老鼠爱大米》的彩铃，消费者在支付一定费用后，能够以在线的形式方便地把其下载到自己的手机上，服务商一个月能有几百万元的收入。这就是数字产品科技创新而创造的附加值，创造了歌曲本身之外的新价值。数字产品的这种高附加值特性，吸引更多的厂商投入到数字产品的生产中，使竞争更加激烈。这就要求厂商能够更准确地制定价格，除了能弥补前期的沉没成本外，还能获得更多的消费者剩余。

由于消费已日益从"物"的消费转向"感受"的消费，日益倾向于感性、品位、心理满意等抽象的标准，因此，数字产品附加值在市场上的地位越来越高，它与实体产品卖点难以分割，日益融为一体。2021被业界称为元宇宙元年，从这一年开始，元宇宙的概念开始流行起来。在新兴的元宇宙世界里，正在兴起的数字藏品，又称数字艺术品或NFT，引起了大众的关注，人们开始争先体验这种数字产品。比如阿里集团推出的"鲸探"，还有腾讯的"幻核"（图1-10），发行的上万份数字藏品在数秒内就被抢光，显然这些数字藏品虽然是虚拟产品，但对用户仍然有巨大的吸引力。数字藏品可以来自实物，也可以与实物没有任何关系，可以完全产生于虚拟的数字领域，但是由于数字藏品具有唯一性和不可篡改性，其可以与实体商品进行对应，并赋能实体商品的推广、宣传、销售数字藏品，所以，数字藏品在拥有了基本的价值后被用户认可，又因为其具有的赋能实体价值而被用户期待拥有后有升值或投资的附加价值而被购买。

图 1-10　幻核联合敦煌文创推出的数字藏品

四、时效性

数字产品的时效性可以从三个方面体现。首先，类似经典的数字电影和歌曲等内容性产品经久不衰，但也有部分内容性产品具有很强的时效性，像新闻、游戏、股票信息等。例如，许多在线游戏在一段时间内很受消费者欢迎，但不久后就会有更受欢迎的游戏将它们替代。其次，时效性对于不同对象的作用是不同的。例如，PAWWS金融网络公司提供证券信息组合服务，消费者每月支付50美元就可以使用即时指数，而对有20

分钟延迟的指数的服务只索取每月8.95美元的费用。因此，数字产品的时效性就成了影响数字产品定价的一个重要因素。最后，时效性也决定了数字产品的使用强度。部分数字产品可能会被消费者反复使用，不再像传统物质商品那样一次性或在较短时间内被完全耗费，而是显现为一种较少受损耗的状态，排他性大为降低。甚至使用某一数字商品的人数越多，该数字商品的使用价值越大。需要注意的是，数字商品是具有一定时效性的，其使用价值将随着时间的流逝而显现出不断跌落的走向。

第三节　数字产品的消费者分类及特点

一、数字消费者类型

《社交、数字、移动世界研究报告》中指出，现在全世界有超过18亿的智能手机用户，近20亿的社交媒体用户，移动和社交正在成为人际交往的主要方式。此外，诸如智能手表、联网服装等可穿戴设备（图1-11），正在迅速兴起，目前在全球已经拥有超过1.5亿用户，这些设备可以跟踪记录人们的方方面面，如步态、热量、心跳、呼吸，甚至心理压力等。这群新的用户，他们时时在线、自我意识强烈，正改变着企业的经营方式以及企业与客户打交道的规则。

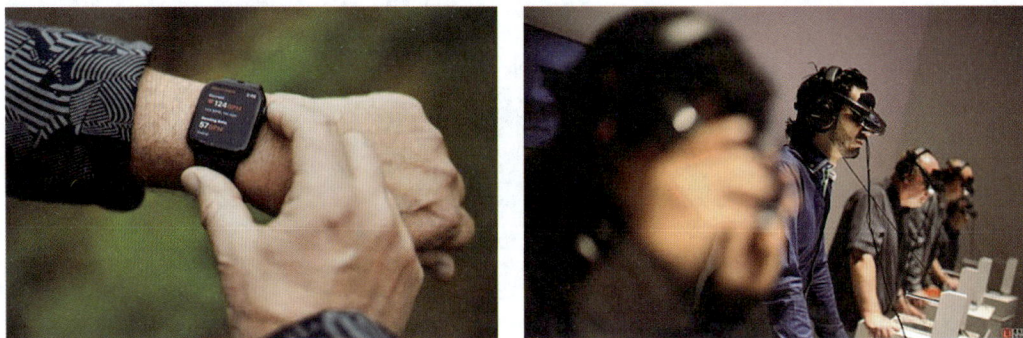

图1-11　可穿戴设备在多领域的应用

从本质上讲，数字消费者给每一种具体情形都带来了独特的数字化特征和行为。这个"自带面具"的全新数字化世界，需要用全新的方式来分析消费者。以前的观念是，通过人口统计学的方法，可以根据人们在公共和私人生活当中的表现，来预测人们的行为，从而帮助商家运用传统的分类方法来进行有针对性的互动。现在，这些模式已经不够了。几乎所有人都可以拥有移动设备、社交网络和可穿戴设备。现在来细分这些数字用户的根据是，他们对这些设备的熟悉程度，以及他们在各种情况下愿意分享数据的程度。无论是从记录采集还是从使用的角度，这些数据都具有很强的社会与经济属性[1]。

新的数字角色可以根据两个重要维度进行分类：数字化能力和数字化信任度。数字化能力指的是用户使用最新技术、功能和服务，来提升生活整体效果和质量的能力，包括手机应用软件、社交工具等基础条件，以及语音工具、视频聊天、基于定位的服务、移动支付、可穿戴设备等高端工具。数字信任度是用户为了获得某种可见的利益，而愿意分享个人数据的相关数据到平台上，在权衡某些情况下，甚至放弃了个人的一些隐私。通过智能手机、可穿戴设备、社交媒体等，我们可以通过平台捕捉到生活的方方面面。

例如，中山大学团队基于3D重建和深度学习算法开发了一种名为"数字面具"（digital mask）的新技术[2]。它能够在擦除可识别特征的同时，保留诊断所需的疾病相关特征。研究结果表明，在保证诊断的前提下，数字面具能够阻止医生甚至AI人脸识别系统识别患者身份，这既保护了患者的隐私，也进一步提升了人们分享健康数据的意愿，将有利于医疗数据更好地用于公共医学研究（图1-12）。

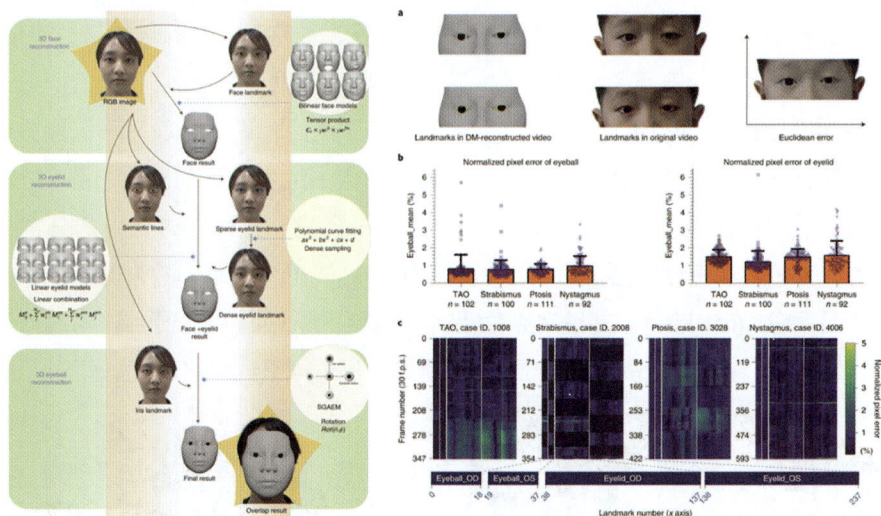

图 1-12 数字面具

---

[1] 尹海员.数字经济中的消费者数据隐私保护——基于数据伦理和数据所有权视角的探究[J].经济学家，2023(4):79-87.

[2] YANG Y, LYU J, WANG R, et al. A digital mask to safeguard patient privacy [J]. Nature Medicine, 2022(28): 1883-1892.

以互联网为代表的数字信息技术正以超乎想象的力量和速度纵深延展，广泛又深刻地影响着工业时代以来所形成的人类文明形态。从媒介化的角度来看，我们已进入了安德烈亚斯·赫普（Andreas Hepp）所说的"深度媒介化"阶段，它意味着构成社会生活的所有元素都与数字媒介及其基础设施产生着深刻的联系。运用数字能力作为数字行为的驱动因素，将数字用户细分为四个类型，以此来估算普通消费人群的分布情况。这些细分的数字用户类型超越了传统的行业界限，在不同的情形下，用户行为模式也会发生变化。根据消费者对数字化的认知程度，将这些行为模式运用到不同的数字情境中去。BYOD（Bring Your Own Device，自带设备）的时代已经过去了。在现在的数字化时代，BYOP（Bring Your Own Persona，自带面具）对于用户的生活和社交体验来说非常关键。

早在1996年，互联网先驱电子前沿基金会（Electronic Frontier Foundation，EFF）创始人约翰·佩里·巴洛（John Perry Barlow）就关注到人们理解数字媒体的不同态度，并将其视作"原住民"（natives）和"移民"（immigrants）之间的差异。按照巴洛的说法，日益升级的新技术总是在引发代际差异，成年人永远追在孩子们的后面，因为后者在数字媒体中浸润成长，是数字文化中的原住民，与此同时，前者则永远摆脱不了局外人的身份，只有不断努力，才能以移民的身份融入不断迭代的技术世界。2001年，马克·普伦斯基（Marc Prensky）发表《数字原住民，数字移民》一文。学者韦斯莱·弗莱尔（Wesley A.Fryer）又将数字时代的阶层划分得更加细致，在数字原住民、数字移民之外增加了数字窥视者、数字难民这两个阶层，这一理论扩充了数字时代所孕育的"世界划分"。

1. **数字原住民（Digital Natives）** 对于数字原住民来说，互联网不仅能方便迅速地获取所需的信息，而且信息交互的方式打破了现实生活中人际的藩篱（图1-13）。有学者指出，数字原住民具有的新认知特点看似更符合我们在网络时代中的日常生活经验，比如小孩子能够通过网络学习平台来获取不同的知识。但是，并未有明确数据证明多任务处理（Multitasking）是数字原住民具有的新的认知特点。而且，同时处理多重

图1-13　数字原住民

任务的认知特点也未必就是件好事情。有研究证明，大脑在同时进行多种任务的时候容易产生认知负荷和注意力损耗。

在社会生活中，典型的数字原住民包括新生代的未成年人及青少年，他们出生便处在数字时代，能够熟练运用各种信息技术和应用，习惯使用技术处理各种问题，数字时代带给他们极大便利的同时，也使部分信息原住民不得不遭受种种信息压力和信息爆炸所带来的焦虑。

2. 数字移民（Digital Immigrants） 特指社会里年纪较大的成年学习者，他们在成长过程中没有机会接触到数字技术工具，成年后才开始接触互联网和信息化，所以需要经历较为长久的学习过程才能适应崭新的信息化环境。他们好像现实世界中新到一个地方的人，必须想出各种办法来适应面前崭新的数字化环境，有些移民思想开放，接受"本土方式"，能够与身边的数字原住民"减少代沟、顺利沟通"，但更多人抵制变化。

为解决这类群体的问题，应该从提供优质的信息资源和技术培训着手，帮助信息移民提高信息素养，使他们更"智慧"地融入信息社会，缩小他们与"数字原住民"之间的"数字鸿沟"。

3. 数字难民（Digital Refugee） 又称数字弃民（图1-14），是信息时代社会人口分类的产物，特指那些数字化生存困难巨大的人，他们既不能自然而然地将日常的工作和生活与互联网水乳交融，也没有能力让自己慢慢地胜任无处不在的网络操作需求。其关键词是"无知或拒绝"，即"要么漠视某些技术，要么拒绝接受这些技术的存在"。数字难民的上述态度并不是批判性的反思，而是站在"技术崇拜"的另一个极端，即充满了对数字媒体的误读和偏见，因此永远无法理解数字原住民和数字移民的世界。

根据中国互联网络信息中心（CNNIC）发布的第51次《中国互联网络发展状况统计报告》，截至2022年12月，我国网民规模为10.67亿，互联网普及率达75.6%；60岁及以上老年人是非网民的主要群体，占非网民总体的37.4%，较全国60岁及以上人口比例高出17.6个百分点。由此可见，相较于中青年人群，老年人在数字化服务中遭遇障碍，沦为"数字难民"的概率更高，他们在出行、消费、就医等日常生活中都可能面临诸多不便[1]。

如果撇开年龄的因素，而将数字难民定义为受困于数字技术的人，就会发现，即使那些熟练使用智能设备的人，也可能无法摆脱数字技术的控制而沦为数字化时代的"受害者"。比如，在智能算法技术的控制下，外卖骑手遭受派送时间和配送路线等因素的约束，不得不加快速度，致使送外卖成为"高危行业"。再比如，个人信息与数据被各大网络平台无限度地采集，小区的"刷脸"设备也会抓取个人面部生物信息，还可能与既定数据库中的数据进行比对，并进一步追踪个体的其他信息。这些信息一旦泄露，就

---

[1] 中国互联网络信息中心. 第51次《中国互联网络发展状况统计报告》发布[J].新闻世界, 2023(3):96.

有可能被不法分子利用，容易对个人隐私和信息安全构成威胁。更有甚者，人们还可能遭遇"全网封杀"式的"过滤"，在互联网社交平台无处容身。

图1-14　数字难民

对于以老年人为代表的数字难民，我们可以通过普及互联网技术、提供更贴心和更人性化的替代服务等方式来缓解其困境；而对于更为广泛的数字用户来说，其日常生活和工作都已到了离不开各种互联网平台的地步，如何避免其在享受数字化便利的同时沦为权利意义上的数字难民，便成为我们"数字化生存"中不可回避的难题。

4. 数字偷窥者（Digital Voyeur）就是将网络拓展至所有数字媒体，指对数字媒体具有初级认知、但却不精通的人群。斯蒂芬·亚伯拉姆（Stephen Abram）曾指出，有些消费者意识到网络生态中新型工具、网站及概念，但却无法真正亲身体验它们；他们可能偶尔访问并看过博客，听闻过诸如聚友（MySpace）、脸书（Facebook），或是图客（Flickr）等网站，但却仅仅是浅尝辄止，只能从知识角度去理解它们，窥视者看不到这些与新技术相关的想法带来的创新潜力。

二、双理性消费者模型

所谓的数字产品差别定价，最重要之处在于价格是建立在用户评价而非产品成本之上的，数字产品的零边际成本这一特性客观上要求数字产品应该采取差别定价策略。不同的消费者有着不同的喜好和价格敏感度，相同的产品在不同的消费者眼中具有不同的价值，而且大多数数字产品都是定制的，包括不同的组成成分，因此，数字产品必须实现差别定价。数字产品的差别定价策略可以通过消费者差别和产品自身的差别来实现。

从消费者差别来看，假设市场由两类消费者组成：一是性能理性型消费者，当市场同时存在性能高、价格高的产品和性能低、价格低的产品时，他们倾向于选择性能高且价格高的数字产品；二是价格理性型消费者，与前者不同，他们倾向于选择性能低但价格低的数字产品。由此可知，两者因为价格和性能而产生了区别，性能理性型消费者对于数字产品性能的敏感程度或偏好高于价格理性型消费者，而价格理性型消费者对于数字产品价格的敏感程度高于性能理性型消费者。

需求模型（图1-15），P_H和P_L分别代表高性能和低性能产品的价格，U_H和U_L分别代表消费者每次使用高性能和低性能数字产品时获得的收益，C_H和C_L分别代表消费者每次使用高性能和低性能产品的成本。在这里，消费者的成本包括上网等待时间、启动等待时间、队列优先级判断等。假定消费者对产品性能的偏好程度可以由使用数字产品的次数来测度，则使用次数越多，偏好越强。

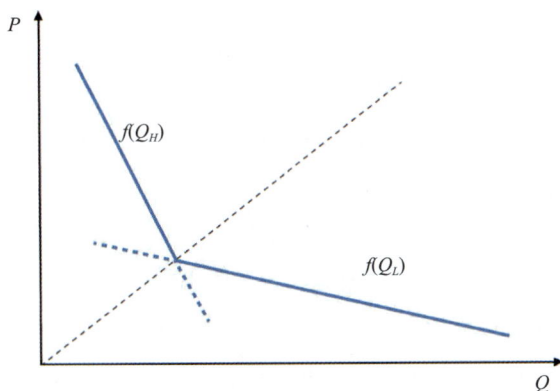

图 1-15　性能理性型消费者的需求函数 $f(Q_H)$ 和价格理性型消费者的需求函数 $f(Q_L)$

性能理性型消费者和价格理性型消费者中的边际消费者的效用函数分别如式（1-1）、式（1-2）所示。

$$f(Q_H)=(U_H-C_H)\times N_H-P_H=0 \qquad\qquad (1-1)$$

$$f(Q_L)=(U_L-C_L)\times N_L-P_L=0 \qquad\qquad (1-2)$$

设函数$f(Q)=Q(N^*)$为代表使用次数为N^*次的消费者数量的函数。

由图1-15可知，性能理性型消费者的需求函数$f(Q_H)$比价格理性型消费者的需求函数$f(Q_L)$的斜率大，这在图中表现为一条更陡的直线，同时，由于函数$f(Q_H)$比$f(Q_L)$的截距更大，因而在图中的位置更高。由此可以在原有的价格—数量坐标中建立一个数字产品的双理性消费者模型。

在存在双理性消费者的数字产品市场上，产品差别化可以构成厂商的最优化竞争战略。厂商针对两类消费者的不同偏好提供差别化的数字产品，从而实现利润最大化。在图1-16中，如果厂商能够同时向两类消费者提供满足他们需求的产品，就能够获得如式（1-3）所示的收益。

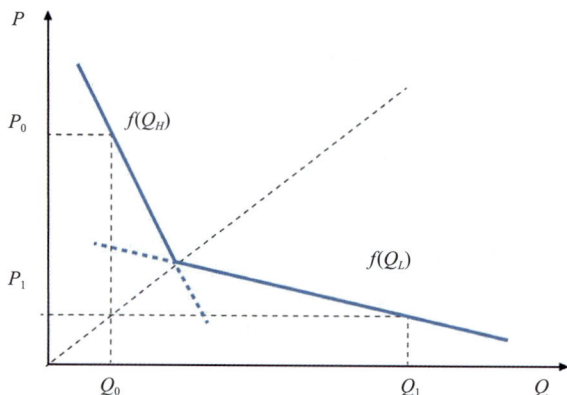

图 1-16 双理性消费者的供给模型

$$AR=P_1 \times Q_1+P_0 \times Q_0 \qquad (1-3)$$

因此，可以实现差别定价。比如，基于不同消费者获取股票报价信息的愿望不同，滞后的股票信息可以是免费的，而实时股票报价就必须缴纳费用。从产品自身的差别来看，制作方可以通过新、旧版本区别来实现价格的差别化。以某个软件为例，生产商可以针对两个不同的销售群体发行不同版本的产品，对数字产品功能要求不高的消费者就可以购买较低价位版本的软件。比如一般OA系统的价格都是按照版本新旧和用户数量来计算的，所以版本和使用人数不同，其价格也会不同。此外，办公设备管理标准很低，但对OA系统部署环境的硬件要求也会影响数字产品的价格。

第四节　基于用户需求的数字产品创新

全球新一轮科技革命和产业革命浪潮正盛，以新一代信息技术为代表的数字产业已成为区域经济、产业创新发展的新引擎。国务院在2022年1月印发的《"十四五"数字经济发展规划》中提出，加快数字化发展，建设数字中国。云计算、大数据、物联网、工业互联网、区块链等重点数字产业备受瞩目，智能交通、智慧能源、智能制造等数字化应用场景成为数字中国建设的重要抓手。

一、在医疗业中的应用

近年来，随着AI技术的快速发展和互联网技术的不断提高，我国数字医疗产业迅速崛起。远程会议（图1-17）、5G、人工智能等相关数字医疗手段，以及互联网诊疗平台、远程购药等方式都极大地便利了人们的生活。

图 1-17　远程数字医疗产业

2022年4月，中央网信办、国家发改委、农业农村部等五部委联合发文提出，"引导地方探索基层数字健共体建设"。当前，数字健共体已成为微医核心业务，并快速在山东、福建、天津、上海等多地落地，在促进民生、助力地方医改的过程中取得了良好的成效。仅山东一省，该服务就已覆盖全省16个地级市，累计服务参保人1800万次，在线问诊人数超800万，服务慢病人群近200万人次；在多个地级市打通医保支付并落地近50家慢病服务中心，患者复诊购药时间由2~3小时缩短到10~20分钟，分担医院门诊压力20%~25%，医保基金提效10.2%。

数字化产品在我国医疗业中也得到初步应用，目前不少医院实现了电子病历系统（图1-18），例如，南软医院的电子病历已与其NRhis收费系统直接对接，无须接口，在

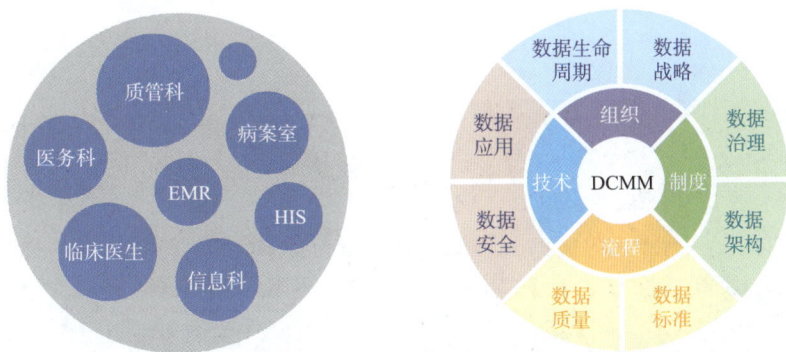

建立病历质量管理委员会，落实相关制度流程、　　　　评估临床数据质量，开展病案数据治理工作，
岗位职责、实施计划　　　　　　　　　　　　　　为管理指标提供客观、准确的数据支撑

图 1-18　电子病历系统

电子病历系统里录入与收费有关的共用数据，可同时直接在收费系统（HIS）完成记账或预缴扣费。持有电子病历的患者也可自己设置病区的信息，包括科室、医生、病房、床位、使用单位名称等，这极大地方便了患者。全面电子化、智能化的数字医疗正在逐步被人们所接受和认可，这也将成为医药健康产业发展的新方向。

二、在印刷业中的应用

中国包装行业相对于欧美、日本等国家，起步较晚，但历经数十年的发展，已初具规模，市场潜力十分惊人。与此同时，随着传统工业与互联网的快速融合，制造业发生了很大变化，逐渐从原来大规模流水线生产向大规模定制化生产转型。新一代的消费者对自由和个性的追求使他们对数字产品的需求越来越小众化，由此，定制化市场逐渐扩大，中国迎来了以用户需求为中心的新的生产时代。其中，数字印刷技术近几年发展迅速，数字及网络技术在印刷业的应用，也在改变着传统印刷业及印刷企业的生产、经营模式。

在中国，印刷市场对数字印刷已经有了一定的需求空间，比如各种票据开始呈现出越来越明显的个性化倾向。在北京、上海、广州、杭州等地，街边随处可见的快印店足以证明数字印刷已进入人们的日常生活中。其中，最突出的就是数字印刷在个性化包装上的应用（图1-19）。数字印刷机基本可以满足个性化印刷的需求，同时数字印刷对原稿具有很强的复原性。在色彩方面，数字印刷色彩的饱和度相比传统凹版印刷要稍差一些，主要是由油墨本身的色彩浓度差异造成的。虽然数字印刷色彩饱和度与传统凹版印刷相比不够鲜亮，但是其对于稿件的整体复原性却很强。相比之下，传统凹版印刷由于外在影响因素较多，比如版辊磨损、油墨黏度控制、不同厂家油墨色彩不一致、新旧墨的混合使用、环境温湿度变化等，容易导致色彩差异，甚至同批产品因油墨多次加入也会造成色彩不一致，而数字印刷不管是同批产品，还是不同批次产品，色彩差异都很小。

图1-19　数字印刷实现个性化包装

　　随着社会经济和文化教育事业的发展，人们可供支配收入的增长和娱乐需求的提高，海报、杂志等印刷品的消耗将会不断地增加，因此印刷品市场远未达到极限，纸质印刷品不可替代。同时伴随数字技术的突飞猛进，虽然传统印刷业将随之转型，但仍会为其他相关行业提供各种各样的技术支持和增值服务。

　　1. 纸质印刷品的不可替代性　首先，传统印刷品所具有的许多优点是无可比拟和无法被替代的。特别是装饰性强的报纸、书籍和杂志等普通文化印品能随时随地欣赏、阅读，与使用计算机、手机阅读相比，更符合传统阅读习惯，阅读时的墨香是一种感官享受。其次，包装印刷品的功能同样是不可替代的。包装不仅能保护产品，更重要的功能是显示信息、品牌个性、提高产品竞争力，这些功能是其他方式无法匹敌的。随着电子商务的蓬勃发展，包装印品、广告、海报、说明书等会越来越多，这是传统印刷行业的主要盈利点。

　　2. 印刷产品的产业延伸性　随着社会需求和行业竞争的日益激烈，印刷行业的市场需求发生了很大变化，早已由传统的印刷领域扩展到更广泛的领域，如广告设计、相关制造业（印刷电路板、3D打印）和产品包装等。例如，印刷企业向广告文化创意的延伸，要求印刷行业要做的不仅是传统印刷，还要负责印品的广告创意设计（图1-20）；要求从印刷产品中，既能看出产品的艺术魅力，也能看到广告设计推动企业发展的引导力。比如精美设计的物品包装，错落有致地摆放在展架上呈现出高雅华贵的质感，这会大大提高顾客的购买欲。当前印刷业的经营模式靠设计创意和订单，从前期设计策划到后期的包装业务，让客户所期待的产品价值得到真正实现，而印刷企业提供的全面设计服务源于市场的需求。所以创意设计已成为印刷企业为客户提供全面服务、提升市场竞争力的重要方面。

图1-20　广告牌海报印刷设计

　　3. 印刷媒体的产业融合性　融媒体是将报纸、广播、电视、互联网，在人力、内容、宣传等方面进行全面整合，实现"资源通融、内容兼融、宣传互融、利益共融"的新型媒体。印刷产业理应适应和引领这一技术变化和社会需求。传媒业属于信息服务业，信息服务业包含三个主要环节：前端的信息提供、中端的传播技术和传播媒介、后端的渠道以及经营。而印刷的本质是图文信息的处理和信息的可视化传播，所以印刷艺术属于媒体艺术，而且是世界上发源于中国的最早的传播媒体技术，可以说印刷产业属于传媒业的一部分。

媒体的融合不是简单地消灭现有的各种媒体，而是在继承每一种媒体优势的基础上去创造出更能符合信息传播规律、更有生命力的新媒体。相同的内容既可以以传统出版物的实体形态呈现，也可以以数字出版物的虚拟形态呈现（包括数字化的书籍、报纸、杂志或基于"互联网+"显示媒体的互联网广告、移动出版、在线游戏或其他新形态的传媒产品），这实际上是跨媒体技术的最基本要义❶。新媒体由于多种原因短时间内不可能超越传统媒体多年的积累，更不会完全取代旧媒体，它只会使传统媒体承担新的角色。未来，二者会呈现合作互补的关系。

目前，印刷媒体已经开始和新媒体合作，这对二者均是有利的。而信息服务业要想更好地满足广告主的愿望和受众的多层次需求，一是必须要从广告主和受众两方面来思考；二是必须提供高质量、多层次、多来源与多渠道的信息服务；三是必须重视内容采集、产品设计、传播媒介、终端渠道等科学合理的选择及有效的经营和科学的管理。

三、在教育业中的应用

随着我国教育信息化的飞速发展，越来越多的人提倡建立数字化校园。数字化校园是以数字化信息和网络为基础，在计算机和网络技术上建立起来的，对教学、科研、管理、技术服务、生活服务等校园信息的收集、处理、整合、存储、传输和应用，使数字资源得到充分优化利用的一种虚拟教育环境。在数字技术的信息环境下，已然产生了一些传统教育的补充者，如在线课程、数字知识服务；同时也产生了多样化的学习方式，如混合式学习、自适应学习。数字化校园也提升了传统校园的运行效率，扩展传统校园的业务功能，实现教育过程的全面信息化，从而达到提高管理水平和效率的目的。教育数字化转型作为教育数字化发展的高级阶段和更高层次的追求，并不是传统观念中数字技术与教学活动的简单叠加，而是通过现代数字技术全方位、多维度、深层次的赋能，推动教育组织教学范式、组织架构、教学过程、评价方式等的转变❷。

---

❶ 蒲嘉陵.印刷及出版传媒产业和技术发展的回顾与展望[J].北京印刷学院学报,2018,26(10):1-10.
❷ 胡姣,彭红超,祝智庭.教育数字化转型的现实困境与突破路径[J].现代远程教育研究,2022,34(5):72-81.

数字技术环境具有自由、开放、分享、协作、高效、丰富的属性，在技术高速发展的推力下，教育新业态的形成条件不断完善，使以去中介化、以用户为中心，数据智能、远距离协作、自我驱动、虚拟情境（图1-21）等为特征的移动互联教育环境得以产生，并正在重塑传统教育业态。由于移动互联环境的碎片化、移动化与高效化的特征，以及伴随的信息多源性、丰富性、自主性与实时性，改变了信息在社会中的生产、分布、传播与存在形态。作为信息资源的生产资料分配方式发生了改变，生产关系随之发生改变，进而社会结构形态也会相应发生变化。

图 1-21　VR 技术在教育领域的应用

传播方式的开放与自由，将知识传播方式由单向变为多向，由延时变为实时，由被动接受变为主动选择。最初口耳相传的知识传播，伴随媒体技术的发展产生形态演变，伴随移动技术的发展产生个体行为演变。移动互联时代的移动社交和自媒体催生了新的知识服务形态，学习者的主客体角色产生了巨大转变。传统的信息权威模式正在逐步瓦解，用户对内容、消息的需求在多样的互联网社群得到满足。同时，随着连接方式的共享与协作，移动互联产生了"众包"（crowdsourcing）这一生产模式，并以共享经济的模式迅速扩散。众包及共享经济充分挖掘了个体智慧与资源，跨越了物理距离甚至文化归属，架构了一种全新的生产组织与协作形式。这个趋势也延伸到知识生产与共享领域，如谷歌社区的知识创造新模式，知乎社区的深度知识分享的社交群体。

数字技术所具有的上述特性对教育系统产生巨大的作用。比如对于学校的存在，虽然对学校是否会消亡的预言自媒体技术出现以来一直不绝于耳，但学校作为教育的核心组织形式，已经成为社会文化的一部分，在可预见的将来也将继续存在。但同时，学校的内涵已经并正在发生变革，学校不再仅仅是空间的存在，网络将不断拓展延伸学校教育的时空。另外，批量生产形态的学校将发生剧变，教育体制下更具多样性的学校开始涌现，针对通用能力和不同侧重的能力为多样人才培养提供机会。面向不同群体的定制式学校已经崭露头角，精细化与个性化的特点成为学校未来发展的方向。学校将成为学习体验的主要场所，包括学习者通过数字技术来体验科学过程、体验知识的应用、体验对话、体验合作、体验创造。

相对于课程的形态，课程的内涵从知识传承向知识创造载体延伸。数字技术提供了对知识本质进行探究的更多可能性，也为知识创造提供了拟真的条件和资源。例如，在特定学科课程设计上，技术为其提供方法、工具和实践场域，通过对技术环境下课程和学习模式的重新设计，将课程目标向跨学科问题解决及创造能力拓展。同时，体现分享协作特征的分布式合作课程，以首个XMOOC的成功试行成为一种全新的课程形式，进一步拓展了课程的知识载体功能，即通过互联网的协作分享进行知识创造而非知识传承，从而使学习成为一种延伸至全球的横向体验。

四、在日常生活中的应用

信息和通信技术早已改变了人们工作、交流和日常生活的方式，如今人们可以不受限制地发送电子邮件，也可以实时跟进员工的工作进度，还可以同时处理多项工作。原来只存在于科幻电影文化中的2023年已经过去，越来越多炫酷新奇的"黑科技"涌现。这些"黑科技"虽然充满科技感，但是价格往往较为高昂。对于普通用户来说，那些价格适当且能真正给人带来幸福感的科技智能产品才是生活中的惊喜。

据悉，2023年2月9日，小度宣布将融合"文心一言"，打造针对智能设备场景的AI模型"小度灵机"，并将其应用到小度全系产品中。借助小度灵机大模型，小度智能音箱中的语音助手可以变成"超级助理"。具体而言，借助小度灵机大模型，小度智能音箱拥有了提取和整合复杂信息的能力；在智能家居场景中的设备控制环节，小度灵机大模型能更准确地识别用户的真实需求（图1-22）。

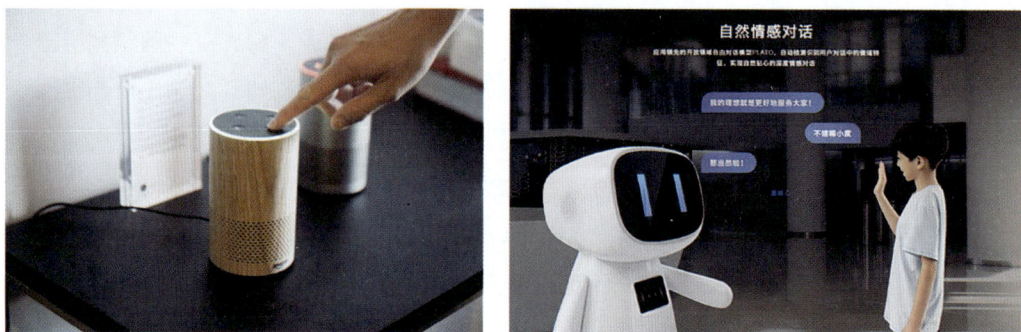

图 1-22 小度机器人

日常生活中的家务，比如洗碗，既浪费时间又浪费精力，重复劳动还伤手。洗碗机的发明在解放双手的同时，也成为降低家庭矛盾的神器。不用去触碰油腻的锅碗瓢盆，洗碗机比人手洗得更干净，连陈年的茶垢都洗得很干净。有些还带消毒功能，洗干净直接消毒，比手洗更加省水省电。洗碗机进水后，采用的是循环冲刷的方式清洁餐具，既能达到非常好的清洗效果，也避免了水资源浪费。再比如华为全屋智能3.0依托Harmony OS（图1-23），从消费者体验的角度出发，基于用户需求不断迭代。用户不但可以自由定制自己想要的空间智能方案，家电等子系统也能够带来智能化平台体验；用水系统能够带来可视可控便捷体验；家电子系统则可实现卫浴联动，打造卫浴生活新方式。

图1-23　华为全屋智能3.0

● 本章小结

　　本章内容主要从信息与数字产品、数字产品的经济学特性、数字产品的消费者分类及特点、基于用户需求的数字产品创新四个部分展开。对数字产品的基本概念、相关物理特性及经济学特性做了初步讲解，有助于帮助大家更进一步理解数字产品的属性。对消费者进行分类并研究其心理需求，能帮助大家更好地进行数字产品创作，只有以人为本的设计才是好设计。同时从几个角度深入探索数字产品对行业发展以及对我们工作生活做出的贡献，促进社会高速优质发展。

　　总之，具有更大灵活度和更高效率的数字化生活必将成为未来发展的趋势。数字化是数字计算机的基础，若没有数字化技术，就没有当今的计算机，因为数字计算机的一切运算和功能都是用数字来完成的。数字化是多媒体技术的基础，数字、文字、图像、语音，包括虚拟现实，及可视世界的各种信息等，实际上通过采样定理都可以用"0"和"1"来表示，这样数字化以后的"0"和"1"就是各种信息最基本、最简单的表示。因此计算机不仅可以计算，还可以发出声音、打电话、发传真、放录像、看电影，这就是因为"0"和"1"可以表示这种多媒体的形象。用"0"和"1"还可以产生虚拟的房子，因此用数字媒体就可以代表各种媒体，就可以描述千差万别的现实世界，所以由数字化产生的数字化产品就显得尤为重要，并且发展非常迅速。在未来数年中，数字化产品不仅仅应用于通信业、医疗业、印刷业及教育业，还将应用于人们生活和生产的方方面面。

● 思考题

1. 阐述数字产品的概念。
2. 阐述数字产品的分类。
3. 阐述数字产品的物理学特性。
4. 阐述数字产品的经济学特性。
5. 阐述数字产品的使用范围。

第二章

交互式媒体与计算机图形学技术

课程名称： 交互式媒体与计算机图形学技术

教学内容： 数字媒体的研究范畴

　　　　　　数字产品设计的前期

　　　　　　计算机图形技术的发展

课程时数： 2课时

教学目的： 通过本课程的学习，要求学生达到以下要求和效果。

　　1. 了解计算机图形图像学"拓荒期""创新期""过渡期""关注期"四个发展阶段。

　　2. 了解皮克斯工厂、太平洋数字影像等公司的发展历程和伊凡·萨瑟兰等学科奠基人的杰出贡献。

　　3. 熟悉数字产品设计产出流程。

教学方法： 讨论法、讲授法、提问法

教学要求： 有目的、有计划、有组织地引导学生积极自主学习相关基础知识。

教学重点： 区分媒体、多媒体、数字媒体等易混淆概念，对计算机图形图像学发展有一定了解。

第一节　数字媒体的研究范畴

随着社会的发展，人们对信息的需求越来越迫切，同时对信息的表现形式也投入更多的关注。数字媒体产品，其实更像艺术作品，好的表现形式能使主题展示趋于完美，使人产生极深的印象。精彩的表现形式，可以使多媒体作品为我们带来更多的震撼和惊喜。数字媒体可以将其所表现的内容更加深刻地体现出来，为人们学习、生活和工作提供更多便利，使人们的生活更加丰富多彩，促进人们的交流与表达。

媒体是信息表示和传播的载体，文字、语言、声音、图像、视频等都被称为媒体。媒体的第一种含义是指存储信息的实体，如磁带、磁盘、光盘等。第二种含义是指承载信息的载体，如文字、声音、图形、图像、动画、视频等。虽然数字媒体涉及的硬件设施也是人们在实践和研究过程中无法避免的范畴，但数字媒体的"媒体"更多地倾向于第二种含义，因此我们的研究也以此为中心展开（表2-1）。

表2-1　不同媒体表达信息的特点

类型	表达信息的特点
文字	抽象、表意准确，提供联想空间
图形、图像	生动形象，清晰再现
声音	表意准确，感染情绪
动画	可以把难以理解的、抽象的内容形象化
视频	生动形象、内容连续，传递信息丰富

可以说，媒体是传播信息的介质，通俗地说就是宣传平台，能为信息传播提供平台的就可以称为媒体，至于媒体的内容，应该根据国家现行的有关政策结合广告市场的实际需求不断更新，确保其可行性、适宜性和有效性。此前，传统的四大媒体分别为电视、广播、报纸、网站。此外，还有户外媒体，如路牌灯箱的广告位等。就目前适宜性来讲，媒体应按其形式划分为平面、电波、网络三大类，平面媒体主要包括印刷类、非印刷类、光电类等；电波媒体主要包括广播、电视广告，包括字幕、标版、影视等；网络媒体主要包括网络索引、平面、动画、论坛等。

而多媒体是多种媒体的相互渗透和有机组合，也就是把各种媒体集合在一起，使人们不仅可以阅读文本，还能享受优美的音乐，欣赏精致的图像，观看引人入胜的电影等。一般认为，多媒体是指能同时获取、处理、编辑、存储和展示两种以上不同类型的信息媒体的技术，如文字、声音、图形、图像、动画、视频等。由于多媒体涉及的对象是媒体，媒体又是信息的载体，因此多媒体的基本特性就是指信息载体的多样性、交互性和集成性。

多媒体信息的多样性决定了信息载体的多样性，多样性包括磁盘、光盘介质，调动人类听觉的语言，调动人类视觉的静态图像和动态图像。交互性可以在不同属性的信息之间进行交互动作。信息载体的集成性是指处理多种信息载体集合的能力，就是说能够对各类信息进行多通道统一获取、存储、组织、合成等。

所谓多媒体技术就是研究如何表示、再现、存储、传递和加工文本、图形、静态图像、动态图像、动画、声音等六类信息的技术。它是计算机、图形学、数字通信和自动化技术等不同学科的多种技术的综合。概括起来，多媒体技术包括视频技术、音频技术、图像技术、图像压缩技术、存储技术、通信技术等。而随着多媒体技术的不断进步，其应用范围进一步拓展，当今主要应用于以下几个方面：多媒体出版物、多媒体办公自动化和计算机会议系统、多媒体信息咨询系统、交互式电视与视频点播、交互式影院和数字化电影、数字化图书馆、家庭信息中心、远程学习和远程医疗保健、媒体空间等。

第二节 数字产品设计的前期

数字产品设计与制作是一项复杂而有趣的系统工程，需要经历一个完整的设计过程，形成一个详细的设计方案，并要求各部分人员按照方案的要求通力合作。数字产品是一个集文本、图像、声音、动画、视频之大成的工程。数字产品设计分为五个步骤：产品市场需求分析、创作需求分析、脚本编写制作、产品集成制作、产品测试发行（图2-1）。

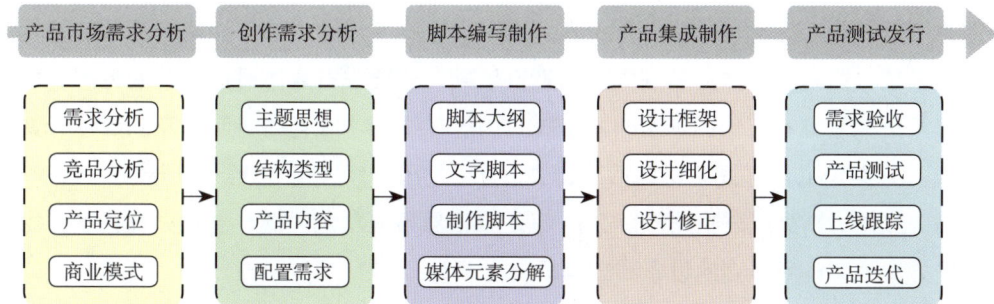

图 2-1 数字产品设计流程图

数字产品设计，第一要进行产品市场需求分析。一是把握社会需求，如当前社会上对此类产品的需求程度如何，国内外有无同类产品，其水平、质量如何。二是要把握用户情况，如产品主要面向哪些用户，用户的计算机应用水平如何，产品一般在什么场合使用。三是产品的效益，如产品的社会效益及经济效益如何，花费的时间和资金需要多少，所提供信息的使用价值如何，使用频率如何。

第二要进行创作需求分析。一要明确主题思想，多媒体作品应该具有鲜明的主题，作品要表现什么内容或解决什么问题。只有明确了主题思想，才能使创作工作紧密围绕主题来进行。二要确定结构类型，多媒体产品具有不同的类型，可分为演示型、自主学习型、模拟实验型、训练复习型、教学型、游戏型、资料工具型等，各种类型的功能和作用不同，产品的风格亦应有所不同。三要确定产品内容，产品由哪几个主要部分组成，其主要内容是什么，相互之间怎样链接。四是配置需求。例如，产品创作过程中需要哪些硬件，需选用什么辅助设备，有无特殊需要，要用到哪些多媒体软件，产品运行时需要的系统最低配置是什么，产品是否需要网络的支持等。五是对发布方式的确认。要确定是将产品保存在磁盘、光盘，还是发布到网络服务器中。

第三要进行脚本编写制作。设计表达是一个不断发展和完善的概念❶。脚本编写制作包括制定脚本大纲、编写文字脚本、编写制作脚本、媒体元素分解。一要制定脚本大纲。根据产品的需求分析、规划与设计，可以得知产品的中心思想、具体内容、制作思路及模块结构，综合这几个方面，从而制定出脚本的大纲。二要编写文字脚本。文字脚本的主要内容是按照多媒体作品的演示顺序，描述每一环节的展示内容及其呈现方式。文字脚本的表现形式有剧本型、卡片型、表格型等。其中表格型脚本又分为交互型和顺序型，分别用于不同的场合。三要编写制作脚本。制作脚本的内容主要是阐述多媒体作品中的表现形式、多媒体要实现的功能、多媒体的制作规范等。制作脚本是在文字脚本的基础上进一步细化设计，根据多媒体的表现特点进行构思，考虑每个画面具体的组成、各媒体信息在界面中的位置、表现方式、效果和交互情况制作文档。这是在文字脚本的基础上进一步细化设计，制作脚本会给出文字脚本没给出的多媒体作品编制的具体指示与要求，这是多媒体产品制作时的直接依据。四要进行媒体设计元素的分解。媒体元素分解是编写脚本工作的延续，需将脚本内容在进一步细化时将所涉及的媒体元素逐一列出并分类登记，这些素材包括图、文、声、动画和视频。过程中所涉及的工作有：将所需的原始材料列成表格（表2-2），确定获取原始素材的方式，制定处理各种多媒体素材的方案并明确所用到的设备和工具软件。

❶ 王超.产品设计的数字媒体表达方法研究[J].大众文艺, 2010, 251(17):43-44.

表2-2　媒体元素分解表

序号	出场场合	元素名称	元素内容	获取方法	文件名
1	片头	背景图	山水图	网上获取、Photoshop 处理	P 001.jpg
2	片头	动画	原创片头动画	原处动画	P 001.swf
……	……	……	……	……	……
N	片尾	制作群	文本	输入、编辑	T 006

人机界面设计属于脚本设计中的详细设计。由于多媒体系统最终是以一幅幅界面的形式呈现，所以人机界面设计在多媒体系统的开发与实现中占有非常重要的地位。界面设计的一般原则有以下五点：

（1）以用户为中心的原则。用户有各种类型，具有相对的统一性，又具有相对的差异性，界面设计应该适合用户需要，从真实用户的真实需求出发，用最严谨和客观的态度来设计。在产品的使用过程中，要让用户体验到简单、方便、快捷、高效，甚至是有趣等，并在产品检验环节让用户来做测试，完全基于用户的真实反馈来调整产品。

（2）最多媒体组合的原则。多媒体产品的优点之一就是能运用各种不同的媒体艺术形式，以恰如其分的组合有效地呈现需要表达的内容。各种媒体都有各自覆盖范围的局限性，假若将媒体组合运用，则可以增加信息传播的广度、深度及有效性。不同的媒体对同一受众来说，效果是相辅相成、相互补充的。由于不同媒体各有利弊，组合运用更能取长补短、相得益彰。

（3）减少用户负担的原则。例如，界面不仅应赏心悦目，还应使用户在操作中减少疲劳，轻松操作。为此，窗口布局、控件设置、菜单选项、帮助和提示都要一目了然，并尽可能采用用户熟悉的方式。尽力消除认知负担给产品带来的不利影响，减去复杂冗余信息，帮助用户关注到重点信息，并尽可能地提供详尽的说明文字和指导方向，提升用户体验。

（4）数字产品集成制作。数字产品又分为App、影视动画、游戏等方向，不同类型的数字产品的制作流程也有着显著差异。例如，游戏制作流程包括游戏策划、剧情设计、角色设计、场景设计、音效设计、程序开发等；动画制作则包括剧本创作、角色设计、场景设计、故事版设计、建模贴图、骨骼绑定、角色动画、灯光渲染、数字绘景、音效设计、后期特效、剪辑等，而二维动画制作又与三维动画有一定差别，动画绘制、关键帧绘制是二维动画的重要环节。App制作则包括需求分析、原型设计、UI设计、项目开发、测试上线等环节。不同的数字产品在制作过程中会面临不同的问题，这需要设计师们具体问题具体分析。

（5）数字产品测试和发行。产品验收就是对产品进行检验，看开发出来的产品与设计、需求是否存在偏差。产品验收的目标在于保证产品质量，达到设计预期。验收时不仅需要验收功能，同时需要考虑使用场景，进行可用性测试，把自己当作用户，看看产品在真实使用的场景中能否顺利运行。

对数字UI交互设计产品而言，验收的内容包括以下方面：第一，功能验收。产品功能用例化后，用例执行是否符合预期设计，以及是否与前期需求吻合。第二，交互验收。操作习惯是否符合大众，正向操作的用户体验是否良好。第三，UI 验收。设计和前端UI是否符合评审的标准，这一点通常是由界面设计师负责。

一个数字媒体产品要有一个整体的基调，不管层次多么复杂，设计的整体基调不能变，否则设计的内容会从页面上失去整体感，显得杂乱无章，基调和风格不统一。确定整体基调需要考虑色彩的运用，彩色与单色各有特点，彩色悦目，但单色能更好地分辨细节，因此不要一律排斥单色。同一屏幕上使用的色彩不宜过多，同一段文字一般使用同一种颜色；前景与活动对象的颜色宜鲜艳，背景与非活动对象的颜色宜暗淡；除非想突出对比，否则不要把不兼容的颜色，如红与绿、黄与蓝等一起使用；同时，提示信息宜采用日常生活中惯用的颜色。

第三节　计算机图形技术的发展

数字媒体中，交互设计的关键要素就是计算机技术的支撑，特别是界面设计的发展，离不开计算机图像合成技术。就计算机图像合成这门学科来说，从开始到现在并没有太长的时间，但发展非常迅速。

1946年，世界上第一台电子计算机诞生，计算机合成图像技术开始用于艺术创作。1950年，以美国数学家、艺术家、绘图员本杰明·弗朗西斯·拉普斯基（Ben F. Lapsky）的电子艺术作品Oscillon（图2-2）为开端。1960年，波音飞机公司的图形设计师威廉·费特（William Fetter）第一次使用"电脑图形图像"这个词来形容自己的工作内容。在近百年的发展过程中，计算机合成图像技术一直伴随计算机技术的发展，经历了从无到有、由弱变强的发展历程。

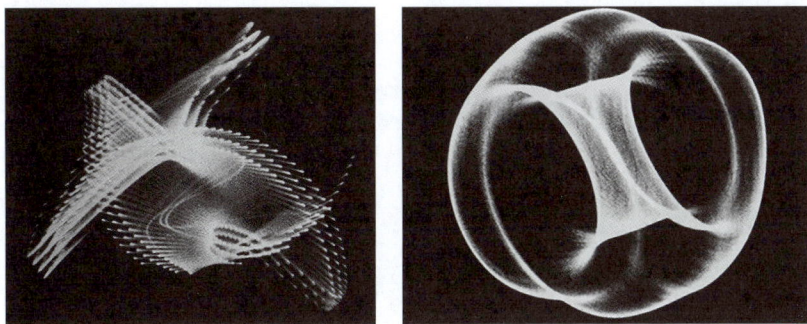

图 2-2 Oscillon

计算机图形技术从作为机密用于军事领域到走进人们的日常生活给人们带来视觉盛宴，其阶段特征也不尽相同。1980年，赫伯特·弗里曼（Herbert Feeman）在他的论文《IEEE编译计算机图形学》中，对计算机合成图像（CGI）学科发展的前二十年进行了简单概述。1981年，西尔万·查森（Sylvan Chasen）曾经发表过一篇类似于论述计算机图形图像演变规律的论文，他首次提出了计算机合成图像"从无到有"的概念，并且认为从1950年到1963年是计算机图形学的"孕育期"；1964年到1970年为其发展的"童年期"；1970年到1981年为"青春期"；1981年后为"成年期"。其间，他发表了很多论文和资料，详细记录了计算机合成图像技术，以及其在动画领域应用的发展史。从其发展特征入手，本章将计算机合成图像发展史分为"拓荒期""创新期""过渡期""关注期"四个时期。

在对这四个时期的横向研究中，分别从图像合成技术的贡献人、计算机设备和技术研发组织机构三个环节入手，分析各个发展时期的特征。在这一部分的研究里，依据相关文献及作品，分别介绍了不同时期的代表性计算机合成图像艺术家；分析了各种计算机技术向艺术不断扩展的现象；论述了不同阶段计算机合成技术应用于艺术领域的形式；考证了不同时期计算机合成图像技术在艺术创作中所呈现的多样化、大众化、商业化的特征。

一、计算机合成图像技术拓荒期的特征研究

在拓荒期阶段，早期的拓荒者主要包括艺术家和研究员，他们很有远见地看到了计算机具有可以制作素材与图片的可能性。计算机科学家们从来没想到是艺术家们在不断打破技术壁垒，在推动计算机技术发展的过程中起着重要的作用。早期的艺术家和研究员共同发掘了计算机制作图像的潜力，开拓了艺术发展的新天地。

1. 计算机图像合成技术的开创者　计算机影像的最初运用是计算机图形技术，这一技术早期主要应用于军事领域。旋风式计算机（图2-3）的研发始于1945年，这个计算机系统的研发是为了模拟飞机飞行，并提供一个"可编辑"的飞行环境，其在1951年首

次成功展示。这虽然不是第一款数字计算机，但它是第一个能够在大的示波器屏幕上显示实时文本和图形的数字计算机。操作者可以用笔在屏幕上指出被确定的目标，这一刻预示着交互式计算机图形学的诞生。

图 2-3　旋风式计算机

　　早期的计算机用户，包括艺术家和设计师，以及数学家和计算机工程师，有时候不同群体之间的职业差异在这个阶段是模糊的。据调查显示，复杂的数学公式或人体工程学设计，计算机生成的视觉图像，对计算机学和艺术学的贡献都是一样的。例如，本·拉普斯基（Ben Lopsky）是一位来自美国艾奥瓦州的数学家和艺术家。在1950年，他创建了第一个由电子（一种模拟实验）机器生成的图形图像。他的电子示波器图像是通过操纵电子光束在巧光显示器上显示，然后将显示效果记录到高速胶片上。他称其为示波艺术品"oscillons"和"电子抽象画"。

　　尽管计算机合成图像技术最初是由科研人员开发出来的，但是该技术却受到了很多艺术家的关注。其中包括约翰·惠特尼（John Whitney Sr. 1917—1995），他是美国动画师、作曲家和发明家，也是最早和最有影响力的电脑动画先驱之一，被很多人尊称为"计算机图像之父"。约翰·惠特尼的主要工作涉及解决电影背景制作过程中出现的各种问题。在20世纪40年代和50年代，他和弟弟杰姆斯·惠特尼（James Whitney）一起制作了一系列实验电影。这方面的实验给了他与著名好莱坞电影制片人合作的机会，包括索尔·巴斯（Saul Bass）。

　　1960年，约翰·惠特尼建立了自己的运动图像公司，1961年他用自己的模拟设备制作了希区柯克（Hitchcock）执导的电影《迷魂记》（Vertigo）的片头字幕（图2-4）。他的公司主要专注于制作影视片头，也制作一些图形广告。但惠特尼兄弟对将该技术当作一种艺术形式更感兴趣，他们在很长的一段时间里利用该技术进行艺术影片制作。

图 2-4 《迷魂记》剧照

　　这些早期的作品主要围绕如何控制他发明的矢量图形设备，使其变成一种可行的工具，用于促进艺术创作的进步。IBM公司曾经提供给惠特尼兄弟一笔资金，要他去检测 IBM公司设备的使用效果。他曾与IBM公司的程序员一起开发了一种语言，用于扩展计算机设备控制图形。基于这项技术，约翰·惠特尼在1968年创作了他最著名的动画片《排列》。

　　约翰·惠特尼曾经在麻省理工学院的高级视觉研究中心工作过，1972年他通过弟弟杰姆斯·惠特尼发明的设备，在美国信息国际有限公司（Information International Inc）创作了他的动画作品《矩阵三号》（*Matrix III*）（图2-5）。

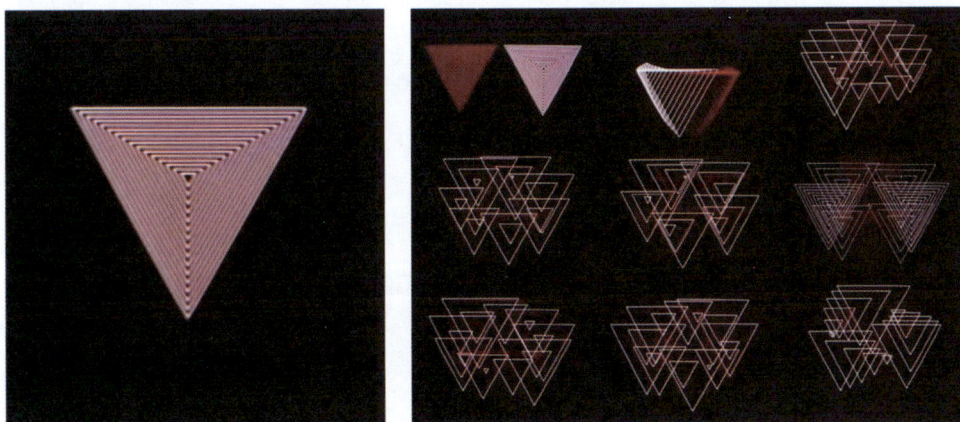

图 2-5 *Matrix III*

后来，约翰·惠特尼与程序员拉里·古巴（Larry Cuba）一起制作了第二部著名作品*Arabesque*。约翰·惠特尼曾在加州大学任教，并且督导动画系的学生工作。在工作期间他完成了一部名为*Digital Harmony*（图2-6）的动画作品，并于1984年在SIGGRAPH电子剧场放映，该作品体现了他的一个主要思想：和谐不只存在于音乐，且存在于视觉表象和生活之中。

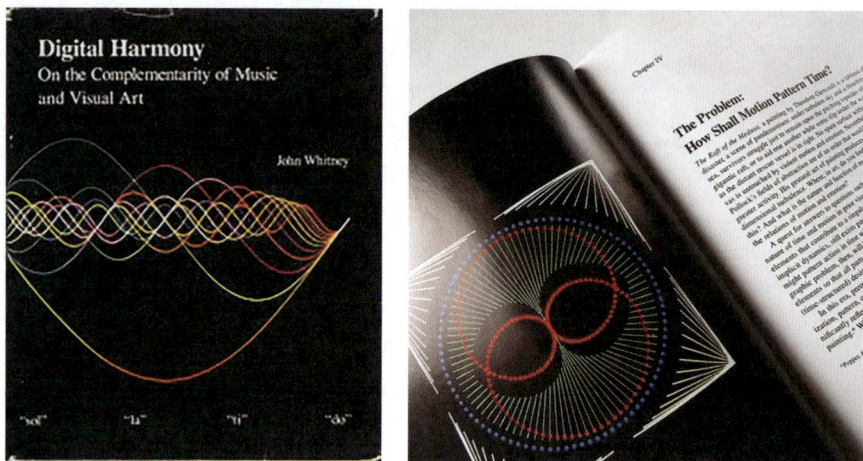

图 2-6　动画作品 *Digital Harmony*

总体而言，这个时期的计算机影像作品的影响力和其他发展阶段存在一定的差距。从技术上看，都属于原始的机器或设备研发阶段，艺术家们试图将新技术应用到创作过程中。从作品风格上看，该阶段的动画作品多为实验性质的短片，或是抽象艺术作品，风格表现多样，没有主流特点。而且作品数量较少，制作得较为粗糙，在一定时间范围内的影响力有限。但是，在缺少人才、缺少软件和硬件支持的环境下，艺术家们依旧敢于尝试、开拓创新，正是这种努力才换来了计算机合成图像技术在下一阶段的蓬勃发展。

2. 艺术创作新工具的兴起　计算机图形图像技术自诞生之初，就与计算机设备密不可分。无论是在制作的过程中，还是在作品最后的展示中，都必须依赖计算机硬件设备。约翰·惠特尼是最早用计算机模拟装置控制图像和相机的人。"二战"后，约翰·惠特尼购买了剩余的军用计算机并把它们进行改装，用于他的艺术制作。这些设备最初是用于军事防空的控制器，惠特尼兄弟把这个军用设备转换成动画控制器，并将它和相机安装在一起作为动画摄影台。

汤姆·斯巧克曼（Tom Stocam）在麻省理工学院林肯实验室（Lincoln Labs）开发了一个项目，主要是利用数字化来处理感光材料。他研究的技术是利用传真机将图片"数字化"，把图片划分为方格，每一个方格可对应内存中代表的色调数字，这就是我们后来所熟知的像素。当他准备好这幅图像的数字信息，再通过改变像素的色彩属性，如动态范围和对比度，然后重新使用相机拍摄显示器屏幕上的图像，完成最后的修正。这就是早期的图像处理和图像编辑，就像现在常见的Photoshop。因此，在20世纪50年代期间，不仅计算机硬件研发迅速，也出现了很多软件的创新。例如，在ENIAC计算机项目的早期研发中，数字计算机的价值在于通过程序编辑完成任务，下一次任务再重新编程，这样就可以完成一些完全不同的事情。

纵观计算机合成图像技术的拓荒期，无论在软件设计，还是硬件设备的研发，都处在尝试阶段。用计算机制作图像，仅仅被视为一种技术上的创新，并没有带来实际的商业价值。基于此特征，在这一阶段出现的计算机设备，承担了数字化图形图像技术的探索任务，为日后研发计算机设备，开发计算机图像合成软件打下了坚实的基础。直到伊凡·萨瑟兰（Ivan Sutherland）开发了他的人机互动影像生成系统（图2-7），人们才开始意识到计算机图形学背后所隐藏的巨大潜力。

3. 麻省理工学院与林肯实验室　在计算机影像技术的拓荒阶段，早期的计算机商业公司和大学的科研实验室共同承担起了研发设备、培养人才的责任。20世纪60年代前，计算机图形图像学概念并没有建成体系，早期的研究人员大多为科学家。他们在大学里成立计算机类型的科研实验室，研发的新技术也主要服务于军事领域。关于这个时期的研发机构就不得不提麻省理工学院的林肯实验室（图2-8）。麻省理工学院的宗旨是"致力于科学、技术及其他学术领域方面的知识来培育学生"，这为21世纪的美国和世界提供了最好的服务。而"保障国家安全并且提供先进的技术支持"则是麻省理工学院的承诺，林肯实验室就是麻省理工学院兑现承诺的最好方式。

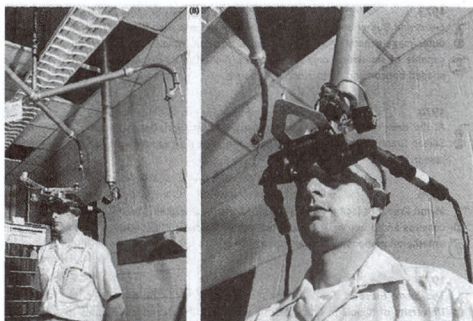

图 2-7　虚拟现实头盔

图 2-8　林肯实验室

林肯实验室的起源可以追溯到"二战"时期，其源于雷达技术项目。1949年，当苏联第一颗原子弹爆炸成功后，美国感觉到这是一个巨大的威胁。为了应对威胁，美国国防部委托麻省理工学院解决这一难题。于是，1951年林肯实验室成立，其主要工作是研究防空系统以保障美国的国家安全。

麻省理工学院林肯实验室的成立，对开创计算机图像学专业起到了关键作用。在这个实验室里诞生了很多具有历史意义的计算机项目。例如，大名鼎鼎的旋风式计算机项目、TX-2计算化项目等。同时，也培养了伊凡·萨瑟兰、劳伦斯·罗伯茨（Lawrence Roberts）、史蒂文·罗素（Steve Russell）、汤姆·斯托克曼（Tom Stockham）等优秀的学生。

1950年至1960年期间，史蒂文·孔斯（Steven Coons）作为麻省理工学院机械工程系的教授，他具有超前意识，将交互式计算机图形图像技术开发成了一种功能强大的设计工具。在第二次世界大战期间，他对设计飞机表面的工作发展做了广义上的数学描述，称为"表面修补程序（surface patches）"。在麻省理工学院的电子系统实验室（Elec onic Systems Laboratory）里，他整理这些修补程序的数学表达式，完成了一部名为《红典》的著作。他提出了关于符号、数学基础和直观解释的一些想法，这就是我们今天常用的表面描述、样条曲面、NU服曲面等知识的基础。他那时所描述的曲面技术是一种构建出相邻面的修补程序，通过这种技术，设计师可以将具有一定曲率的表面组成具有连续性的集合。每个面片是由四个边界曲线定义的一组"混合函数"，这被用来呈现内部机构是如何创建生成的。伊凡·萨瑟兰和劳伦斯·罗伯茨正是史蒂文·孔斯的两个学生，他们为后来的计算机图形学和计算机网络发展做出了许多贡献。

总的来说，麻省理工学院对计算机图形图像学的贡献是开创性的，可以看作一个重要的起点。历史往往存在偶然性，计算机图形图像技术最早出现并服务于军事领域；但也存在必然性，那就是麻省理工学院开创的这项技术会逐渐商业化，融入人们的日常生活。林肯实验室在计算机硬件研发和计算机图形图像学人才培养这两方面都做出了巨大贡献，为计算机图形图像技术的发展奠定了基础。图形图像技术的进步，最终促使了计算机商业的大量出现，为数字技术多样化发展开辟了新道路。

二、计算机合成图像技术创新期的特征研究

在创新期阶段，计算机图形图像技术发展的主力多为高校和大的实验室，许多创新的技术和想法都是在那里产生的。在这期间，"创新者"们致力于解决计算机成像的根本问题，即研究如何用计算机来制作"影像"。

1. 实验室里的艺术家　技术发展使艺术表现有了新的形式。在计算机发展的历程中，早期科学家为计算机艺术做出了杰出的贡献，有科学家的地方就是艺术新形式诞生的地方。他们进行的实验结果，被艺术家们视为一种新的、可发展的形式。所以，早期的实验室也就成了计算机图形图像学培养、储备人才的重要机构，如美国新泽西州默里希尔的贝尔电话实验室（图2-9）。

图2-9　贝尔实验室（美国新泽西州默里希尔的总部）

自从1925年成立以来，贝尔实验室就是一个在实验研究领域的主要贡献者，它在计算机图形图像学、计算机动画和电子音乐方面的研究贡献最早可以追溯到1960年。起初，研究人员主要研究计算机的语音和通信技术，但在此期间，很多计算机创作的视觉作品相继产生。后来，实验室出现了既是早期电脑艺术家，又是科学家的迈克尔·诺尔（Michael Noll）和肯·诺尔顿（Ken Knowlton）。

贝尔实验室的物理学家爱德华·扎亚茨（Edward Zajac）在历史上也是首次用计算机制作电影的人物之一。他的作品在1963年首次公布，展示了卫星可以一直稳定地面对地球环绕的动画。作品的名字是《两个陀螺重力高度控制系统》（ A two gyro gravity gradient attitude control system），如图2-10所示。这是一个影像合成效果的动画作品，使用一个小方块代替卫星，每一帧都代表着卫星相对地球的位置。大约在同一时间，肯·诺尔顿和利昂·哈蒙（Lecn Harmon）进行了人类图形知觉实验，试图实现艺术品创作，通过完善扫描、解构和重建的技术，用圆点创作了一幅影像（如标志创作或者人物角色绘制）。他们的作品《斜躺的裸女》提交给了一个早期的数字化艺术展览会，这个展会在1968年的现代艺术博物馆内举办了"最后的化械（The Machine as Seen at the End of the Mechanical Age）"展览。

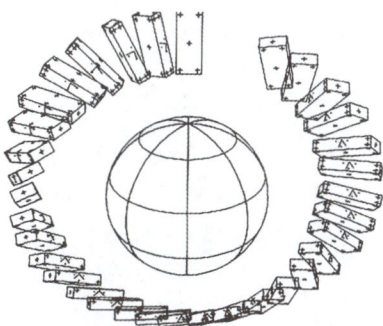

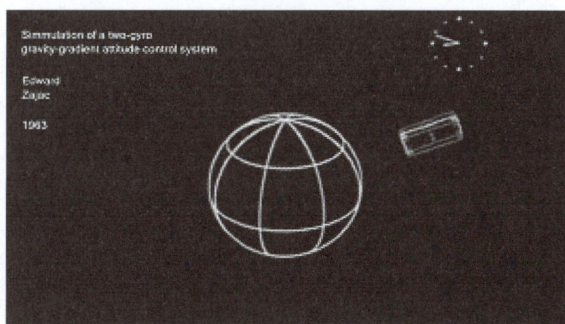

图2-10　《两个陀螺重力高度控制系统》

1963年，肯·诺尔顿改造了Beflix动画系统（Bell Flicks），又名"贝尔实验室的笔触"。他和斯坦·范德比克（Stan Vanderbeek）、莉莲·施瓦兹（Lillian Schwartz）创作了很多艺术电影。1964年，贝尔实验室的露丝·维斯（Ruth Weiss）创建了第一套关于曲面转化为正交视图的算法。她的论文在1998年被计算机图形图像特别兴趣小组（SIGGRAPH）评为"在计算机图形学中对未来有影响的论文"。

在贝尔实验室里，研究人员使用IBM7094计算机第一次实现了"电子数字化处理"，再加上电子胶片记录仪（4020Stromberg-Carlson缩微胶片摄影机）的帮助，制作出了具有高光感的、高分辨率的图像。1963年至1967年间，贝尔实验室参与了十几部电影的制作，在制作完成后，他们认为计算机动画是一个可行的发展方向。扎亚克（Zajac）的作品、弗兰克·辛登（Frank Siwten）的电影、迈克尔·诺尔（Michael Noll）的实验研究，最早促成了三维模型的出现，这就是我们现在所熟知的科学可视化技术。

诺尔和贝尔实验室的其他研究人员，为最早的计算机绘图学科的形成做出了杰出贡献。他的作品《二次高斯》（*Gaussian-Quadratic*）在1965年美国的第一个正式计算机艺术展览会上展出，这个展会就在纽约霍华德明智画廊（Howard Wise Galleries）举办，这些作品在画廊里被称为"计算机合成的照片"。贝尔实验室的贝拉·朱尔兹（Bela Julesz）也参加了展览，展示他制作的随机点立体图。诺尔的一些早期作品包含着一些尝试，他想用计算机创作现代美术作品。例如，他的一个早期计算机生成图像作品是欧普艺术（Op Art，即视觉效应艺术）。欧普艺术又被称作"视幻艺术"或"光效应艺术"，流行于20世纪60年代。这种艺术主要借助线、形、色的特殊排列引起人们的视错觉，从而使静止的画面产生炫目流动的动感效果。它来源于包豪斯，利用了格式塔心理学的研究成果，是与观者的视觉感知作用紧密联系的一种抽象艺术。诺尔用一组正弦波线对艺术家布里奇特·莱利（Bridget Riley）的绘画《流》（*Currents*）进行了模拟（图2-11），她还"复制"了蒙德里安（Momlrian）的作品《构成与线》（*Composition with Lines*）。

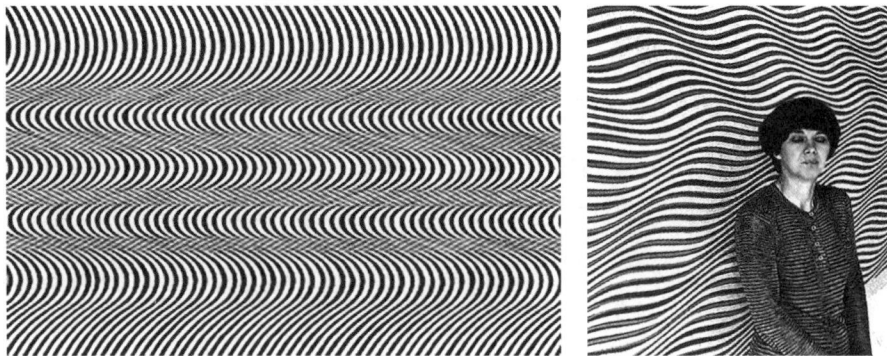

图 2-11　Bridget Riley 的绘画 *Currents*

随后科学家在贝尔实验室做了视觉测试，将诺尔呈现出来的作品连同一份原作者的作品做对比，结果表明受试者实际上更喜欢计算机生成的版本，同时这也是受试者的第一印象。

在这一时期，以贝尔实验室为代表的计算机科学家所做出的突出贡献，使计算机图形图像技术有了初步的产业化趋势。在引领艺术创作的同时，培养了包括诺尔、诺尔顿、施瓦兹在内的大批"计算机艺术家"。迈克尔·诺尔的出现将原来用于计算机科学的技术与艺术相结合，将"拓荒期"已经形成的结合模式进一步强化，使其成为一种艺术创作的重要形式。在贝尔实验室、麻省理工学院林肯实验室、劳伦斯·利弗莫尔国家实验室等的影响下，计算机图形图像技术成就了一大批专业创作者，无论是从数量、质量，还是新的技法运用、作品风格上，与拓荒期相比都具有明显的丰富性。随后，艺术家们开始尝试将计算机图形图像技术应用到电影制作中。

2. 图形图像技术的软件和硬件创新　高校和世界各地实验室的研究人员开始研究、探讨技术，利用计算机、显示设备、交互设备解决问题，并且帮助一些个人用户解决复杂编程的问题，提供一些必要的帮助。这种现象推动了软件产业的兴起，缓解了那些需要用计算机指令操作的个人用户的压力，使操作系统的出现变成了可能。早期对计算机图形图像技术贡献最大的应该是麻省理工学院的林肯实验室，最著名的就是伊凡·萨瑟兰，这位电子工程学博士在林肯实验室的主要工作是研究TX-2计算机，但他被公认为"交互式计算机图形学之父"，是图形用户界面的发明者。

1959年，麻省理工学院林肯实验室的TX-2计算机研发成功（图2-12），这在交互式计算机图形学的发展中十分关键。在美国空军的支持下，林肯实验室建造了TX-0型号和后来的TX-2型号样机，他们使用了自己研发的相对较新的晶体管，这可能是今天主要计算系统的基础[1]。在今天看来，TX-2型号是一个巨型机器，这个机器有着320字节的快速内存，容量是最大的商用机的两倍。它有磁带存储功能，有线的打字机，拥有一台施乐牌打印机，一套纸带文件输入系统。最重要的是它有一个九英寸显示屏、光笔和一系列的切换台，这是第一个交互式计算机图形处理系统的标配。

威斯利·克拉克（Wesley A. Clark）设计了TX-2计算机的多种交互的接口，就是为了使计算机变得更方便。麻省理工学院的学生伊凡·萨瑟兰在选择博士论文题目时，受到了TX-2的显示设备和TX-2栓制台上光笔的启发，编写出计算机程序Sketchpad（画板），这是第一个图形化的计算机程序。伊凡·萨瑟兰也因此成为计算机图形图像技

---

[1] 后来的美国数字设备公司（Digital Equipment Company），是由当时生产这些计算机周边产品的人成立的，这使TX-0和TX-2的设计逐渐商业化。

术的先驱。他的程序支持光笔控制电脑。这样，交互式计算机图形学也随之发展起来。通过Sketchpad（画板）这款软件，用户可使用光笔在屏幕上作图，许多操作类似于今天的Auto CAD和Adobe Illustrator。

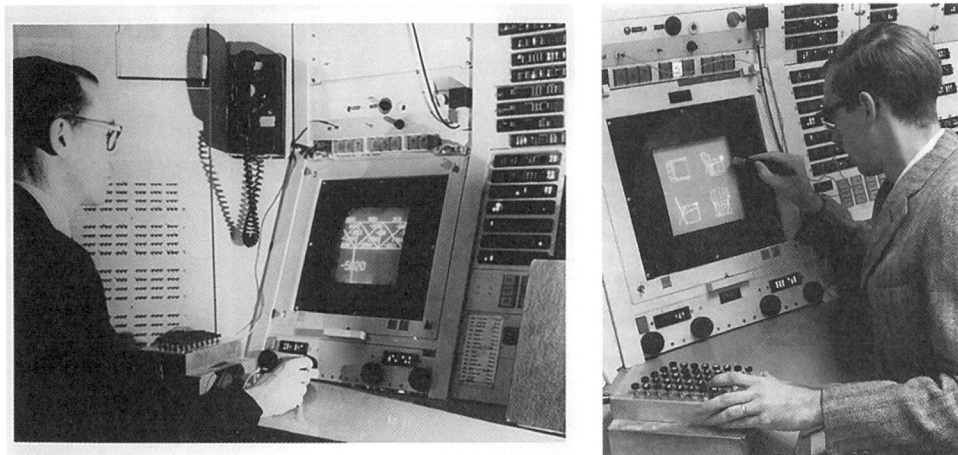

图 2-12　伊凡·萨瑟兰和 TX-2 计算机

萨瑟兰高中时就开始学习使用一个名为"西蒙（SIMON）"的继电器计算机程序，这标志着他开始从事计算机图形图像技术设计职业❶。1963年，他的著名论文《画板》成功发表，这是一篇关于交互式计算机绘图程序的论文。萨瑟兰在他的论文《画板：人机图形通信系统》（Sketchpad: A Man Machine Graphical Communication System）里描述了一种软件，可以用光笔直接在CRT显示器上创建工程图，还可以创造、操纵、复制、存储高度精确的图纸。该软件提供的比例为2000∶1，提供空间大的绘画区域，画板软件作为计算机图形处理的先驱，具有内存存储功能，橡胶带线连接不同功能的机器，放大和缩小的显示能力，并有能力进行完美的线绘制、拐角绘制、接缝处理。

在计算机图形图像技术的创新期，以伊凡·萨瑟兰为代表的科研人员与以麻省理工学院林肯实验室为代表的研发机构，一直是推动该学科发展两大研究主力。随着硬件设备和图形图像软件的出现，以制作企业为代表的新兴力量开始逐渐凸显出来，为计算机图形图像学的研究拓宽了新的道路，但是成本问题却成为企业技术研发的新难题。

3. 计算机硬件的迅速发展　20世纪50年代末到20世纪60年代末的这十年，堪称计算机图形相关计算能力、显示效果和输入输出硬件的重大发展期。计算机在这一段历史

---

❶ 伊凡·萨瑟兰在卡耐基技术学院（现卡耐基梅隆大学）攻读电气工程学士学位时，得到了全额奖学金，在他获得加州科技大学的硕士学位后，紧接着就在麻省理工学院攻读博士。

时期的性质是，支持通过应用程序编写，完善不同的功能。在计算机图形学早期发展中，虽然公司企业购买计算机的硬件设施，促进了计算机应用程序的发展，但发展计算机图形图像的负担也落在了这些公司企业的肩上。

一些早期的计算机商业公司，也都是由大学实验室的科研人员组建的，或是雇用了大学实验室的研究人员。肯·奥尔森（Ken Olsen），一位来自麻省理工学院的工程师，同样也在林肯实验室的TX-2项目组工作。1957年，他创办了数字设备公司DEC（Digital Equipment Corporation）并担任总裁，直到1992年退休。他将TX-2技术过渡为民用技术。1961年，肯·奥尔森开始了他们的第一台计算机"DEC PDP-1"的研发工作（图2-13）。"PDP-1"被认为是计算机发展的一个里程碑，因为它是世界上第一个民用交互式计算机。这个计算机给消费者提供了先进的"分时操作系统"，使用它能够获得比之前更高的计算效率。

图 2-13　DEC PDP-1 计算机

1959年初，通用汽车公司和IBM联合开发了一个项目，目的是建立一个统一的计算机辅助设计环境。最初被称为"数字设计（Digital Design）"，鉴于是使用计算机设计，它的名字后被修改为DAC（Design Augmented by Computer），该项目在1964年秋季联合计算机会议上被公布。IBM根据通用汽车的工程师提供的规范，制作了第一版系统代号为"DAC-1"。这个团队里包括帕特里克·汉拉蒂（Patrick Hanratty）博士，他被称为"计算机辅助设计之父"。2013年，他成为MCS公司（Manufarturing and Consulting Services）的总裁兼首席执行官。DAC-1显示系统，有时被视为第一个计算机辅助设计系统，这种系统能用来展示显示图形对象的一些效果，包括移动效果、旋转效果、缩放效果，以及"不显示效果"。

DAC-1显示控制台需要连接到一个旧M7094计算机上。这套系统采用了一个非常有创意的设计，它将图片的"输出"系统连接到投影仪上。当需要把纸质的设计图导入计算机的显示设备进行操作时，操作员可将图像放入辅助的CRT磁带记录器上，这个图像就会被快速扫描并进行处理，然后投射到幕布上。这能将纸上的设计效果以正确的图像效果投射出来。这样DAC-1输入图纸的方式就更多了，如可以利用传统的手工图纸或计算机控制的软片阅读机等。

通用汽车公司项目里的DAC技术的研发过程，促进了IBM的产品研发，旧M-2250图形显示器（图2-14）是20世纪60年代和70年代初最常用的图形显示器之一。"2250"是指矢量设备拥有1024×1024的分辨率，一个12英寸×12英寸的显示屏幕，光点显示大小为0.02英寸。该系统还包含一个8192字节的存储器缓冲区。旧M-2250图形显示器还具有键盘输入功能、字母数字键盘和光笔，其基本的成本大约是100万美元。

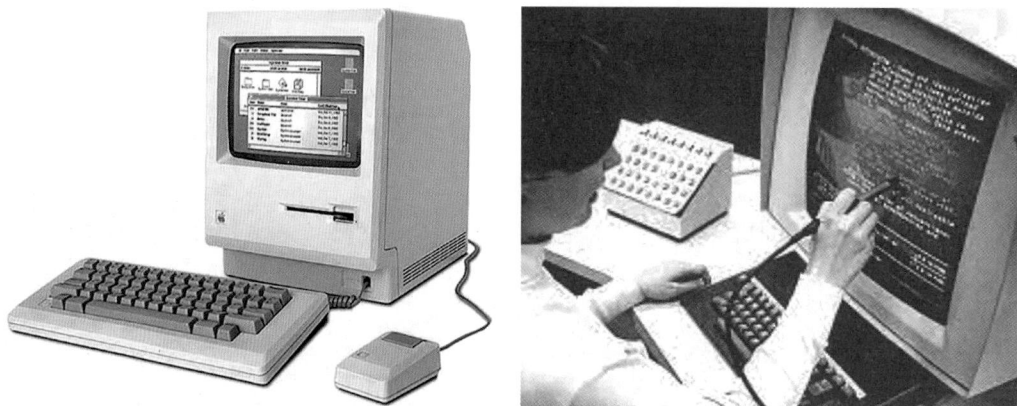

图 2-14　旧 M-2250 图形显示器

其他重要的显示设备和系统在同一时期被引进，许多人认为Adage是第一个独立的计算机辅助设计工作站。Adage显示器具有非常高的显示频率，支持物体移动效果的显示，图像旋转时无闪烁效果。Adage GAT-3型号机，就像IBM的2250一样，成了世界各地实验室的主要使用机型。因此，在计算机图形图像技术的创新期，实验室和高校在尝试创作的同时，为了使技术更好地适应广大用户的需求，缓解成本给企业带来的压力，进行了更多的硬件设施的研发。这些研究对日后计算机图形图像技术的发展起到了积极的作用，成为计算机图形图像学最终正式形成的重要因素之一。

计算机图形图像技术进入创新期后，各国政府都大力支持科技创新。与图形图像学相关的高校和实验室相继成立，使计算机图形图像学由过去的点状式发展变成了广泛化、全面化发展。它不仅在艺术创作上、软件开发上、硬件创造上引领计算机图形图像技术走向成熟，更为重要的是，它为计算机图像合成技术培养了大批富有创新精神的人才，成为计算机图形图像学这门学科创立的最关键要素。与高校和实验室相对应的是制作公司的兴起，其作为第三支力量开始发挥独特的创造力。为了适应时代，艺术家在创作的形式上敢于尝试，在作品的类型上勇于创新，将技术和艺术有机结合，开创了计算机图形图像合成技术的新格局。

三、计算机图形图像技术过渡期的特征研究

在过渡期里，计算机图形图像技术主要表现为设备的优化，以及图像处理软件的开发。早期许多艺术家、研究员、实验室和工作室的主要工作就是将计算机和市场应用相结合，使其成为一种有用的工具[1]。

这一时期，政府和实业公司对计算机图形图像学的发展空间很感兴趣，他们看到了其研究价值和应用价值，并且发现通过研究这项技术，可以从中获得解决现存问题的新方法。因此，首先要做的就是资助这些研究，支持这项工作的学生和学者在世界各地的大学对此做出了回应，他们建立了专门的实验室，相应的专业课程也相继而生。在这期间，大部分研究成果都被认为是有助于推动学科建设的，理论很快被应用于实践，很多制作公司也逐渐兴起，包括像洛杉矶的罗伯埃布尔联合股份有限公司、纽约数学应用群组公司、太平洋数字影像公司等。

1. 罗伯特·亚伯（Robert Abel） 罗伯特·亚伯是一位著名的数字艺术家、制片人。从加州大学洛杉矶分校毕业后，他开始在电影和视觉效果领域工作，是几个获奖纪录片的导演。1950年，他开始从事计算机图形学的研究工作，是约翰·惠特尼的学生。后来，罗伯特·亚伯和康·佩德森（Con Pederson），还有他们的好朋友共同成立了洛杉矶的罗伯埃布尔联合股份有限公司。早期罗伯埃布尔联合股份有限公司参与了一些摇滚乐队的巡回演唱会，并帮他们拍摄音乐会。后来因为公司在早期的定格动画摄影平台的研发和特技电影的设计上有着丰富的经验，其与佩德森一起研究拍摄电影《2001》中特效的摄影系统。

罗伯埃布尔联合股份有限公司一度成为拥有九部水平运动轨迹控制器、若干360°动画控制摇臂、光学印片机和背投系统、矢量和栅格图形系统的制作公司。罗伯埃布尔联合股份有限公司的矢量图形技术研发团队制作了七喜饮料和李维斯（Levi's）的广告。1982年，在签约制作迪士尼公司的电影《电子世界争霸战》（Tron）项目的四家公司里，就有罗伯埃布尔联合股份有限公司[2]。罗伯特·亚伯后来从事了光栅图像处理的软件开发，并且与比尔·科法克斯（Bill Kovacs）、罗伊·霍尔（Roy Hall）等人一起成立了一个新

[1] 20世纪70年代被看作是一个承上启下的时代，这主要表现为影像特效的广泛运用。这期间主要是计算机设备生产公司、影视制作公司、软件开发公司以及高校实验室等对计算机图形图像技术的推动。
[2] 其余三家公司分别是纽约的数字特效公司、纽约的数字应用集团公司、美国洛杉矶国际信息公司。

部门，名字就叫亚伯图像研究小组（Abel Image Research）。

当1987年比尔·科法克斯发布这项产品后，一些人认为亚伯图像研究小组开发的光栅软件就是后来出现的"波阵图技术公司"的产品。对此说法也产生了一些争论，有些人认为波阵图技术公司是独立开发的软件，只是受到了亚伯图像研究小组的启发而已。亚伯图像研究小组的代表作也包括较短的视频案例，如短片《高保真》（*Fidelity*）、班森化妆品广告、天合汽车集团的广告、飞利浦广告等。罗伯特·亚伯本人获得过多个克莱奥奖，可以说是业内最优秀的艺术短片导演。亚伯带领的小组对业界最大的影响就是将传统知识运用到特效制作、摄影拍摄、电影的数字化合成领域中。

1986年，亚伯用850万美元收购了由约翰·佩尼（John Penny）创建的加拿大综合计算机图像公司。但在1987年，公司融资失败后，罗伯埃布尔联合股份有限公司的很多动画师和导演纷纷离开，去了其他高待遇的计算机图形图像技术公司，其中包括像索尼、圣芭芭拉工作室这样的大公司，亚伯本人也成了苹果公司的特别员工。1990年，亚伯又自己成立了一家突触科技（Synapse Technologies）公司，这是一家早期的数字媒体公司，专门为IBM生产教育项目方面的产品。

与计算机科学家不同的是，罗伯特·亚伯在对计算机图形图像技术的贡献里，融合了很多对艺术的思考，他注重发挥自己的特长，创办了罗伯埃布尔联合股份有限公司。从他的个人经历和制作的作品等方面来看，罗伯特·亚伯继承了约翰·惠特尼的艺术思考，但相对于更加注重艺术效果的约翰·惠特尼来说，罗伯特·亚伯更关注计算机图形图像技术的商业性。对技术研发的重视给他带来了成功，商业上的风云变幻，又使他遭受挫折。但正是由于存在像罗伯特·亚伯这样坚韧不拔的研究兼实战型人才，计算机图形图像技术才得以发展。

2. 太平洋数字影像公司（Pacific Data Images，PDI） 1980年，太平洋数字影像公司在美国加利福尼亚州桑尼维尔市成立，创始人为卡尔·罗森戴尔（Carl Rosendahl）、格伦·安蒂斯（Glenn Entis）、庄士杰（Richard Chuang）。罗森戴尔曾经收购了环球电视网软件开发公司（Rede Globo），这家公司在巴西做网络电视促销。这为太平洋数字影像公司早期研发自己的软件提供了条件，其中一些动画脚本语言、建模、渲染和运动设计程序，就是受益于这次收购。开始的时候，项目制作采用的是"戴克VAX"系统，但是这个系统需要强大的硬件支持，如"超级计算机"。"戴克VAX"系统比普通的系统快2~4倍，但是在成本上也比其他系统贵2~4倍。在硬件的支持下，PDI专注于专业的视频制作，不同于洛杉矶国际信息公司和罗伯埃布尔联合股份有限公司所做的电影合成，这一切都归功于公司的硬件设施强大。

早期的成功项目案例包括今晚娱乐、美国广播公司体育节目的1984年奥运会广告片、NBC新闻等。虽然早期的重点是电视网络作品[1]，但在1990年，太平洋数字影像公司还是进入了电影产业。除了电影和广告，他们还在动画主题公园、吉姆·汉森（Jim Henson）木偶戏等实体项目开展业务。

在流行文化的发展以及音乐视频兴起的影响下，1990年太平洋数字影像公司为迈克尔·杰克逊（Michael Jackson）的音乐作品*Black and White*制作视频。他们在电影方面主要代表作品是《永远的蝙蝠侠》《终结者2》《魔幻大联盟》，还有1998年全部由电脑合成制作的动画《小蚁雄兵》。他们也参与制作了1995年3D版《辛普森的万圣节》的制作（图2-15）。

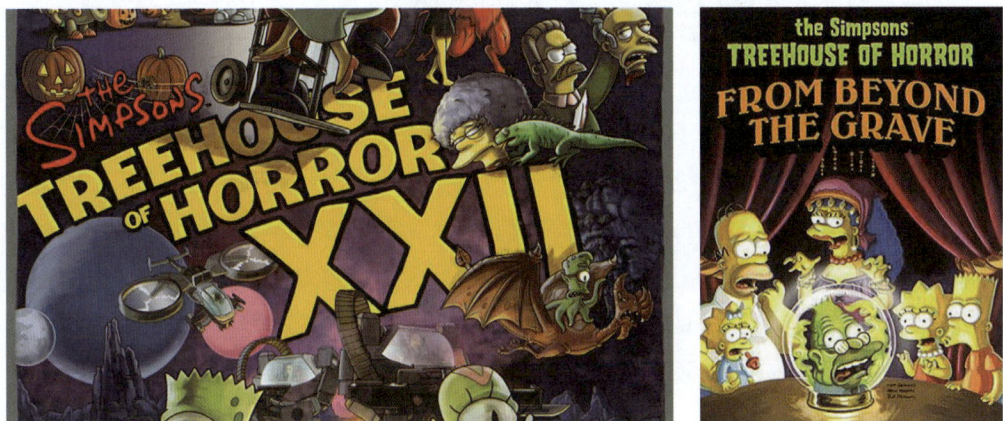

图2-15 3D版《辛普森的万圣节》

太平洋数字影像公司制作这些项目的优势包括角色动画、表情动画、渲染效果。这也得到了同行的认可，他们的员工非常敬业，能够帮助公司在别人都失败的地方取得成功。太平洋数字影像公司有一个很特殊的管理方式，他们经常鼓励动画师做一些自己的个人作品，一些动画师还因此获得了很多大奖。

安蒂斯（Entis）于1995离开PDI，加入了一个游戏公司——梦工厂互动，即现在的电子艺界，担任CEO职务。他随后为自己赢得了"美国电影艺术与科学学院"的"科技奖"。元老级人物卡尔·罗森戴尔在2000年的时候离开了PDI，转而去了iVAST成员组织Mobius Venture Capital的MPEG4软件公司，成了常务董事，掌管几家海外地区的技术公司。

1996年3月，PDI与梦工厂签订协议，为其制作原创的全电脑动画电影，第一部便是《小蚁雄兵》（图2-16）。2000年2月，梦工厂获得了PDI的多数股权，并将PDI纳入麾下，PDI的名字改为PDI/梦工厂，正式成为梦工厂公司的动画部门。

---

[1] 当时，太平洋数字影像公司获得了1985年该市场50%以上的订单。

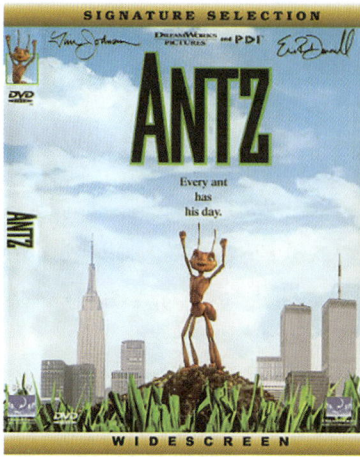

图 2-16 《小蚁雄兵》海报及剧照

通过强强联手，梦工厂于2001年春天推出了3D动画电影《怪物史瑞克》，2004年又推出了《怪物史瑞克2》（图2-17），并且着手开发《马达加斯加》系列动画。"美国电影艺术与科学学院"将1997年的奥斯卡技术成就大奖颁给了太平洋数字影像公司，以表彰他们在研发动画系统中做出的贡献。1998年，太平洋数字影像公司的研发团队成员尼克·福斯特（Nick Forster）被授予美国电影艺术与科学学院奖技术成就证书，以表彰他为模拟水和液体所开发的软件工具。

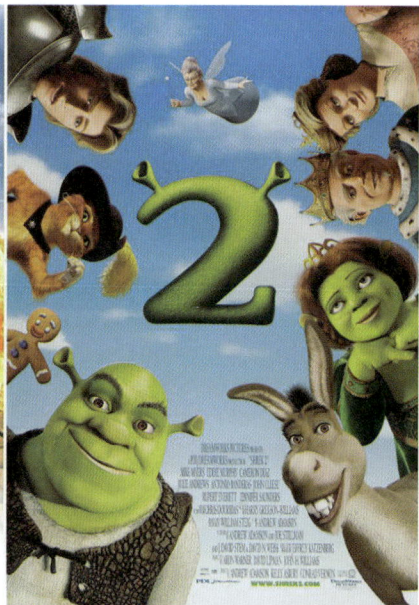

图 2-17 《怪物史瑞克2》

随着计算机硬件技术、图形图像学人才、软件开发人才的逐渐成熟，一大批影视制作公司在20世纪80年代成立。在这一时期，以太平洋数字影像公司为代表的影视制作公司，开启了计算机图形图像技术商业化的新天地。企业公司将技术、人才、硬件设备有机结合在一起，为作品的制作提供了保障。在之前高校实验室和图形图像学专家研究成果的帮助下，新生的影视制作公司及其团队日渐成熟，其作品的质量和数量也逐年提升，计算机图形图像技术以独特的形式开始引领世界影视作品的未来走向。

3. 加州理工学院　1976年，在罗伯特·坎农（Robert Cannon）的努力下，加州理工学院计算机科学系成立，美国助理国务卿的交通系统开发技术小组也随之成立。罗伯特·坎农专门成立了一个猎头组织，招募优秀的计算机图像学教授到这些新部门工作，并且第一批新职员里就有伊凡·萨瑟兰，随后萨瑟兰被弗莱彻·琼斯（Fletcher Jones）教授任命为计算机科学系负责人。

1979年，萨瑟兰招募了吉姆·卡吉雅（Jim Kajiya），阿尔·巴尔（Al Barr）和吉姆·布林（Jim Blinn）也随后加入，最终形成了加州理工学院计算机图形学研究小组的核心，这可能是这个国家最复杂、最像数学专业的计算机图形学专业团队。该小组建立了基本数学体系，用于研究计算机模拟物理现象。巴尔在图形图像学专业的工作是，致力于建立一个统一的数学教学体系，并将其用于模拟模型和模拟物体运动。卡吉雅则是将计算机图形学原理和电磁学的基本方程相连接，用这种方法控制灯光效果。布林的主要兴趣是太空计划，他的一半时间几乎都待在喷气推进实验室制作模拟动画，用来模拟土星任务的"航行者"号探测器的运行过程。

卡吉雅是犹他州大学学术博士，但他感兴趣的领域是"高阶程式语言"、理论计算机科学以及信号处理专业。他对计算机图形学的兴趣始于1981年，他在计算机绘图专业协会（SUBGRAPH）发表了一篇论文，写到通过用不同的方式编辑像素会得到一个更清晰的图像，用来调整阴极射线管显示器字符的显示效果。卡吉雅也促进了各向异性反射技术的发展，换言之，就是具备反射效果的曲面模型技术，像是布料模拟技术，头发效果模拟，还有皮毛效果模拟。卡吉雅在1983年的夏季遇到了阿尔·巴尔，当时他们都是计算机绘图专业协会关于"计算机图形艺术的表现形式"研讨会的发言人。当时巴尔就已经是光栅技术公司（Raster Technologies, Inc）的高级研究科学家，并且在美国伦斯勒理工学院完成了他的论文。

加州理工学院计算机图形学研究小组的工作是将数学方法作用于卡吉雅的"模糊对象的问题"。毛发的仿真效果、火焰的仿真效果、布料仿真效果、水花效果，以及模拟植物和动物的形状和外观都是他们的研究课题。该小组还促进了全天域电影（omnimax film）的发展（图2-18），加州理工学院计算机图形学研究小组一共制作了四部这种类型的电影，并将其在1995年的计算机图形艺术联合大会（SIGGRAPH）上做了展映。第一部是由巴尔制作的关于生命起源的动画片。第二部影片是由喷气推进实验室的杰夫·戈德史密斯（Jeff Goldsmith）借助卡吉雅和布林开发的软件，制作的飞跃之星的模拟演示视频。第三部是基于布林开发的软件，制作的星座题材的电影。第四部是在艺术中心的学生帮助下，卡吉雅和计算机科学系研究生蒂姆·凯（Tim Kay）、布莱恩·冯·赫尔岑（Brian Von Herzen）一起制作的30秒动画，所描述的是一个飞进太空的镜头，并且以上这些案例都在加州理工学院校园内完成。

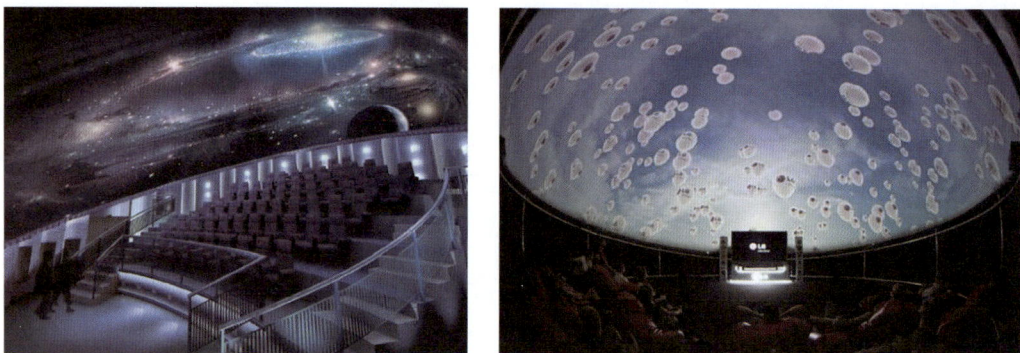

图2-18 全天域电影（omnimax film）

1986年，卡吉雅开发了一种渲染方程式，是一种在灯光和曲面的相互作用的环境下，开启全局照明的建模方式。这个渲染方程式和它的各种升级版本，已经奠定了"基于物理渲染模式"的基础，开启了一个新的写实技术的时代。

加州理工学院其他的研究人员包括蒂莫西·凯（Timothy Kay）、安德鲁·威肯（Amlrew Witkin）、布莱恩·冯·赫尔岑、大卫·克尔克（David Kirk）、库尔特·弗莱舍（Kiirt Fleischer）、罗南·巴泽尔（Ronen Barzel）、大卫·莱德劳（David Laidlaw）、约翰·普拉特（John Platt）等。由于对计算机图形学和交互技术的杰出贡献，吉姆·卡吉雅获得了1991年的计算机图形艺术联合大会图形成就奖（ACM-SIGGRAPH Graphics Achievement Award）。1996年，他和蒂姆·凯也获得了"学院奖"，以表彰他们的毛皮和头发生成技术为电影事业的发展所做出的贡献。

在计算机图形图像技术的过渡期里，以加州理工学院为代表的高校实验室，将技术应用到了实际的生产过程中。在不缺乏人才的实验室里，计算机图形图像技术的发展更具有创新性，每个新技术所带来的视觉效果都是开创性的，并且直接影响到这一时期的作品效果、电影的观影方式、视频的制作技术等方面。高校做到了新技术与实践的结合，这种培养机制的出现对商业化逐渐成熟的计算机图形图像技术领域是非常适合的。

　　因此，如何培养具有综合能力的人才，成为计算机图形图像技术今后的一个发展方向。这一时期，对于计算机图形图像技术发展来说，是一个承上启下的时期。对计算机图形图像技术设备的优化和图形图像处理软件的开发影响最大的，当属影视制作企业的兴起。以太平洋数字影像公司为代表的影视制作企业将计算机图形图像技术商业化，通过先进的计算机设备和软件，提高了制作速度，提升了作品的表现力。更为重要的是，影视制作公司的出现，使原本在实验室的技术，通过公司运营可以实现经济效益的转化。以加州理工学院为代表的高校实验室，推进了软件的研发，优化了硬件设备，为计算机图形图像技术的商业化铺平了道路。

四、计算机图形图像技术"关注期"的特征研究

　　从20世纪80年代初到今天，随着图形图像制作行业的兴起，计算机图形图像技术对于工程师、科学家、设计师、商人、艺术家来讲，已经成为一种有效的、强大的、具有经济效益的工具。这个时期产生了很多的"关注者"或是说"跟风者"（这里的描述并不是将其贬低或具有贬义）。他们关注先进技术，追求学习新方法。其中不乏一些具有影响力的企业、大学和实验室。

　　1. 唐纳德·格林伯格　美国纽约州伊萨卡的康奈尔大学的计算机图形学程序项目（Program of Computer Graphics，简称PCG）作为世界领先的CG项目之一，自1974年成立来，一直由唐纳德·格林伯格（Donald P. Greenberg）主任负责（图2-19）。格林伯格和他的工作人员（也是他的学生），共同完善了很多实际应用理论基础，是现在计算机图形图像学专家和从业者经常使用的应用理论基础。

　　格林伯格在康奈尔大学就读的是建筑专业，他还在哥伦比亚大学学过工程专业。作为塞韦鲁斯跨国工程咨询公司总部（Severus Associates）的工程师顾问，他参与并设计了圣路易斯港口（Saint.Louis Arch）、麦迪逊广场花园（Masson Square Garden）（图2-20）等著名的工程项目。

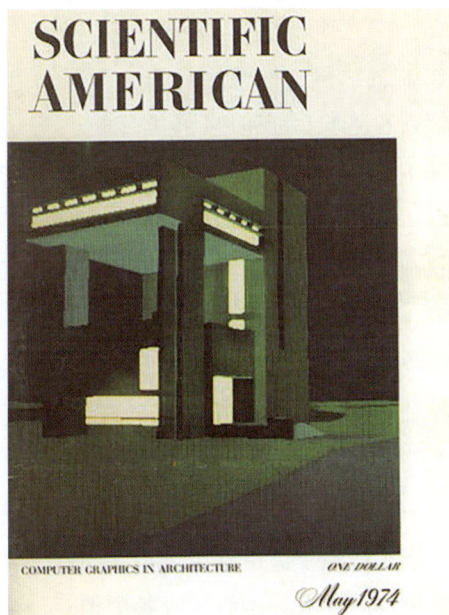

图 2-19　唐纳德·格林伯格著作 *Scientific American*

图2-20　圣路易斯港口、麦迪逊广场花园

　　在20世纪60年代，格林伯格开始着迷于计算机的设计潜力，但是他对工程应用程序提供的数字输出速度不满意。他努力编写软件来优化显示效果，结果却促成计算机图形图像学多学科项目的建立，这件事也促使他获得美国国家科学基金会的大力资助。

　　1966年以后，格林伯格一直在计算机图形图像领域做研究并从事教学工作。在过去的这些年中，他一直在为计算机图形图像学的发展而努力，推动计算机图形图像技术在各学科中的研究。他的课程主要是计算机辅助设计、计算机动画艺术和技术研发，方向涉及图像生成技术、渲染、用户界面设计、电脑动画。

　　1973年之前，康奈尔大学在计算机图形图像学方向的研究，主要是在锡拉丘兹（纽约州）的通用电气公司（General Electric）进行的。格林伯格和他的学生都是在业余时间前往锡拉丘兹进行研究，一直到机器需要第二天早上才能使用的情况下，他们才会离去。1991年，康奈尔大学成为五所参加"新美国国家科学基金会（the New National Science Foundation Science）""计算机图形学技术中心（Technology Center for Computer Graphics）""计算机科学可视化计划（Scientific Visualization）"的大学之一。这个长期研究也是由格林伯格和他的四位杰出同事共同建立的，从实验中心成立到1995年7月，都是由他担任实验中心的主任。1987年，格林伯格获得计算机图形艺术联合大会孔斯奖（ACM-SIGGRAPH Coons），用以表彰他对计算机图形图像学和人机交互技术的贡献。

　　唐纳德·格林伯格在从事教育的过程中，为计算机图形图像学领域的发展做出了巨大贡献，他不仅引领了该学科的研究方向，更重要的是他促成了计算机图形图像学多学科项目的建立，为后来的各个学院带来了重要的指导和参考。在计算机合成图像技术关注期，出现了大批像唐纳德·格林伯格博士一样的奉献者，他们将自己的终生都奉献在计算机图形图像学的研究中，为后人树立了优秀的榜样。

　　2. 康奈尔大学　康奈尔大学计算机图形学程序项目（Pogram of Computer Gireiphics）（图2-21）在1973年的秋天，首次获得美国国家科学基金会的资助，这使实验室能够订购第一批计算机图形处理设备。这些设备在1974年1月到达，紧接着康奈尔大学的兰德大厅（Rand Hall）成立了实验室，由格林伯格负责。康奈尔大学计算机图形学程序项目最出名的地方在于，它开创性地进行了图像的合成工作和一些渲染算法的研发，主要是合成场景中直接和间接照明光能传递计算方法。实验室的长期目标是开发基于物理的照明模式渲染效果，并且研究直接基于渲染程序渲染图像的方法。这些技术最后渲染出来的画面，在视觉形象上与真实世界已没有区别。他们努力的结果，促使了大量具有精确照明功能的商业软件的出现。

图 2-21　康奈尔大学计算机图形学程序项目组

康奈尔大学的罗伊·霍尔帮助亚伯图像研究小组开发光栅系统，并且促成了Wavefront渲染器的成功开发[1]。当时流行的渲染器"渲染巨匠Lightscape"也是康奈尔大学的研究成果。实验室成立以来，明确并且精确地制订了一个框架，对全局光照研究、模型反射研究、模拟真实的能量传递、视觉显示的算法做了详细的规划。当前的目标是解决这些需要模拟计算的真实时间。他们采用了集群式的处理器进行实验，并且还使用了专门的硬件显示设备。他们为了实现这一目标，采用了增加处理能力的芯片，将共享内存资源进行分散式处理，平均计算机命令的同时计算这些方法。计算机图形学的研究还涉及非常复杂的三维建模环境和建筑设计建模的新方法。

1991年，康奈尔大学计算机图形学的实验室搬到了新建的工程学院的学术中心，并把实验室的名字改为罗兹礼堂（Rhodes Hall），以向前任康奈尔大学校长弗兰克·罗兹博士（Dr.Frank H.T.Rhodes）致敬（图2-22）。1998年，在美国计算机图形艺术联合大会的25周年会议上，康奈尔大学的CG实验室被评为最有影响力的12个研究实验室之一。

---

[1] 罗伊·霍尔还写了一部很重要的书——《计算机生成的图像的照明和颜色》（*Illumination and Color in Computer Generated Imagery*）。

图 2-22　罗兹礼堂（Rhodes Hall）

　　计算机图形图像技术作为一种表现图像的工具，本身具有抽象性、虚拟性。随着康奈尔大学对计算机图形图像技术中渲染器的研究的不断发展，艺术家不再满足于虚拟和抽象，而是希望计算机可进行写实制作，这也是计算机图形图像技术发展的一种趋势。在计算机图形图像技术关注期，以康奈尔大学为代表的学院实验室从研发渲染算法、渲染方式等角度入手，将计算机图形图像技术的写实性带入了新的时期。

　　3. 皮克斯动画工作室（Pixar Animation Studios）　皮克斯动画工作室作为卢卡斯影业的图像合成部门，在1983年重组成为皮克斯和游戏部门，主要工作是软件的开发，但也从事设计和研发硬件系统（图2-23）。皮克斯自己研发的图像计算机被售于可视化产品类的高端市场。从事医学研究的Vicom公司以200万美元的价格收购了皮克斯的图像计算机研发机构，皮克斯商业广告部的工作也于1995年终止。

图 2-23　卢卡斯影业和皮克斯动画工作室

　　当乔治·卢卡斯（George Lucas）下定决心尽全力发展好皮克斯的时候，史蒂夫·乔布斯（Steve Jobs）在1986年收购了皮克斯。作为交易的一部分，卢卡斯电影公司保留了访问皮克斯技术的权利。爱德·卡特穆尔（Ed Catmull）成了新公司的领导者，部门里大多数员工都离开了皮克斯。皮克斯后来以一系列优秀的动画短片而闻名，如《顽皮跳跳灯》（*Luxo Jr*，1986年）、《独轮车的梦想》（*Red's Dream*，1987年）、《锡铁小兵》（*Tin Toy*，1988年）、《小雪人大行动》（*Knick Knack*，1989年）和《棋逢敌手》（*Geri's*

Game，1997年）（图2-24）等。

图 2-24 《顽皮跳跳灯》和《小雪人大行动》

皮克斯动画工作室开发的软件包括REYES、CAPS、Marionette，多数为动画软件或者是渲染软件。他们还开发日常计划的管理软件，像是动画项目管理软件coordinates和tracks。后来应用程序开发小组将REYES技术转变到RenderMan的产品中，并将它于1989年投入市场。1992年的CAPS软件开发、1995年的数字扫描技术、1997年的数字绘画软件、1999年的激光胶片记录技术都赢得了奥斯卡技术奖。由于担心同NeXT计算机公司竞争软件产品开发力度，史蒂夫·乔布斯在1991年终止了应用程序开发工作。

1995年，皮克斯动画工作室上市，在三维动画电影《玩具总动员》获得成功后，皮克斯还开发了两个CD-ROMs技术（计算机使用光盘），由于工作室在动画电影的制作上尝到了甜头，所以集中精力制作动画片，调整了公司的发展战略。1991年，皮克斯与迪士尼公司签署协议一起开发三部电影。1997年，两个公司又公布五部电影的制作协议，其中包括《玩具总动员》续集的制作。皮克斯的《锡铁小兵》于1988年获得了奥斯卡奖[1]，1998年的《棋逢敌手》同样获得了奥斯卡奖，皮克斯还赢得了奥斯卡技术成就奖、金球奖和克里奥奖以及一批美国的技术专利。皮克斯在1998年创作的动画电影《虫虫特工队》《玩具总动员2》《怪兽电力公司》和《海底总动员》（图2-25）都创下了票房纪录。皮克斯在2002年离开美国马林县，搬迁到埃默里维尔的新公司，在那里继续着他的辉煌。

在计算机图形图像技术关注期里，有很多像皮克斯动画工作室一样的公司，从一开始的开发技术和硬件设备公司转型为动画制作公司。其间，有的转型成功，有的却破产面临重组。很多公司的名字消失在了这种转型过程中。今日看来，皮克斯

---

❶ 《顽皮跳跳灯》在1986年获得了奥斯卡奖提名。

的决定显然是正确的，先进的技术保障了皮克斯能够创作优秀的动画作品，并获得巨大的利润。随着计算机图形图像技术在世界各个行业内的影响力急速提升，技术发展所带来的行业区别也变得清晰起来，对确立计算图形图像技术在高校里的专业划分、企业从事经营的范围、学者专家的研究也起到了积极的作用。皮克斯呈现出来的作品，在内容上越来越丰富，画面效果上越来越写实，作品数量逐年增加，向世界展示着一个新兴专业的崛起。

图 2-25　《玩具总动员 2》和《怪兽电力公司》

一些艺术家在20世纪50年代初，用计算机配合阴极射线管显示器，实现了简单的显示输出。但从广义上讲，计算机图形图像学研究的开始与伊凡·萨瑟兰的工作有着密切的关系。在萨瑟兰开发了他的人机互动图片生成系统后，人们才开始意识到计算机图形图像学所隐藏的巨大潜力。在20世纪50年代末至20世纪60年代末的这段时间里，这种"潜力"虽然被大众认可，但发展却十分缓慢，主要有三个障碍。

第一个是当时高成本的计算量。计算机图形图像技术成本高的缺点很快被人们发现，尤其是在做交互设计的时候，这与计算机的运算能力和内存大小有直接联系。20世纪60年代初期，要满足这些需求的成本，只能是几所大学和一些大型工业研究实验室通力合作，才能达到研究的目的。

第二个障碍就是对制图软件的概念缺少理解，这需要一个实际的计算机图形图像系统才能实现。专家们很快意识到，在某些情况下，一些数据需要重复使用，因此不得不开发一个数据结构库，但还要在视觉关系上具有二维图像特点。隐线消除、底纹着色、扫描转换都需要算法，并且这些算法后来都被证实比预期的要难。尽管一些看似简单的任务，像在数字显示设备上画一条直线或弧线也需要算法，但这绝不是微不足道的任务。

第三个障碍就是系统软件和应用软件的复杂性被严重低估了。许多早期的计算机合成技术的成就，事实上就是一种纯粹的"自娱自乐"，就这些成就本身而言，只是令人印象深刻而已。对于能够满足实际需要，并且对经济有利的交互式图形设计应用程序来说都相当匮乏。

幸运的是，因为计算机图形图像技术与许多其他的技术同属技术创新范畴，在20世纪70年代初期这门技术迎来了一个新的机会。当时计算机设备的成本逐年下降，而劳动力成本却不断增加。操作系统被改善，我们能够应对越来越复杂的软件开发。用计算机生成图像的算法，取得了令人瞩目的成就，尤其是在用计算机模拟制作三维物体的效果方面。这种进步尽管缓慢，但在当时已经足够了。

在20世纪80年代，计算机图形图像技术需要硬件和软件技术的支撑，批量处理和交互设计都离不开传统的数值计算。在批量处理模式下，生成图片的速度是次要的，计算机硬件设备才是关键的。关于互动设计，图片生成的时间是非常重要的，只要信息显示在显示器或等离子面板上，生成图片的速度就必须要快。

在早期的计算机图形图像学中，人们对硬件设施的关注度很高。到了1990年代，由于优秀的、高性能的硬件已经可以从许多制造商那里得到，因此，重点已经转移到如何利用算法生成我们所需的各种各样的影像，如线图、阴影图、颜色图等。还有如何研发方便编程的影像处理软件。通过这些技术，可以提高电影作品的画面质量，使艺术的创作思路更加开阔。

● 本章小结

本章主要阐述了数字媒体的研究范畴、数字媒体设计的前期、计算机图形技术的发展三个方面。对数字媒体概念的研究，有助于大家更好地理解数字产品的开发，数字产品设计的前期则能够提升大家对数字产品前期策划的认识，从而更好地进行设计。本章重点讲述了计算机图形技术的发展历史，帮助大家深入了解数字媒体艺术的发展背景，像加州理工学院计算机图形学研究小组、皮克斯动画工作室等都为数字媒体艺术的发展奠定了一定的技术基础，对数字产品的开发制作也起到了至关重要的作用。

总而言之，计算机图形图像技术的发展对于中国来说，有危机也有机遇。一方面，我们可以将这些技术应用到我们的作品中，利用计算机图形图像技术商业化，加速产业升级；另一方面，计算机图形图像的核心技术掌握在西方发达国家的手里。我们仅有技术的使用权，对于软件研发而言，还相距甚远。因此，我国的计算机图形图像技术研究人员应积极转变方向，脚踏实地研发技术内核。而转变的关键，就是在制作过程中重视技术的实用性，研发具有自我特色的核心技术，计算机图形图像技术的原创性才是我国电影和动画产业长远发展的动力。

● **思考题**

    1. 阐述数字媒体的研究范畴。

    2. 阐述数字产品设计的流程。

    3. 阐述计算机图形发展的历程。

第三章

人机交互界面设计及策划

课程名称： 人机交互界面设计及策划

教学内容： 用户心理及界面设计需求策划

界面设计的流程及方法

新媒体时期的界面设计风格

媒体界面交互设计的案例及问题

课程时数： 4课时

教学目的： 通过本课程的学习，要求学生达到以下要求和效果。

1. 了解并掌握各类移动终端界面设计相关原则、风格及技术。

2. 掌握对游戏、网页、App交互界面设计分析方法。

3. 学习并理解用户研究，能够对设计需求进行筛选和分级。

教学方法： 讨论法、讲授法、提问法、实践指导法

教学要求： 保证有一定的设计实践，并给予实践指导。

教学重点： 了解界面设计相关原则及方法，并进行设计实践练习。

优秀的交互界面设计应简单明了、易于使用，且能让用户在人机交互过程及操作过程中有愉悦感和满足感。这就需要在以用户为中心的基础上，充分考虑UI界面的人性化和交互性。目前，智能手机UI设计的出发点已逐渐由市场需求转向用户需求，解锁的人性化交互设计，主要体现在两个方面：一是操作使用的方便、快捷性；二是视听感官的趣味性。人性化设计追求的是积极的人机关系，它使人机沟通处于友好、舒适、自然和一致的状态，这也是人机关系所想要实现的目标。

第一节　用户心理及界面设计需求策划

20世纪70年代后，一批研究者提出把认知研究作为用户研究的理论基础，并证明了用户认知和情感特征对其网络搜索行为所产生的重要影响❶。随着UCD（User Centered Design）和可用性设计理念的不断成熟，开发者将人类认知规律应用到Web交互设计中，以实现与用户认知模式的匹配，并取得了一定成果。主要研究方向集中于用户有意识的认知能力对其行为的影响，本质是研究产品或网站设计可用性的问题，并可通过可用性测试、用户反馈和现场观察等方法对设计结果进行评估。然而，用户在行为过程中还受到潜在心理和情感的影响。

用户认知反映了对特定事物及其相关事物间关系的认识，而用户情感更多的是一种情绪上的喜好或厌恶、情感上的亲近或疏离等。用户心理模型主要在认知和情感上展现一种抽象的概念：从设计层面来看，我们可以将其理解为一种"关系图表"或"知识概念图"，展现了以用户为中心的相互联系的事物或概念，而联系产生于用户以前类似的经验或是用户希望达到一定目标而对Web内容、功能或交互设计的一种期望。如果把这些事物或概念看作一个个点，当其中某一个点被激活，其他联系着的点也会迅速被激活。只有当这些点及其激活关系符合用户的认知结构和情感需求时，用户才能够理解事物或概念，并获得积极的用户体验。以Gmail为例（图3-1），Google向来重视用户体验，其推出的Gmail服务只用了四年时间，就已经成为仅次于雅虎邮件、AOL邮件和微软的Windows Live Hotmail服务的第四大在线电子邮件服务。其成功的原因之一便在于Gmail从来不把自己只看作一个简单的邮件服务软件，而是一直向符合用户心理模型的方向努力，为用户提供了以Gmail为神经中枢的、多个相互关联的个性化服务，这不仅

❶ 李小青.基于用户心理研究的用户体验设计[J].情报科学, 2010, 28(5):763-767.

符合用户认识、理解事物的规律，还极大地提高了信息服务的易用性和高效性。

图 3-1　Google 推出的 Gmail

　　因此，研究以用户心理为基础的界面设计，重点在于结合不同用户的认知结构和情感特征构建合理的用户心理模型，从而深入理解用户目标和行为动机，挖掘并预测用户的态度、期望和行为。

一、界面设计的分类

　　1. 以功能实现为基础的界面设计　　人机交互是指人与设备通过图形界面进行信息的交互。以图标为分界线，形成两个空间面：虚拟的网络空间和现实的物理空间。只有让用户能够畅通无阻地实现信息的交互界面，才能够称得上是高品质的界面。人机交互是以用户为中心，用户体验也是界面设计的核心。用户在使用设备界面的同时也在对设备的操作进行了解，而且合理编排的界面设计不但可以让用户感受到艺术的魅力，还可以使用户能更加方便地操作设备。例如，在设备关机的过程中，在界面加入火焰的效果，使用户能够通过视觉感受到火焰由大到小带来的美感。

　　交互设计界面最基本的性能是功能性与使用性，通过界面设计，让用户明白功能操作，并将其本身的信息更加顺畅地传递给用户，这也是功能界面存在的基础与价值。但由于用户的知识水平和文化背景具有差异性，因此界面设计应更国际化、客观化地体现其本身的信息。科学合理的界面设计，可以让用户快速了解设备的功能，使人机交互变得更加流畅。由于用户群体的年龄各不相同，设计师在设计产品的时候应当针对不同的用户群体设计出不同的用户界面。如果产品针对的用户群体是儿童，那么在设计用户界面的时候，设计出的界面应当偏向于动漫方面（图3-2），从而更能吸引儿童的眼球。如果是为老年群体设计的产品，则应该注意颜色、排版、图像、导航、交互等界面内容的设计更符合老年群体的生理需求。精美的设计方案还可以使用户感受到界面中的艺术魅力，享受愉悦的情感。

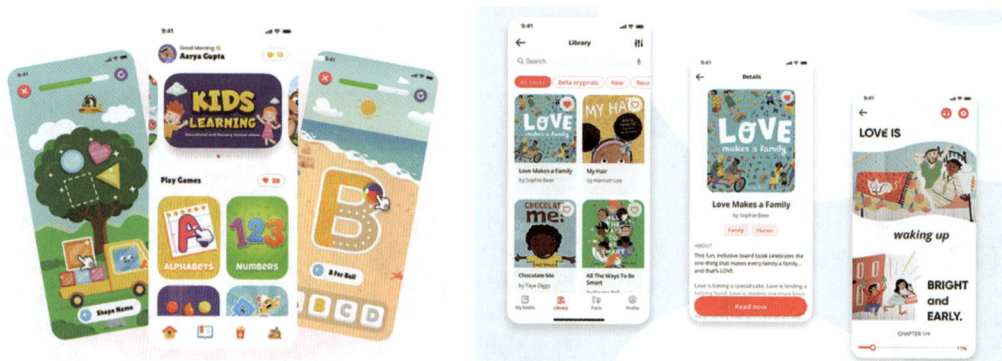

图 3-2　儿童应用 App 界面设计

　　值得注意的是，华丽的界面是设计中十分重要的一个要素，它可以在第一时间吸引用户眼球。用户界面已渗透人们的生活，不仅带来了美观的界面效果，同时也带来了设计师的设计理念。界面就像人的面孔，拥有不同的个性，具有吸引用户的作用。科学设计的界面可以为用户带来愉悦，相反，失败的界面设计会让用户感到不悦，不管其功能多么强大，都会在用户的不悦中遭到抛弃。

　　设计师在设计产品的过程中如果仅仅把重点放在界面的美观上，而忽视用户对实用功能的需求，导致用户在使用产品的过程中操作烦琐，给用户带来烦躁的产品体验，那么将会最终导致产品使用率下降，甚至遭到淘汰。因此，设计师在设计产品界面的时候，界面应当实用而简洁，使用户能够方便操作。此外，不同的数码设备应当有不同的界面设计。响应式网页设计基于流动布局（Fluid Grid）技术，有效解决了跨平台浏览尺寸不符的问题，使信息得到最佳的显示效果❶。例如，当对手机和电脑不同的设备界面进行设计时，用户界面应当根据设备的不同特点来进行设计（图3-3），避免界面过于杂乱或过于虚空，给用户带来不适的体验。

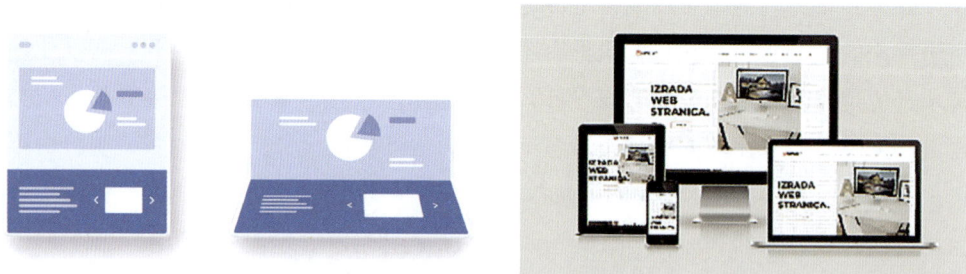

图 3-3　不同设备中界面设计的效果展示

❶ 徐健.响应式网页设计案例实现与分析[J]. 信息与电脑, 2018(6):3.

如今，随着界面设计的不断创新与发展，其理念也日趋成熟。设计师们已经清晰地认识到，用户对产品的真实使用需求是设计的源泉，只有了解了用户的真实需求，才能设计出成功的产品。因此，界面设计应当以用户为中心，以实用性、简易性为原则，使数字媒体艺术能够给用户带来愉悦的体验。

2. 以情感表达为重点的界面设计　界面设计不但有实用功能，能够满足用户需求，而且内含设计师想要表达的艺术与情感。设计师并不是影响界面设计的唯一因素，更不是最重要的因素。在交互界面设计中，用户的需求才是影响界面设计的最重要的因素。界面设计的成功与否，也是通过用户的行为来进行评判的。其中，色彩在界面设计中不但有着视觉美化的效果，而且也是与用户进行情感传达的重要途径。色彩通过视觉刺激，可以触发用户的情感体验，引起用户的情感共鸣。例如，黄色给用户明亮的视觉刺激，触发用户对"希望"的情感体验。因此，很多界面设计都通过不同的设计手法融合了用户的需求与审美情趣。如今，界面设计的应用领域正日益广泛，展现了其特有的艺术性。

首先，就是操作系统的界面设计。在Windows操作系统界面中，"桌面"已经成为一种标准，而这种标准使"桌面"的设计更加规范。界面是产品的形象，而风格则是内涵的外在体现。在产品的界面设计中，如果产品中的艺术能够抒发用户的某种情感，那么这件作品就是成功的。在Windows操作系统界面中（图3-4），除了"标准桌面"以外，设计师还在"主题"中给予了用户多种界面风格选择。如果用户仍然觉得不合适，还可以在广阔的互联网空间中搜寻出自己满意的界面风格。因此，在统一的界面设计中，也可以进行个性化的操作，使用户能够选择自己喜欢的风格。

图3-4　Windows10 操作系统界面设计

其次，是应用软件界面的设计。应用软件的界面与软件的功能相互联系且联系紧密。通过点击界面图标，用户能够快速地了解软件功能。软件界面的图标设计一般是将软件功能或企业文化形象化。形象化是如今软件界面设计中经常应用的元素，是对现实的抽象。

最后，是网站界面的设计。按照应用划分，网站可以分为商务网站、娱乐网站、咨询网站等。不同类型的网站应有符合其风格的界面设计（图3-5）。例如，咨询网站的风格是以专业需求为主的，所以应当将低亮度颜色通常作为网站的主色调；娱乐网站的风格是愉悦的，所以通常将高亮度强对比颜色作为网站的主色调。网站界面通过设计师的灵活合理的设计，为网站带来了流量。因此，网站不但是信息传播的有效途径，也是展示设计师才华的重要舞台。

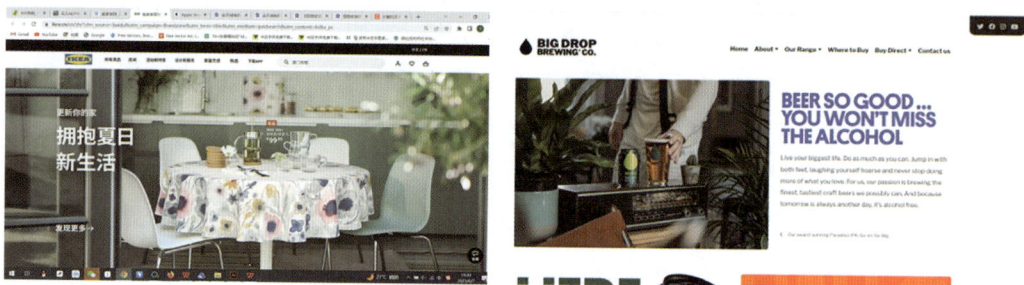

图 3-5　宜家官网和 BIG DROP 官网界面展示

界面设计能够给用户传递一种情感，这是设计本身的真正艺术魅力所在。用户在接触界面时的感受，能够产生感情的共鸣，利用情感表达，可以切实地反映出界面与用户之间的情感关系，当然，情感信息传递中存在着确定性与不确定性。因此，这类界面设计更加强调的是用户在接触界面时的情感体验。

3. 以环境因素为前提的界面设计　任何一个互动设计作品都无法脱离环境而存在，周边环境对设计作品的信息传递具有特殊的影响。影响因素包括产品自身的历史、文化、科技等诸多方面的特点。因此营造界面的环境氛围是不可忽视的一项设计工作。展示设计是一门综合艺术设计，它的前提条件是要具有空间，如果没有空间，展示设计根本无法进行。因此在进行展示设计的时候，空间设计合理与否，将直接影响到整个展示的效果。一般来说，展示设计在内容方面会对实物进行空间的创设。这里面包含两层意思：其一是任何一个美的客观存在都是在特定环境中实现的，好的设计必然是在充分研究"街坊四邻"和四周环境后的产物，必须与环境在形式上达到"相得益彰"；其二是任何一个好的设计都不会造成环境污染，都要符合"可持续发展"的要求。

例如，在超大空间的展示艺术设计中，往往会使用通透的分隔段进行环境的设置，包括水体、楼梯踏步、坡道、草坪与花坛、桥梁、廊道、花架、树墙、休息区的板凳和地坪的高差铺装等。利用水池（含喷泉、瀑布）或水渠可以分隔展区或展馆；单跑和双跑楼梯、转梯、坡道可以作为两个展场的分界；草坪、草坛以及花架不仅可以分隔展区，又可以改善展区气候，减轻观众的疲劳；各种桥梁、走道、架空过廊、休息区和板凳都可起到分隔与联系空间的作用；地面高差以及不同的地面铺装方式，在视觉和心理上，都具有空间分隔的效果。比如，位于泰特美术馆内的《气象计划》装置作品（图3-6）。艺术家利用数百个单频灯、镜子，通过改变展区内的湿度和颜色，用光影打造出海滩日落的意象，同时在展区融入了蜂蜜和糖调制而成的一种香气，从而让观者更加身临其境。

图 3-6　《气象计划》装置作品

利用某种特定的空间分隔元素，将一个大的展示空间划分成若干展区，如交通区、休息区和售货区，做到空间组合有序、科学合理、眉目清楚，让观众比较识别，方便观众参观，是十分重要的。作为展示设计师，必须熟知空间分隔的手段和措施，并且能够熟练地掌握和恰当地运用，才能创造出令人神往的、富有魅力的展示空间环境。涟漪亭是韩国庆南美术馆的年度户外亭项目（图3-7）。这是一个户外的交互式装置，在不同的时间，人们可以通过动作改变亭子的外观。亭子的总体效果取决于与亚克力管的接触，亚克力管使附近的其他像素摆动从而产生波纹现象。然后，物理运动转化为折射的颜色，从而将整个装置转变为移动的彩虹场。凹凸空间的混合还可以在任何视点上感知到多种颜色，随着观看者的光线角度变化，胶卷中包裹的每个像素都为观众和行人提供了截然不同的颜色和光线表现。借助像素的这种二向色性效应，展馆成了一个不断变化的环境，活跃的参与者也成了装置的组成部分。

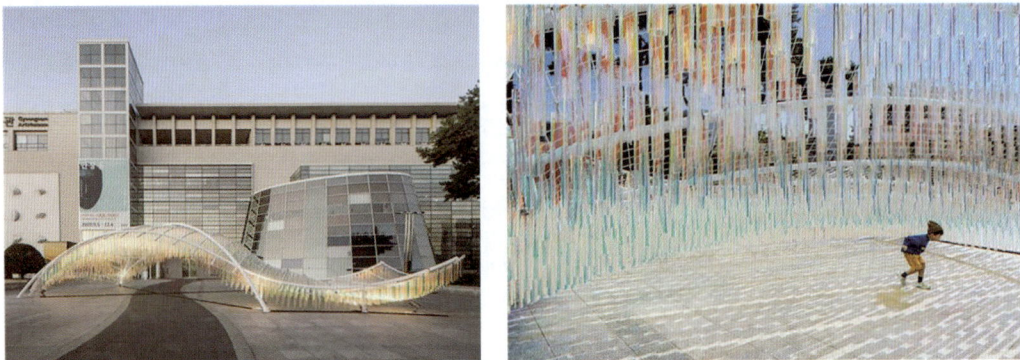

图 3-7 户外交互装置涟漪亭

如今，在电影院，数字媒体艺术的4D应用可以让观众充分感受到身临其境的展示效果。在这种展示空间里面，可以利用多媒体技术、音响、动感座椅等设施，以及制造出的雨雪、气泡、烟雾等效果，构建出一种奇特的展示空间，让观众在视觉、触觉上犹如置身其中，给观众带来情感上的震撼。同时，随着时间的流动，展示空间的触觉更为明显，将空间的真实与虚拟融为一体，观众还能够随心所欲地变换视角，感受其中的乐趣。

二、界面设计的原则

交互设计作为一种新媒体形态，必然要突出艺术的可视性本质，将新的艺术思想与理念融汇到作品中，以此去吸引和影响用户。界面是用户打开交互作品时最先接触到的层面，设计者在可视化界面上运用前卫化的艺术符号、虚拟化的空间结构、跳跃式的视觉效果，可以与用户进行情感沟通，使其与作品所传达的信息产生共鸣。同时，界面设计的宗旨是促进信息的传递以满足用户需求。因此界面设计的关键在于界面本身能否有效支撑交互，传递准确信息，界面上的组件是为交互行为服务的，它可以很美、很抽象、很艺术化，但不能以任何理由破坏作品的交互功能和作用。

1. 奥卡姆剃刀原则 奥卡姆剃刀原则也被称为简单有效原则，是指如果达成一个目标有多种途径，那么人们往往会选择最简单的方式。任何复杂的事物都有其固有的简单性，多是少的累加，复杂也是简单的组合拼接，这样才会有效且高效地解决问题。这个原理其实早已超越了心理学范畴，广泛应用于哲学、科学、管理学、经济学等领域。应用到设计领域可以这样理解：如果通过多种方式都可以达成相同的设计目标，则选用其中最简单的设计方式。

以淘宝PC端搜索框设置举例说明：淘宝网首页可以按照"店铺、天猫和宝贝"三个维度输入关键词搜索，淘宝设计师选择将这三个tab标签直接展示出来，这样用户不需要点击就可以直观明确该如何分类搜索。当用户在首页向下滑动页面，搜索框就会悬浮置顶显示，此时将三个搜索项收起聚合，交互设置为点击展开下拉框选择搜索项。

如此设置的原因可能是出于以下考虑：用户刚进入首页后，可选择的搜索项是全部展示的，当用户下滑页面后，可以判断用户对搜索项已经有了初步认知，即使少部分用户没有注意到，仍然可以在置顶时点击搜索项进行了解，并不会影响使用，只是此时操作路径多了一步。另外，用户此时浏览的主场景是页面内容区，而搜索框虽然重要但在这种情况下处于辅助场景，因此悬浮置顶的搜索框区域高度应该尽可能小一些，将搜索项收起可以减少该区域高度，不对内容区的浏览造成干扰。

界面反映的是信息的总和而并非单一的信息，提示、菜单和帮助应该使用相同的设计语言，在不同的应用系统中应具有相似的界面外观、布局、交互方式及信息显示，界面设计要保持风格的一致性，用户便可以根据自己的认知经验，理解功能操作。通过界面上的视觉暗示，从而选择正确内容，在任何地点都能回到主界面或退出整个多媒体作品。因此每个操作对用户来说都应是符合逻辑的，用户才能够较容易地了解它要表达的信息与情感。

2. 接近性原则　在设计中使用接近性原则的主要目的是组织信息和创建清晰的视觉层次，以提升产品的可用性。从根本上来说，依照简化以及整体化知觉目标的构建原则，人们在对认知对象进行简化的过程中，会习惯于将相近的、雷同的元素联系起来开展统一的认知[1]。在界面设计中，信息之间的关联性越高，它们之间的距离就越接近，也越像一个视觉单元；反之，它们的距离就越远，也越像多个视觉单元。

接近性原则可以帮助设计师实现两个主要目标：第一是使布局看起来可以"呼吸"；第二是可以将相关的设计元素组合在一起。用内容和功能元素填满整个页面是设计中常见的错误之一，尽可能提供更多的信息，用文字和图片填满界面的每一部分，让设计师看起来做了很多工作。但是要明白，用户的注意力是有限的，添加太多的内容和功能元素会让用户迷失，无法正确消化信息，降低用户的操作速度。设计师在设计中应该谨慎地使用接近性原则，将相关对象放置在彼此靠近的位置以创建连接，这有助于减少视觉上的混乱，提高用户理解力，用户也更容易感知内容。设计师可以利用接近性来创建有意义的分组，这样用户就可以更快速地理解他们的界面，极大程度地提升用户体验。

例如，App Store 中的"探索更多"和"为你推荐"与下方内容距离更近，即使在中间没有明确分割线的情况下进行软性分割，用户也会知道它们和下方内容是一个整体。不同大小的视觉层次，更让我们能够依次看到主要信息、次要信息、辅助信息等内容（图3-8）。

---

❶ 甄珍.认知心理学视域下UI界面设计研究[J].科技创新与应用,2021(6):102-104.

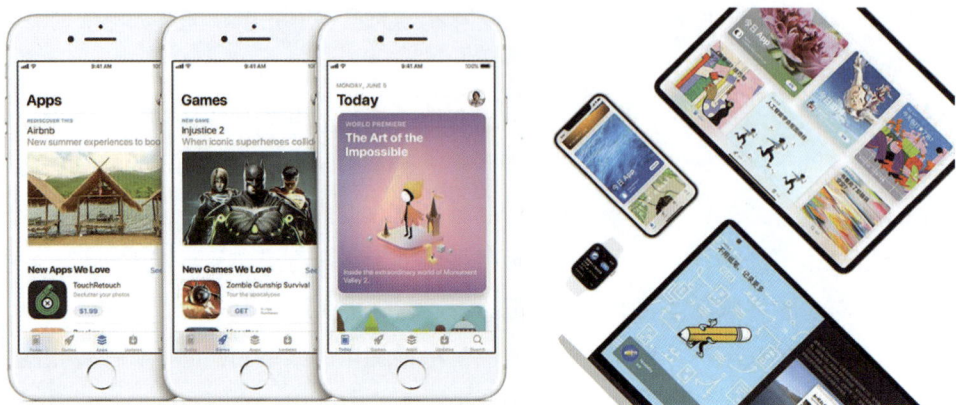

图 3-8　App Store 界面设计

3. 界面设计符合用户需求　如今，交互性已经成为界面设计的重要目标之一。其中，界面设计主要依据用户的使用场景，总体上分为两部分：针对内容区和导航的展示与隐藏。比如知乎提问的回答详情页，初始打开该页面顶部有"回复者的头像、昵称、个人简介和关注按钮"的信息，下滑页面查看内容时则不会出现该信息，只有当用户上滑回翻页面时才会出现该信息。原因是知乎基于用户使用场景判断：用户下滑查看页面时，给内容区留有足够空间，不干扰对内容的查看；而当用户上滑回翻页面时，其判断用户可能对该回答感兴趣，顶部悬浮出现关注该回答者的入口，或者进入该回答者的主页可以查看更多。

为了能从设计的角度提高界面的可用性，设计师们要全面地关注与了解用户的多元化需求及行为特征，依靠正确的方法更加准确地记录和实现用户的多元化需求。界面的设计工作首先从对用户的调查分析开始，针对用户需求、用户心理分析、用户网络常识、用户情感体验等因素分析直接影响用户使用的因素。在用户分析中要借助心理学、传播学、社会学等的相关理论，以此分析不同类型的用户对界面不同的需要以及反应，为交互系统的分析设计提供可靠的理论依据和参考，使设计出的交互系统更适合各类用户的使用。

第二节　界面设计的流程及方法

在制作某款产品的UI交互设计时，我们不只是在视觉上进行界面设计，而且在整个产品的设计上有一个完整的逻辑过程，这个逻辑不是一条直线，而是往返循环，从而不断地进行产品的更新。具体流程可参考图3-9。

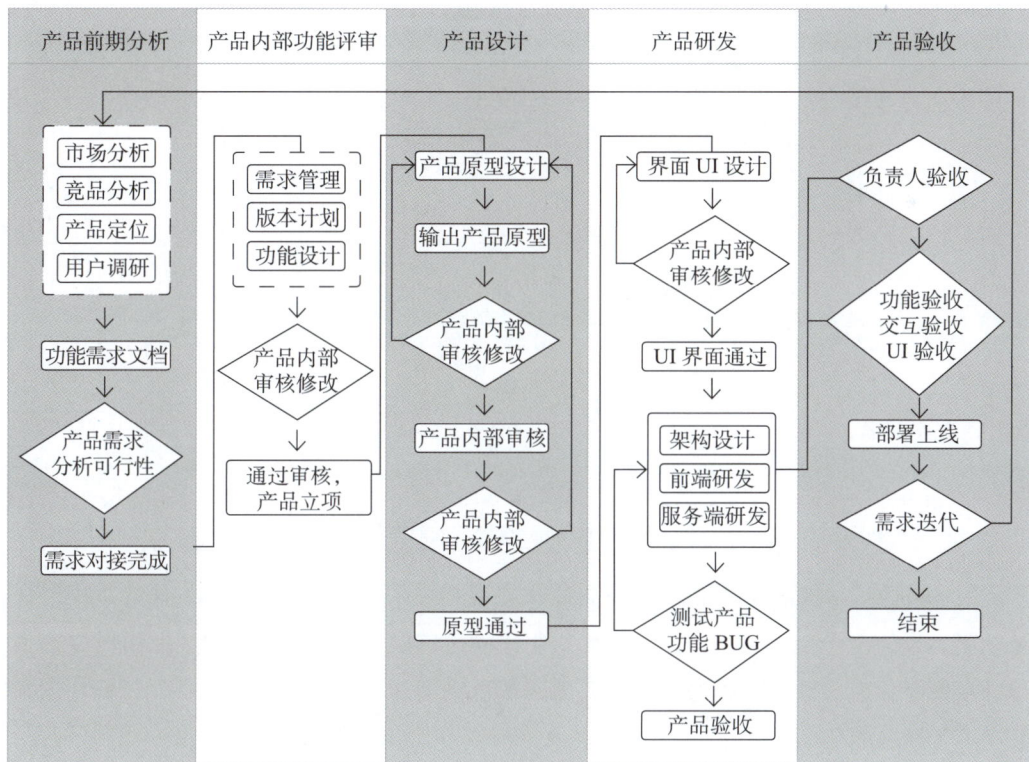

图3-9 产品上线流程图

一、市场分析

市场分析往往从政策层面、经济层面、社会文化层面、技术层面四个层次入手，以便对产品整个生命周期有宏观的认识，并在后期产品开发阶段随市场变化不断改进调整。值得一提的是，新产品和已有产品更新功能，在此阶段的分析差别是很大的，新产品的分析难度更大；而已有产品因为已经积累了一定的数据，对市场、用户等都有了比较深入的理解，更新产品功能时难度往往会小很多。已有产品主要从产品迭代和产品结构入手进行分析，按照用户、场景、需求和功能，进行分类梳理，逐步完善产品功能，提升用户体验。

随后可基于用户体验五要素：战略层、范围层、结构层、框架层、表现层，来进行分析设计，结合产品开发的不同阶段，又可将其归纳为战略层、功能层与体验层三方面（图3-10）。

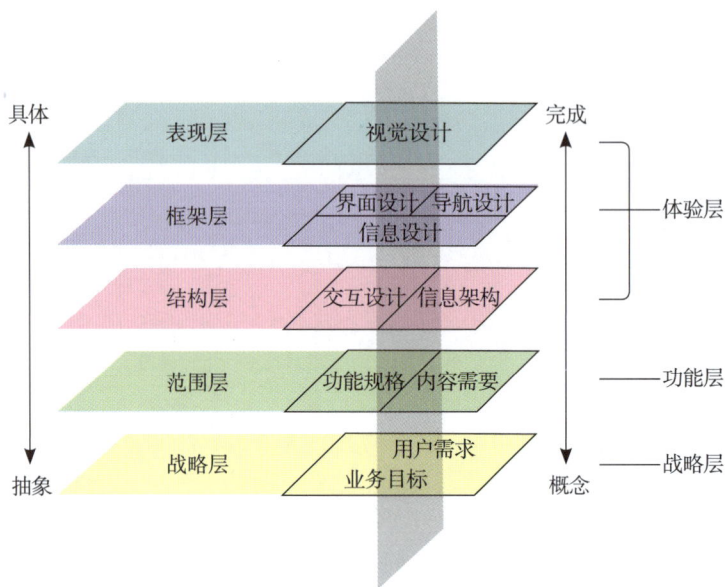

图 3-10　用户体验的五要素

1. 战略层　战略层是产品的根本性定义，它描述了产品存在的意义。因为战略层需要明确地回答两个核心问题，即"产品对用户的价值是什么""产品的目标是什么"。设计师虽然不会直接参与战略层的工作，但是要主动理解战略层，并能够从设计侧找到与之相匹配的设计点，在产品设计过程中执行和落地。用户希望通过产品功能提升效率，解决企业管理问题。而产品希望通过完善功能、良好的体验赢得客户的认可和信任，在市场竞争中胜出。

因此设计师需要了解用户的实际使用场景，寻找到用户或客户的痛点，通过设计提升产品体验，辅助产品获得成功。

2. 范围层　只有带着"我们想要什么""我们的用户想要什么"的明确认识，我们才能弄清楚如何去满足这些战略的目标。当把用户需求和产品目标转变成产品应该提供给用户什么样的内容和功能时，战略就变成了范围。

范围层中，从讨论战略层面的抽象问题"我们为什么要开发这个产品"，转而面对一个新的问题，即"我们要开发的是什么？"在功能型产品方面，我们要考虑的是功能需求规格。在信息型产品方面，我们要考虑的是内容。内容设计者需要仔细研究各种内容资料的来源，以确定哪些信息必须纳入设计范围。内容需求常常与功能需求相配合、相融合。

3. 结构层　结构层是在收集完用户需求并将其排列好优先级别之后，对于产品最终将会包括什么特性已经有了清楚的图像。然而，这些需求并没有说明如何将这些分散的片段组成一个整体。所以需要定义它，这就是范围层的上面一层：创建一个概念结构。同时，结构层也适当地将我们的关注点从抽象的决策与范围问题，转移到更能影响最后的用户体验的具体因素。它与框架层相比更抽象，框架是结构的具体表达方式。框架层确定了在结账页面上交互元素的位置；而结构层则设计用户如何到达某个页面，并且在他们做完事情之后去什么地方。

在结构层，功能型产品关注交互设计，就是那些影响用户执行和完成任务的元素。信息型产品关注信息结构，就是如何将信息表达给用户。但不管哪种类型，都要求去理解用户的工作行为方式和思考方式，并将了解到的知识加入界面设计中。

4. 框架层　框架层用于确定什么样的功能和形式类来表现。除了解决具体的这些议题，框架层还要处理更精确的细节问题。在结构层，我们看到一个较大的架构和交互的设计；在框架层，我们的关注点几乎全部都在独立的组件以及它们之间的交互关系上。结构层界定了我们产品的运作方式，框架层则用于确定用什么样的功能和形式来实现。

对于功能型产品，我们通过界面设计来确定框架。对于信息型产品，我们需要解决的问题是导航设计，这是用于呈现信息的一种界面形式。最后，信息设计是功能和信息两方面都必须要做的，用于呈现有效的信息沟通。

5. 表现层　表现层又称为感知层。感知设计，是利用用户的视觉、听觉和触觉对他们的心理和行为产生影响，来设计用户使用产品的行为、反馈进行设计的过程，主要涉及的部分有设计风格、排版、控件、图片、色彩、字体。表现层设计不仅仅只是简单地美化框架层的线框图，更需要结合战略层、范围层、结构层、框架层的具体问题而展开页面设计。

二、需求分析

在确定了市场方向和目标群体后，就要找到该方向上都有哪些需求是急需被解决的。在设计过程中，具体表现为：发现和收集用户需求，将用户需求转成产品需求，产品需求实施后，就转化成了产品功能。产品需求可以分为多种类型，按照产品职能可以划分为：功能类需求、运营类需求、数据类需求、设计类需求；按照产品价值可以划分为用户需求和商业需求；按照产品性质可以划分为显性需求和隐性需求。

在理解和完善需求的过程中，设计师会充分利用马斯洛需求理论。马斯洛认为，人的需要由生理需求、安全需求、爱与归属需求、尊重需求、自我实现需求五个等级由低到高构成。马斯洛需求层次理论有两个基本出发点：一是人人都有需求，某层需求满足后，另一层需求才出现；二是在上层需求未获满足前，首先满足迫切需求，该需求满足后，后面的需要才显示出激励作用（图3-11）。

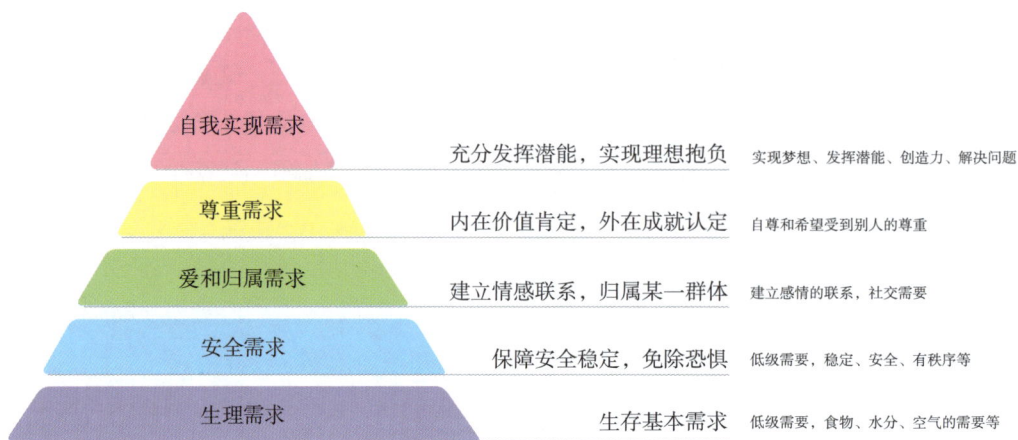

图 3-11 马斯洛需求理论

1. 生理需求　生理需求指维持人类生存的最基本需要，包括食物、水、睡眠、空气等方面的需求。这层需求是推动人类生存、生产的最强大动力，同时也是配合其他需求的最底层基础，如饿了么、美团外卖等产品就是基于这一需求而受到用户青睐的，也正因为满足了最底层需求，此类产品的生存期限才是最长久的。

2. 安全需求　安全需求指对自身安全、生活秩序、健康、资源免除恐惧、威胁、痛苦的需求，如金融产品对金额的隐藏，登录时对密码的隐藏，卡片圆角设计、手机圆角设计都是出于安全需求。除了以上正向体现安全的设计，也可以通过其他方式来体现产品的安全性。比如退出按钮的强提示或二次提示、安全验证操作，都是采用的"防错"和"打断机制"来确保用户在使用产品时的安全性。

3. 爱与归属需求　指个体希望与他人建立情感联系，以及隶属于某一群体并在群体中享有相对地位的需求。这一层级的需求包括两个方面：一是对爱的需要，即人人都需要伙伴之间的融洽关系，希望保持真挚的友谊；另一个是对归属的需要，人是群居动物，有一种依附于群体的归属感，希望成为群体中的一员，这种需求在某种程度上可以理解为属于较高层级的需求。相关案例主要表现在社交产品上，如抖音的内容社交、陌陌的陌生人社交、微信的熟人社交、支付宝的金融社交，这些都是基于爱与归属需求，即沟通交流的社交，这是人类群体永恒的主题。

4. 尊重需求　尊重与被尊重都存在于人与人的互动中，所以尊重需求严格来说是深藏在社交需求中的。尊重需求不仅包含个人内在超越，同时还包含了外界对自己产生认可的追求。因此大部分的社交产品都会加入个人或他人尊重的场景，比如成就墙、排行榜、会员身份标识、等级特权、特殊挂件等（图3-12）。

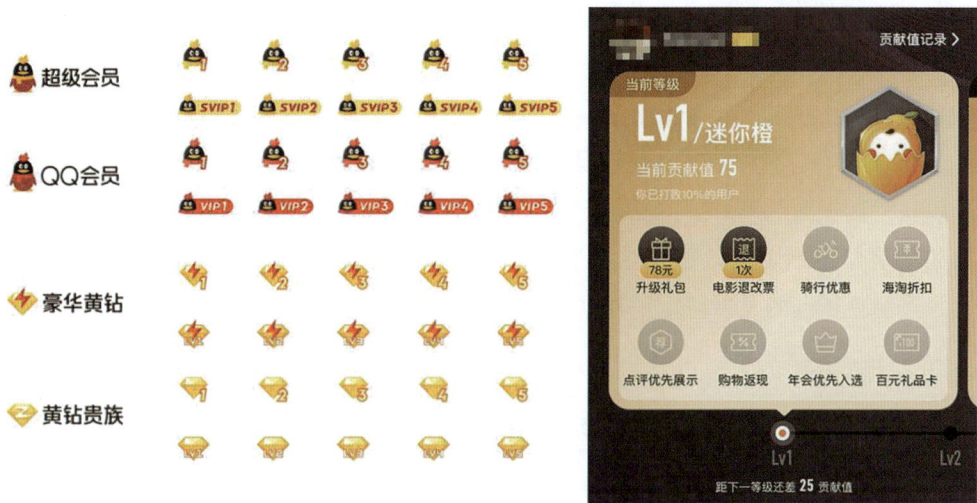

图 3-12　不同 App 会员等级标识

5. 自我实现需求　自我实现需求是最高层级的需求，指人希望最大限度地发挥自身潜能，不断完善自己，挑战与自己能力相匹配的事情，从而实现自己的价值。这是一种自我心理状态得到满足之后的崇高表现，特征是会出现短暂的"高峰体验"。例如，网易云将音乐和社交相结合，满足了更多自由音乐人的创作分享；抖音将娱乐和分享相结合，满足了多元化群体不同的爱好和追求。

由此规律可以看出，越靠近底层需求越是刚需，越往上，就变得越来越不必要，如自我实现需求，可有可无，不再是所有人的刚需。一个优秀的产品，只有深谙人性而满足用户核心需求，才能形成持续稳定高用户黏性的产品。

三、产品定位

产品定位从产品本身的角度来看有以下功能：确定产品价值、定义产品范围、指导产品方向。为的是解决以下关键问题：产品是什么？产品能做什么？产品未来会怎么发展？在进行产品的市场分析后，基于市场满足的需求以及自身的优势，打磨产品的核心功能，确定产品定位，便于用户明确对于产品的认知。例如，微信的产品定位是社交，小红书的产品定位为购物分享社区以及自营保税仓电商。

在确定产品定位后，便可展开对产品的竞品分析。竞品分析是对现有或潜在的竞争产品进行比较分析，发现产品优点，思考优点的背后，是如何解决用户的痛点，随后得出客观结论以更好地提升产品的竞争力。竞品一般分为直接竞品与相关竞品，直接竞品指的是同类型直接竞争关系的产品；相关竞品则是指使用场景和用户群体比较接近的产品。作为设计师，在竞品分析时多将重点放在体验层上，分析竞品的视觉风格、交互逻辑、页面结构和信息层级等。后期随着能力的提升，可以将部分精力转移到功能层与战略层，有助于产出更有创新性的设计想法。

目前市场上许多产品由于产品范围把控不严，导致功能框架上的冗余和结构上的复杂，最终导致产品不易于使用以及用户流失。这就要求企业在恰当的时候，调整产品定位，以获得更长久的发展。产品的定位，不是一成不变，而是随着用户数量的增长不断发展的。调整产品定位，不仅增加了潜在用户，而且提升了服务深度，提高了用户黏性，为产品更长远的发展奠定了基础。

四、用户研究

在确定好产品定位的同时，要确定好目标用户群体。用户研究的首要目的是帮助企业定义产品的目标用户群，明确、细化产品概念，并通过对用户的任务操作特性、知觉特征、认知心理特征的研究，使用户的实际需求成为产品设计的导向，使数字产品更符合用户的习惯、经验和期待。用户研究重点工作在于研究用户的痛点，目的是帮助设计师了解用户的特点、需求和行为。

用户研究方式主要可以分为两类，定量分析和定性分析。定量分析是一种自然科学的研究方法，使用数理统计的工具，分析可量化的行为数据，确定不同事物之间的因果关系，这种方法比较侧重于对数据的数量分析和统计计算。它可以短时间内获得最大数据，但是数据真实性很难保证。定性分析主要收集深层次的信息，主要是回答"为什么"的问题。例如，用户为什么会在某个特定场景中出现这样的行为？用户为什么会选择购买这个产品而不是其他？在定性研究的过程中，可以针对被试者所提到的某些细小的信息直接进行深度挖掘；这样可以高效地收集到更加详细的信息，也更加接近被试者行为背后的真实原因。

良好清晰的用户定位，可以打造出有目标的产品功能、快速圈定用户、具有辐射力的产品，为后期产品开发提供强有力的基础。在确定目标用户群体时，可以使用用户画像的研究方法。用户画像以用户为分析对象，但画像却不是真正的一个人，它源于研究中众多真实用户的行为和动机，是一类特征性人群，即目标用户的静态标签和动态场景。将用户复杂的表现转变成代表各类用户的原型，帮助设计者跳出自己构想的需求命题，聚焦到目标用户群。用户画像可以分为综合性用户画像和信息标签用户画像（图3-13）。

综合类用户画像包括角色描述和用户目标，如名称、年龄、地理位置、收入、职业等。这类角色描述主要是为了使用户画像更丰富、真实、具象，但用户画像并不只停留在这些标签。其应该更加关注用户痛点，用户如何看待、使用产品，以及与产品的互动，关注用户的态度、目标行为及行为动机。综合类用户画像可以代表相似的用户群体或类型，同时也需要在界面的使用过程中不断地更新。

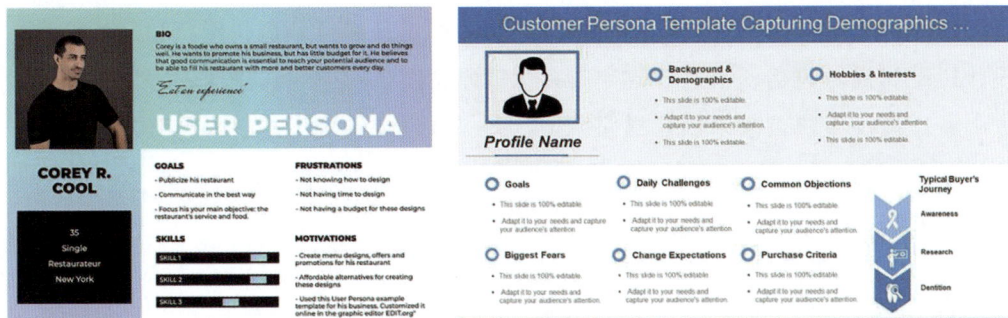

图 3-13　综合性用户画像和信息标签用户画像

信息标签用户画像更侧重数据挖掘及用户标签体系的搭建，多用于产品上线后，产品用户有了一定规模后的精准营销及提高用户体验，比如淘宝的千人千面。信息标签用户画像具有时效性、真实性、覆盖面广等特点，既能监测到用户感兴趣的内容，也可以看到不感兴趣的内容，维度众多，更注重相关数据分析及挖掘。

五、交互原型图设计

梳理完产品需求，便可进入产品设计阶段。原型图设计是其中关键的一环，它以用户为中心，将结构化的需求进行框架化。设计师们快速构建出的一个产品原型，是产品的雏形和蓝图，也被称为线框图。根据产品需求和设计的不同阶段，原型图分为草图原型图、低保真原型图、高保真原型图。三种原型图贯穿于开发设计的整个过程，只是每个阶段的形式不同[1]。

草图原型图描述产品的大致需求，记录瞬间灵感，是呈现在纸上或白板上的界面原型。其适用于沟通需求时，初期验证想法可行性、讨论和重构方案，能够快速地表现产品轮廓，学习成本较低。常用工具有纸笔、Balsamiq Mockups等工具。

低保真原型图是展示系统的大致结构和基本交互效果的界面原型。其适用于需求评审或开发时展示。相对手绘原型，低保真原型图更加清晰、整洁和直观；相比高保真原型图，低保真原型图缺少交互效果和最后的UI设计。常用的设计工具有Axure、Sketch等。

高保真原型图在视觉上和体验上几乎接近真实产品，其由交互设计师和UI设计

❶ 罗仕鉴，龚蓉蓉，朱上上.面向用户体验的手持移动设备软件界面设计[J].计算机辅助设计与图形学学报，2010，22(6):1033-1041.

师与产品经理共同协作完成。产品经理更多的是输出草图，与交互设计师共同探讨产品布局与页面之间的跳转，输出灰色的低保真原型图，交给UI设计师。UI设计师和产品经理与交互设计师再共同探讨产品的样式，包括色调、图标和尺寸等产品设计规范和视觉风格，最后确定完成高保真原型图。在制作原型时，可以根据项目大小、类型及用户需求来制作界面原型。高保真设计图便于研发人员更加直观地理解产品，在开发过程中可减少时间成本，也更能直观简洁地展现产品最终效果图（图3-14）。

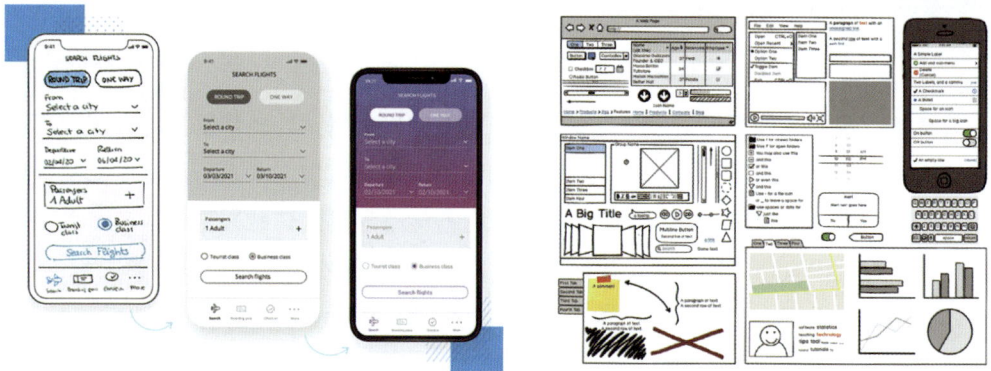

图 3-14   不同类型的原型图设计

六、UI界面设计

1. **界面设计规范**   界面设计规范，包括Logo、标准色、字号、段落设置、图标、图片、间距、圆角值、阴影、组件等元素。它可以保持产品的风格统一性和品牌识别度，提高设计效率和质量，降低沟通成本和维护难度。在团队协作中，如果没有统一的UI设计规范，就会导致各种问题。比如，设计师之间风格不一致，导致产品缺乏整体感；开发人员难以还原设计稿，导致界面出现偏差；用户对产品产生认知和体验上的不一致性等问题。同时需要注意的是，iOS系统和安卓系统在尺寸等方面上有着较大差别，需要设计师甄别。

2. **组件控件系统**   组件库是一个可以多次重复使用的界面元素的集合体，属于是一个文件库（图3-15）。组件化设计的最大优点就是可以"化零为整"，利用全局思维来整合产品的可复用元素，在视觉和开发层面对需求有更规范的统筹，理清框架，建立可复用的组件结构并持续优化，确保交互和视觉的一致性。组件化还可以帮助建立设计规范，例如，一个项目可能需要多人合作完成，需要制定尺寸、颜色、边距等标准，方便设计和开发协作，降低沟通成本。

图 3-15　字节跳动、阿里巴巴旗下组件库

3. 切图标注输出　切图是在进入开发阶段后，设计师提供给程序员相关图形文件的过程。界面做好后是一幅完整的效果图，程序员拿到效果图后仍无法开发，需要设计师将图内各种图形元素通过第三方软件自带的切图工具一块一块切割出来后交付给开发。切图文件包含矢量和位图两种格式类型。设计师需要对图标、阴影、全屏图像、背景、响应式模块等多种视觉元素分别采用不同方法进行切图标注，以保证产品的开发运行以及最终产品上线后的视觉效果。

在这个过程中，界面设计（图3-16）有以下三个方面的规则需要注意。

首先，无论何种界面，屏幕布局必须均衡、有序、简洁、规范。均衡：画面要整齐协调、均匀对称、错落有致。有序：屏幕上的信息应由上而下、自左至右地依序显示。简洁：力求以最少的数据显示最多的信息，避免信息冗余和媒体冗余。规范：窗口、菜单、按钮、图标呈现格式和操作应尽量标准化，使对象的执行结果可以预期；各类标题、提示应尽可能采用统一格式。

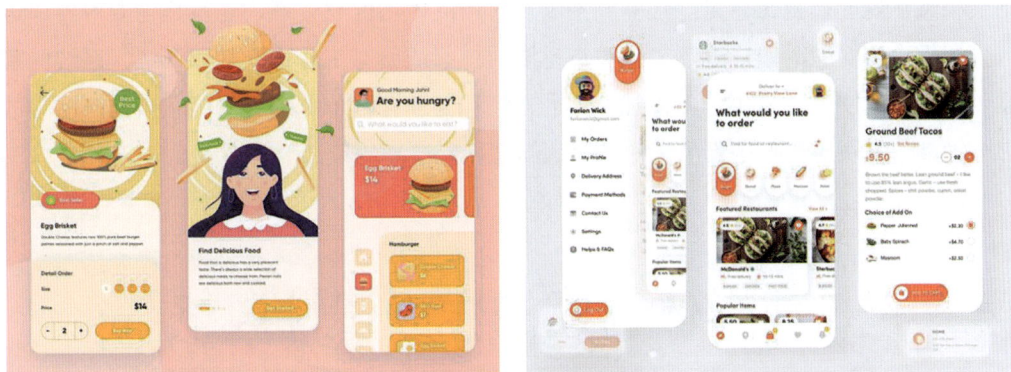

图 3-16　App 界面设计

其次，文字的表示。文字与其他媒体相配合，形成一种反映多媒体作品的结构、强化多媒体作品的内容、说明多媒体作品过程的独特的语言形态。文字不是多媒体作品的

重复，而是对多媒体作品要点的强调。其一般规则有：一要简洁明了，多用短句。二要对关键词采用加亮、变色、改变字体等强化效果，以吸引用户注意。三要对长文字进行分组分页，避免阅读时滚动屏幕。英文标注宜用小写字母。第四，颜色的搭配要美化屏幕，减轻用户疲劳，但过分使用颜色也会增加对用户的不必要刺激。在页面构设中常遇到的媒体主要有文字、图形、图像、动画和视频五种，每一种媒体都与色彩有关。

最后，动效的使用。根据数据统计显示，大多数人在使用App之前都会倾向于观看视频说明。因为其动画和动效设计使内容更加清晰且易于理解。当产品为用户呈现一个实际示例时，他们就会更容易关注到其中的实用信息。这就与冗长的文字静态描述有所不同，动画可以保留用户的专注度并提高这款应用程序的吸引力。借助动画或动效设计，可以强调该款App的应用功能并提高其转化率。此外，如果想探索高级动画设计，那么就需要知道，简单的动作并不再适合用户。相反，可以使用更复杂的过渡区分动画的方法，来实现这一点。

七、测试验收阶段

对App产品而言，发布前的测试验收需要包括以下方面：功能验收、交互验收、UI 验收。产品测试通常由用户代表或业务部门进行，测试人员将尝试模仿用户的行为。通过该测试，检查产品界面的设计是否符合大众审美，对用户操作是否友好，软件运行情况是否如预期，是否存在其他设计缺陷等。同时要对产品在不同终端上的UI界面进行测试，检查页面适配问题。最后产出产品验收报告，包括产品进本信息、功能模块、问题描述、优先级等。

在产品上线的同时，需要不断地收集市场对于产品的用户体验反馈，并做好相关的记录和文字说明，提出意见。还需要不断对产品做出优化处理，也就是需要对界面进入分析报告和优化阶段。这项工作重点是要对前面的所有工作内容加以详细、系统的整理，为下次的UI设计提供一个更加有力的市场和专业化的依据，同时优化当前产品中的部分细节，解决不可行因素为用户带来的问题，使产品的设计更加完美。

第三节　新媒体时期的界面设计风格

一、新媒体概念的产生及特点

以计算机应用为发展标志的第五次信息革命在21世纪初爆发，此次革命爆发的成果是以网络为代表的数字媒体。相对于传统媒体而言，这次革命被称为"新媒体革命"，涉及领域极其广泛，包括人们的工作、学习和生活。新媒体是一种新兴媒体形态，以计算机技术的创新和应用的发展为整体趋势，而新媒体艺术则是将先进技术与艺术结合创造出的一种媒介形式，包括数字媒体、手机媒体以及数字电视媒体等多种形式。从广义上讲，新媒体是利用数字应用、网络应用等技术通过网络、宽带、无线网、卫星等渠道，以及电脑、手机、数字电视等终端，向用户提供信息和阅读服务的一种传播方式。

与此同时，视觉传播形式逐渐成为整个信息社会最重要的传播方式，新媒体的出现在观念与方法上直接影响着视觉传播并逐步促进视觉传播的发展，使视觉传达艺术设计所涉及的内容得到较大程度的拓展。新媒体几乎包含了之前大众传媒所有的表现形式和优势，同时也具备自己的个性与特征。新媒体在信息传播上主要体现在互联网的互动性和可持续性等特点上，更符合发展的本质，多维性的特征则使它脱离了传统媒体单向传播的模式，成为信息传播的主要载体模式，起着重要的传播作用。

第一，自由性与互动性。广播、报纸等旧形式的传播途径是依靠固定已有的形式来进行传播的，而网页与传统媒体的不同之处在于信息的即时性和交互性。例如，在网页后期技术制作时，页面之间可通过超链接进行跳转。当用户浏览网页时，网页本身就是一个交互页面，它搭建起了一个连接"平台"，将用户和信息联系在一起。用户可根据个人喜好打开其中任意一个界面浏览自己想要观看的信息，同时也可以将其下载或者收藏到个人收藏夹里面，方便下次浏览。

第二，多维性和多媒体性。多种多媒体元素的运用增强了网页的视觉效果，不但紧跟时代潮流，还刷新了浏览者获取信息的速度，提高浏览信息的效率和即时性。并且，随着技术的发展，从业人员运用元素的自由度也大幅度提高，媒体信息形态多样。

第三，多媒体的空间性和动感性。文字、声音、影像这三种元素是目前网页中常用的多媒体视听元素，浏览者对网络信息的要求越来越高，这就要求设计者必须依靠综合的多媒体元素创作才能达到浏览者的要求。多媒体的空间性是指网页的承载空间之大，可以直接通过自由滚动屏幕查看信息，在商业性网站设计中要求页面不能超过三个，所有的信息放在一个屏幕中，让浏览者可以轻松地浏览信息。网页的空间感还表现在它缩短了用户之间的距离，即使在异国他乡，人们都可以实现面对面交流，虽隔千山万水但仍然能够"沟通"。这种交流是继手机电信业务之后的一种新型交流方式。网页的动感性源自多种多媒体元素的混合应用，这是技术与艺术的结合，虽然发展时间较短，但是应用范围不断扩大，在未来技术不断发展的背景下，应用领域和应用方式会逐步增加。

二、新媒体下的界面设计

所谓用户界面设计（User Interface Design）是关于界面的美观、人机交互、操作逻辑的整体设计，通过编排界面中的构成元素来优化人与界面的信息交流❶。20世纪，随着计算机的兴起，人与计算机之间的信息沟通媒介从机械界面发展到视觉图形界面。"现代网络时代所讲的界面概念是从人机交互的角度去看的，界面是人与机器（计算机）之间传递和交换信息的媒介，是用户和系统进行双向信息交互的支持软件、硬件以及方法的组合。常用缩写词为UI（User Interface），即用户界面，也称人机界面（图3-17）。❷"界面设计的最终意义就是使界面更加符合人的审美和使用需求，让用户和界面能够更好地交流，并且还能定位使用者的位置，这样更为便利，提高了用户和界面之间的交流效率和信息传达的速度。

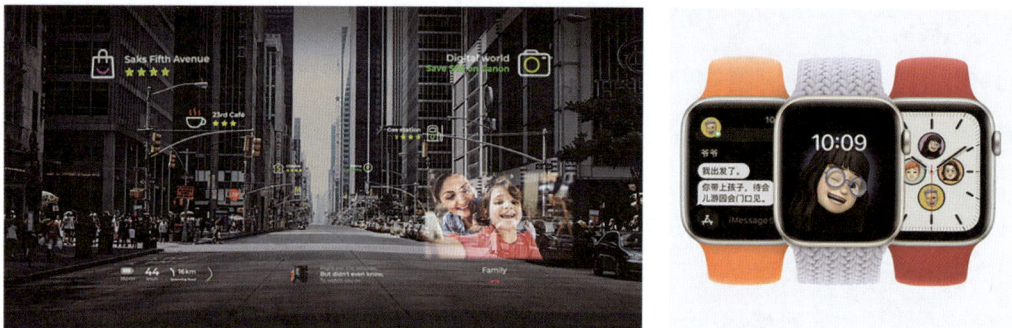

图3-17 不同形式的人机界面

新媒体中的界面设计是以数字信息技术为主，使信息传播的速度、效率以及方式都产生巨大变化。随着科学技术的高速发展，数字技术和电子屏幕在新媒体中的应用，使界面的多样性和视觉语言的种类都得到了极大的发展，同时也成为人们生活中不可分割的一部分，发展出更为广阔的数字空间。新媒体界面目前已经完成了平面中信息量的扩大化，且可以做到多层信息同时并置和显示，界面信息内容可以依据用户的喜好自由调节，如放大、缩小页面尺寸，随意调整屏幕中的信息，满足用户的需要且不受界面尺寸大小的影响。

界面设计风格随着时代发展不断改变，界面的整体特征所呈现出的视觉风格，强调对使用者的主观视觉感受所产生的积极作用❸，是设计师通过一系列的视觉表现语言对其视觉品质和视觉吸引力的创造。以下几种设计风格都是近年来深受用户喜爱的风格。

1. 拟物化界面风格 拟物化设计风格就是去模仿生活与现实并将它与设计融合在一起的设计风格（图3-18），即使它并不具有任何界面功能性的需求。拟物化设计的视觉

---

❶ 刘雅琴.版式设计的立体化视觉[J].新闻战线, 2007(5):31-32.

❷ 刘丰杰.版式设计的形式美原则[J].出版与发行, 1986(6):45-48.

❸ 祝瑜,王毅,黄海燕.手机界面设计的视觉语言分析及其风格化设计艺术研究[J].包装工程, 2007(12):218-220.

美感是非常强烈的。例如，具有木质纹理的背景效果，这种特殊纹理背景结合了木质质感的纹理和纸质质感的纹理，营造了一种真实的效果，对用户来说就仿佛是拿到一本真正的书籍在阅览。这种界面风格丰富了视觉效果，同时也让用户仿佛置身其中，在视觉上带来一种真实体验的同时，也达到了使用户迅速掌握并使用一款新型应用的目的。

拟物化设计模拟真实物体的材料、质感、细节和光亮等，能够在平面内呈现出立体的效果，连接过去与未来，使用户轻松地使用新技术。目前，人机交互界面同样开始模拟现实中的交互方式，丰富了界面的人性化特点。

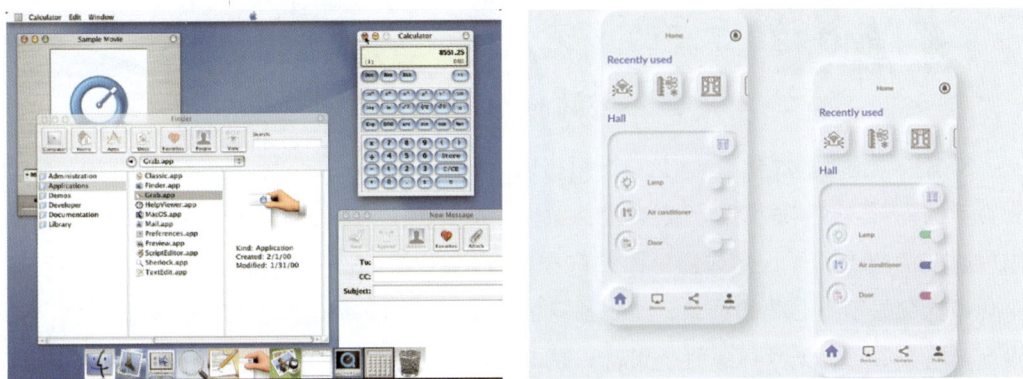

图 3-18　拟物化 UI 界面设计

2. 简约主义　简约主义源于20世纪初期的西方现代主义。欧洲现代主义建筑大师米斯·凡·德罗（Ludwing Mies Van der Rohe）的名言"Less is more（少则多）"被认为是简约主义的核心思想[1]。其风格特色是将设计的元素简化到最少的程度，以做减法的理念做设计，更多地关注功能而非形式。简单来说，简约主义就是把设计简化到本质，强调内在魅力，目的是要产出理性、秩序和专业感。随着信息时代的到来与数字化进程的加快，UI设计师在软件的界面美观、操作逻辑、人机交互等方面不断探索，旨在将软件变得个性有品位，而且操作起来舒适、自由、简单、高效，充分发挥其功能、展现其特点。因此，UI设计不免受到简约主义思想的影响。一款软件无论做得如何花哨、炫酷，最终打动用户的还是功能本身，这即是简约主义理念中的形式服从功能的观念。

同时，界面的简约化设计主要就是要求界面干净，减少版面，提高用户浏览信息的效率。另外，可以减少一些界面中不必要的装饰性元素，从而使界面更加整洁，把主要的信息放在界面前端还可以有效提高用户的注意力。因此，简约主义不是表面性地减少所有的视觉要素，而是将重要的元素置于界面正确的区域当中。近两年的流行趋势是用

---

[1] 杨鹤.扁平化——UI领域的简约主义[J].北华航天工业学院学报，2015, 25(5):19-22.

通知栏的图片作为背景，丰富了视觉表现，使一些互动信息都悬浮在图片之上，这种方式对字体和排版设计要求更高，难度也相对比较大，但是能够极大地提升用户体验和使用效率（图3-19）。

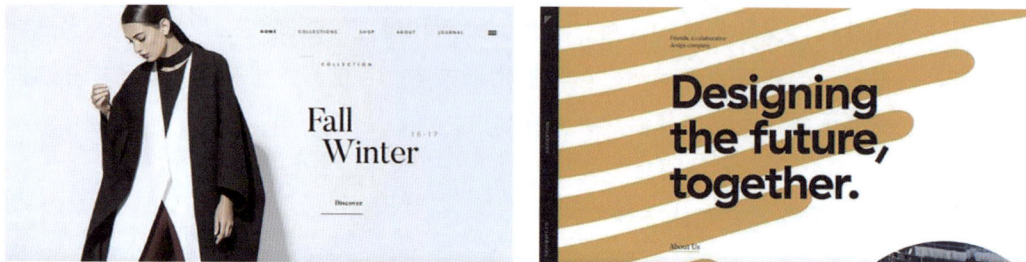

图 3-19　Bouguessa 和 BFF 的首页设计

3. 扁平化界面风格　扁平化设计风格以简约主义为核心理念，在设计上摒弃透视感和真实的光影效果，将设计元素高度抽象化、符号化。无论是图标还是界面元素，皆是由很鲜明的边缘和形状构成的平面装饰与特效，相当于把一切元素都"拍扁"。并且扁平化设计除去了不必要的形式，比如复杂的动画效果和冗余的声音模拟。因此，扁平化设计风格又被称为无立体属性的设计，是与模拟物体现实中逼真的外观相反的一种设计概念，其风格就是利用简单的元素且几乎放弃所有装饰性的设计。

但是扁平化设计并不是拒绝一切装饰效果。首先，它关注色彩的运用，扁平化设计通常选择使用多种鲜艳明亮的颜色，图形、栏目、导航、按钮等都将颜色作为重要元素，尤其是单一颜色的色块，但颜色不宜过度饱和，否则影响视觉体验。其次，它还关注文字，文字的恰当运用可以为扁平化设计增色不少。为了遵循简约的原则，大部分扁平化设计在字体的种类上尽量精简甚至只用一种字体。在字体的选用上，大都选择有统一笔触宽度和清晰线条的字体，如雅黑、等线体等。并且，在文字的表达上亦是简单直白，可以说"下载"的时候绝不说"点击进行下载"。

扁平化设计还注重留白的艺术，留白空间是界面的重要组成部分，是内容意境的一种延伸，给人以呼吸和憧憬的空间，并且界面的留白可以增强主体内容的存在感。设计师在留白空间上费的心思并不比在其他设计元素上的少，高级的留白可达到"无字胜有字，无图胜有图"的效果，这也是简约魅力之所在。除此以外，扁平化设计的优势也显而易见。

首先，互联网终端的复杂化使扁平化设计有了一个明显的优势，那就是多平台显示良好。近年来，移动设备的界面分辨率迅速飙升，不同尺寸的移动终端接连上市，单色块、无阴影、清晰线条的扁平化设计可为不同分辨率的屏幕提供良好支持。扁平化的元素可以在一定程度上化解小图片与高分辨率之间的矛盾，从而创建出适应性更高、显示更好的用户界面。而且，扁平化的设计元素比起拟物化的各种效果所占空间要小得多，这使同等配置的终端运行更流畅，从而提升了用户体验。扁平化设计不仅满足了大屏时代的需求，同时也为可穿戴设备等小屏终端的UI设计提供了解决方案。对于Apple Watch来说，纵然强大的功能与新颖的交互方式令人惊叹（图3-20），但是小屏的先天弱势决定了页面的信息承载量有限，阅读起来效率不高甚至会有困难。因此如何提高表盘空间的利用率成了设计师重点考虑的问题之一，如何优化排版和简化识别过程显得极为重要，而干净利落的扁平化设计元素则更能适应其因屏幕小而产生的特殊交互需求。

图 3-20　Apple Watch 表盘 UI 设计

　　其次，移动终端的大屏空间往往承载着更为复杂的内容。在直观的扁平化视觉设计背后，信息层级的扁平化使操作逻辑更加清晰，信息结构更加轻量化。而信息结构的轻量化强化了内容本身，减少了用户对信息结构和逻辑的理解成本，缩短了用户获取信息的距离。例如，百度手机助手在浏览应用详情页面时，利用了半层弹窗模式为整个信息框架和浏览行为做了简化，既增强了信息的存在感，又减少了页面跳转，结构的轻量化降低了用户浏览行为的负担，使操作体验更加轻盈自然。在这个时间成本越来越高的时代，谁能更加快速高效、清晰直观地将信息呈现在用户面前，谁便是赢家。

　　最后，扁平化风格的界面设计属于去繁就简的设计美学，不只是将立体的效果压扁化，更需要优良的版面布局和色彩，以及高度的一致性。通过简洁的形状和无景深的平面，加上无衬线字体，以及绚丽明亮的色彩和色调，形成了完整的界面设计风格。目前无论是网页还是手机界面都趋向于扁平化的风格，其中较少的按钮等操作，使界面操作更加方便。在"NEST"网站中（图3-21），实际的产品与其应用环境照片作为"现实"元素融入到了扁平风格的媒介载体当中，虚实结合，让用户将注意力聚焦在产品上，而不会被网站界面上的其他视觉元素所干扰，用更少的精力达到了更好的效果。

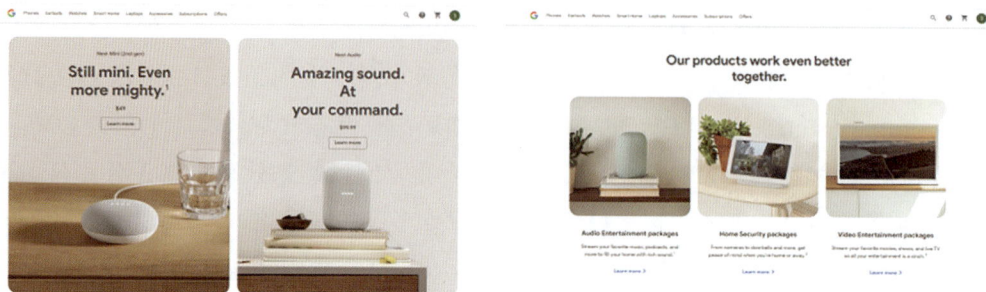

图 3-21　NEST 网站界面设计

第四节　媒体界面交互设计的案例及问题

随着新媒体技术的广泛传播，信息传播的形式越来越多样。互动界面作为一种以数字媒体为基础，应用于计算机交互技术的界面设计，最终以电子屏幕的表现形式呈现出来。它的目的是用户可以依据它在界面上的各种互动来进行操作和处理，从而使用户与信息之间产生互动。用户和作品之间的直接互动，可以让用户身临其中，使互动性和体验感成为界面设计中的主要途径，依靠以人为本的主旨使传统界面的结构和造型发生变化，从而实现用户以不同的体验形式，如触摸、空间移动、发声等新的形式来引发界面的变化，从而完成用户输入的指令。所以，新媒体界面设计中的艺术形式不能仅仅满足于色彩、图形、文字，还需要考虑用户本身的心理需要，考虑设备与用户的互动，使界面的设计更加人性化。

一、手机游戏中UI界面的交互设计

如今的界面设计已经广泛运用到互联网、游戏、广告、出版等有关视觉设计的行业中，智能手机以及其他电子产品在现代人的生活中占据了重要的位置。其中，手机游戏深受用户的喜爱，并且逐渐成为人民群众娱乐生活中不可缺少的重要组成部分。而针对手机游戏的UI界面展开交互设计，可以将手机游戏中的内容清晰直观地表达出来，为更多手机游戏玩家带来更优质的服务和更便捷的操作，满足玩家在游戏界面中的多样化需求。除此之外，游戏界面的创新过程参考不同类型的手机游戏，不仅能够获得大量忠实玩家，还可以有效提高手机游戏作品的整体质量。

手机游戏在UI界面交互设计内容上可以分为硬件设计和软件设计。玩家可以通过物理交互界面输入相关信息来与游戏之间展开互动，在软件界面中可以获得游戏提供的反馈与体验。由此可见，物理界面和软件界面是设计师优化手机游戏体验的主要渠道，它们可以共同为完善游戏体验提供帮助。此外，物理交互界面与软件交互界面二者是一致的，在同步发展过程中，它们都是手机游戏UI界面交互设计中不容忽视的主要对象。

其中，物理交互界面的造型、材质以及肌理都会影响到手机游戏玩家的操作体验（图3-22）。与计算机桌面壁纸和键盘鼠标这样的交互界面不同，不同手机的物理交互界面存在明显差异，并且当前市场中的手机型号非常复杂，不管是在屏幕大小、按键排布还是操作方式上，都有自己专属的特点，这些特点也为手机游戏UI界面交互设计带来了巨大的挑战[1]。

图 3-22　手机游戏的操作界面设计

1. 合理优化游戏界面布局　目前，我国手机游戏类型呈现出了多样化的发展趋势。在此过程中，手机游戏的操作系统逐渐实现了智能化。起初用户接触的手机游戏有贪吃蛇以及俄罗斯方块等画面简单的小型游戏，现如今手机游戏的界面不断优化升级，其整体内容也变得更加丰富。设计师在以往的基础玩法上又创新了全新的游戏模式，同一种手机游戏能够融合不同的游戏方式，游戏副本内容也变得更加丰富多彩。

除此之外，手机游戏UI界面设计也要遵循简约、易用的设计特点，让更多玩家更容易地加入到游戏当中。通常情况下，智能手机游戏界面可以分成不同类型的模块，不同发展时期的游戏，其界面也存在一定的差异性。比如，登录界面和任务界面之间的不同，并且常见的游戏界面排版都是横向的，因为这能够使玩家的操作变得更加便捷。

2. 维持游戏整体风格的一致性　手机游戏UI界面交互设计的基础任务就是要明确游戏风格的整体发展方向，随后再设计游戏场景。而在界面具体设计的过程中，必须要确保各类型元素得到合理使用，这样才能让游戏整体界面风格和特点充分展现出来。此

---

[1]　张晓娜，李青云.基于手机游戏中UI界面的交互设计[J].电子技术与软件工程，2021(15):31-32.

外，在手机游戏UI界面设计与交互设计上，可以参考不同类型的手机游戏界面，充分借鉴市场中优秀的手机游戏界面布局方式，并且区分不同的游戏风格。在界面实际设计时，前提条件是要了解不同手机游戏的特性。一般情况下，游戏界面在设计过程中都遵循了大方简洁的设计特点，从外观来看并不会有太复杂的装饰，而是重点刻画和描绘细节，比如多边形是游戏界面边框常见的设计方案，边框颜色也需要与游戏整体风格保持一致（图3-23），这样才不会使玩家在视觉感受上产生矛盾。

图 3-23　手机游戏界面中的边框元素

3. 科学设计界面交互方案　通常情况下，手机游戏UI界面设计可以分为三个不同的等级，这些不同等级的界面存在明显的差异性，其中的图标和分辨率都有所不同，这为游戏设计人员提供了便捷的界面设计条件，在此基础上能够保证游戏界面运行得更加流畅。此外，通过定期对手机游戏界面进行优化与升级，删除一些多余复杂的程序，可以让游戏界面操作方式更加简洁，并且还可以适当地添加一些新型功能图标，提升用户的游戏体验。

4. 游戏界面人性化设计　随着社会的快速发展，人们的思想意识也在不断进步，越来越多的游戏玩家开始注重以人为本的游戏设计理念，这也使人与人之间的沟通互动变得尤为重要。作为一种全新的表现形式，情感交互一直被人们所关注，而且大多数游戏玩家都乐在其中，所以在进行手机游戏UI界面交互设计时，需要添加足够的人性化元素，以此来体现手机游戏的"情商"，使手机游戏变得更具有亲和力。同时，手机游戏作为当今十分流行的休闲娱乐方式，虽然在娱乐方面并没有过多的限制，但是界面上往往会出现一些用户注意不到的地方。比如夜间玩手机游戏，游戏界面会对人眼产生一定程度的危害，因此在界面设计时，就可以利用智能手机中的光线传感器，时刻提醒用户要注意用眼。此外，大多数游戏都在界面设计系统中添加了防沉迷、游戏实名制以及时间提示框

（图3-24），以此来提示人们玩游戏要注意休息时间。虽然部分游戏都实行了实名制注册，但是实名制注册针对的群体通常都是十八岁以下的未成年人，对成年人并没有严格的限制，特别是当代大学生。所以设计人员需要重点关注这些问题，不仅要限制游戏用户人群，还要合理安排用户时间，在游戏设计过程中，提高人机交互的体验以及手机游戏带来的亲切感。

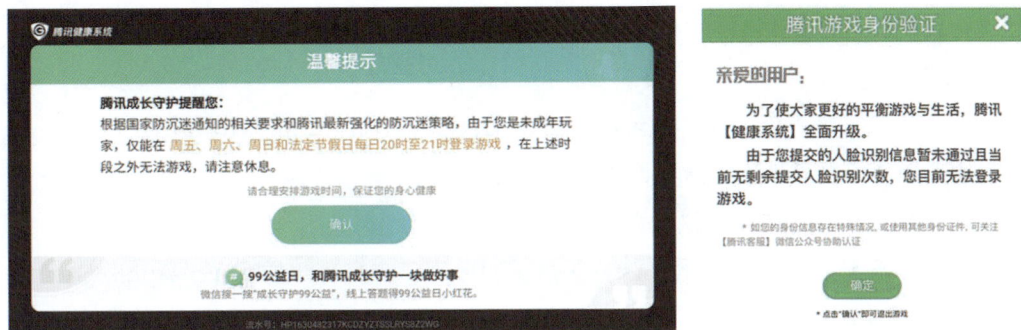

图 3-24　手机游戏防沉迷系统

除了以上几点设计内容之外，作为新时代智能化数字终端，手机游戏UI界面交互设计需要充分考虑用户在游戏中的主导地位，为用户在游戏界面中提供反馈渠道，不断借鉴听取用户的意见和想法，对游戏内部的细节进行优化设计，创新游戏方式，最终使用户获得更好的手机游戏体验。

二、装置界面交互设计

1. 以触摸与触感作为界面　新媒体艺术家胡丹力的作品《虚无触摸》（*Touching the Void*）展示了一个在空间中虚拟的、看不见的物体。通过穿戴创作者设计的触觉手套，当观众手指的位置与虚拟物品的边界重合，手套将提供震动和闪烁的反馈，从而引导观众感受物体的体积和形态（图3-25）。

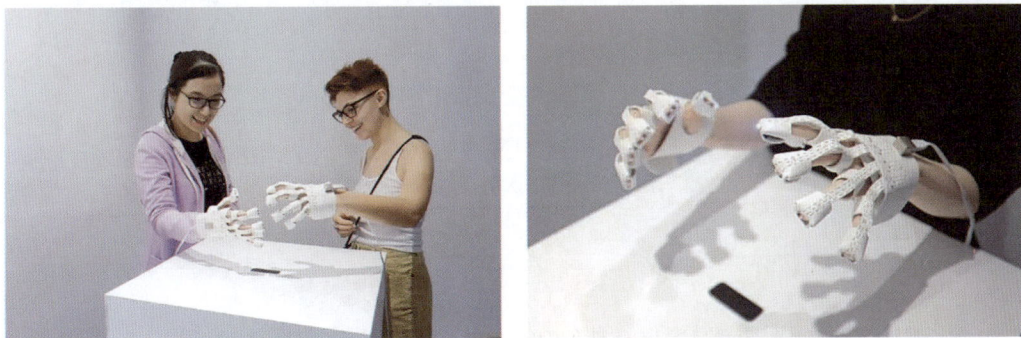

图 3-25　交互作品《虚无触摸》（*Touching the Void*）

2. 以凝视作为界面 Drik Luese brink 和Joachim Sauter的《不可见》(*De-Viewer*) 以象征的形式探索了注视的力量，观众可以通过欣赏挂在艺术馆墙面上的绘画作品，让作品产生不同的变化。在绘画作品的后方隐藏了观众看不见的追踪器，实时追踪定位眼睛凝视的方向，即"眼动追踪器"。当观众站在绘画作品面前时，观众聚焦的画面会消散，并且在旁边的一幅画中显示了观众聚焦的眼神。当作品超过三十秒无人观察，画面即恢复原状。该装置作品通过以凝视作为界面使观众意识到无论他看向哪里，都是在用眼睛破坏影像。

3. 以呼吸作为界面 查·戴维斯（Char Davis）创作了一系列用各种有机物和地理景观构建的虚拟世界，这些虚拟世界与大多数虚拟现实环境差异很大，观众在他的作品中通过呼吸节奏控制其在虚拟世界中的活动，由此"消除自我与自然之间的界限"。在国际电子艺术大会（ISEA）的《渗透》展览回顾中，安尼克·布如德（Annik Brude）总结说："'呼吸界面'对于一个作品将观众成功传送到虚拟世界具有重要作用。"《渗透》这部作品使我们关系密切，并且这幅作品的交互依赖于观众身体，他们的基本活动，即呼吸和平衡，对于理解作品本身是非常重要的因素。

4. 以动作作为界面 Henry See长期研究关于计算机信息组织能力的相关内容。他的作品《关注》强调了以动作为交互界面的装置作品，该装置建立在特定的智能环境中：有一位正在看书的虚拟人物，访问者的动作能对这名"读者"的动作产生影响。该作品是通过参与者的动作对虚拟人物产生影响，表现了参与者既尊重又侵犯了这名读者的私人空间。

此外，脑洞大开的名画互动艺术家——洛杉矶艺术家 Neil Mendoza 将世界名画与互动机械装置相结合，创作出趣味性十足的《机械杰作》（图3-26），可以让参观者和古典油画中的人物进行互动，以一个全新的视角去欣赏作品。

图3-26 交互装置作品《机械杰作》

著名的视觉设计工作室 Universal Everything，其互动装置《未来的你》（图3-27），也是一个与参观者动作结合的交互装置作品。当参观者和屏幕进行互动时，屏幕会悄悄捕捉参观者的动作，通过搜集信息，为每个参观者产生47000种可能的变化。

除了新媒体艺术行业，在人体工程学研究、模拟训练、生物力学研究等领域，动作捕捉技术同样大有可为。它的交互方式符合人类长久以来的自然习惯，其反馈也符合人类行为预期，因此有助于为受众创造合目的体验[1]。可以预计，随着技术本身的发展和相关应用领域技术水平的提高，动作捕捉技术将会得到越来越广泛的应用。

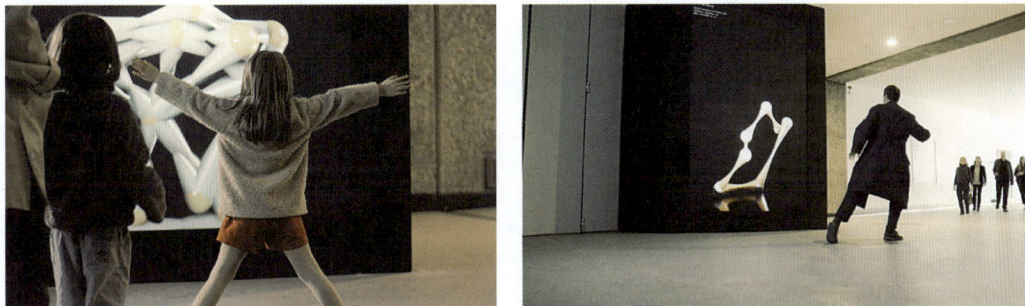

图 3-27　UE 交互装置作品《未来的你》

传统的交互设计只是满足了人们的视觉感受，而新媒体时代的交互设计则突出了观众的参与、交流、体验，以及随后的信息反馈。从而诞生出更多复杂多样的交互设计原型。在交互装置中，实体界面显示功能与控制功能间的模糊性常常让受众感知不到界面，从而形成沉浸感，而在沉浸式的体验中，避免一切交互障碍是非常重要的。这要求各种交互界面与装置和用户的心理需求牢牢结合，探索他们更深层次的内在需求。

● 本章小结

本章主要阐述了用户心理及界面设计需求策划、界面设计的流程及方法、新媒体时期的界面设计风格、媒体界面交互设计的案例及问题，共四个方面。首先，从对用户界面进行分类并提出相关设计原则；其次，在马斯洛需求理论和用户体验五要素的理论支持下对界面设计的流程及方法进行详细说明，有助于帮助大家对整个App产品的设计流程有明确认知；再次，从用户出发，对新媒体时期的界面设计风格进行分析，并通过案例进行讲解；最后，用游戏界面设计、App界面设计和交互装置界面设计作为案例对界面设计进行更深层次的讲解。

目前，计算机科学的某些领域已经较为成熟，曾经晦涩难懂的命令和指示符已被时

---

[1] 刘倩茹，李栋宁.基于审美体验的交互装置实体界面设计研究[J].设计，2021，34(11):25-27.

代淘汰，开发更加易于操作的人机交互系统成为众多科技企业发展的重点。人机界面是一座桥梁，将人类和新兴科技连接了起来。对于20世纪的人们来说，仅通过一部手机、一个软件就可以和千里之外的家人见面，甚至还能向其转账付款，是难以想象的。但是如今，随着技术的发展，手机、电脑等设备的出现将这些变成了可能，人们只需打开微信视频就可以和远方的亲人见面聊天，只需一部手机就可以完成支付，而这一切都与人机界面的设计密不可分。人机界面将复杂的系统简单化，运用科技的力量实现了万物互联，为人们的生活带来了便利。

● **思考题**

1. 界面设计的分类是什么？
2. 界面设计的种类是什么？
3. 阐述新媒体下的界面设计风格。

第四章

数字媒体艺术
与影视策划

课程名称： 数字媒体艺术与影视策划

教学内容： 新时代的影视设计变革与受众心理

影视创作中的设计与策划

影视发行中的设计与策划

影视放映及市场后期策划

数字媒体时代我国电影产业的运营模式

课程时数： 4课时

教学目的： 通过本课程的学习，要求学生达到以下要求和效果。

1. 熟悉新时代影视设计、进行影视受众心理分析。

2. 了解影视策划全过程并尝试策划。

3. 分析数字媒体时代我国电影产业的运营模式。

教学方法： 讨论法、讲授法、提问法、实践指导法

教学要求： 开放式的教学环境，以课程为中心，进行实践指导。

教学重点： 熟悉影视策划完整流程之后，指导学生尝试策划。

第一节　新时代的影视设计变革与受众心理

一、影视受众心理分析

受众主要是指影视作品的观众群体，而文化活动中的受众是指信息的接受者。受众心理是大众在接受行为发生时产生的选择性心理机制，包括接受需要、动机、心理效应和心理倾向[1]。就如美国传播学学者克拉伯（Klapper）所说，当大众媒体所传递的信息满足受众需求，并在其认知范围内时，这些信息就会被注意到。

观众既是消费者，也是创造者。一部影视作品的受欢迎程度可以直观反映出当代观众的兴趣倾向，这有助于影视制作人员更了解观众的需求与心理。一部影视作品的优劣，不仅取决于作品本身的价值，受众的认知水平也会影响该作品的评价。因此，影视创作者必须将受众因素贯穿于整个创作过程。

观众在当代影视艺术美学中占据着重要地位。在观影的过程中，观众不是被动接受，而是联系自身社会经验、文化背景及生活阅历去主动地理解影视作品，是一种能动的再创造过程。而这种"再创造"也许与创作者所要传达的内容相一致，又可能背道而驰。所以当代的影视作品是观众共同参与的艺术，而不单是一方输出（图4-1）。

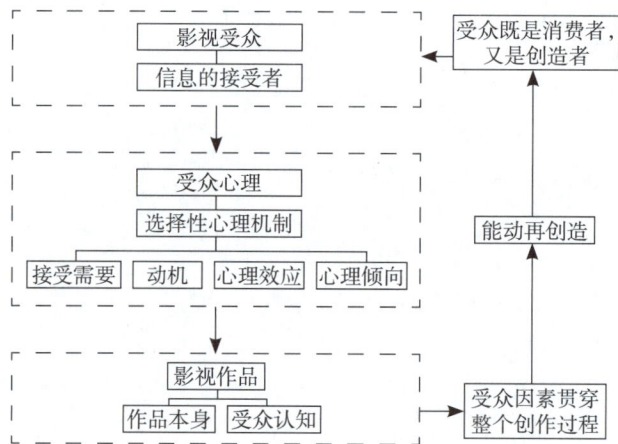

图 4-1　影视受众心理分析流程

---

[1] 周正浩, 杨晓云, 余夏琳.简述戏剧影视创作中对受众心理的把握[J].艺术大观, 2020, 57(21):54-55.

二、影视用户分类及特征

在媒介融合的背景下，影视受众的需求呈现多元化趋势。在媒介技术的赋能下，年轻一代的观众不再满足于像父辈那样"等播"的观看方式，而是结合自身社交需求、表达欲、主动传播等方式，形成了沉浸式观影互动的新景观❶。

媒介生态环境的转变，不仅重塑着受众的观看方式，更深层面地影响着用户分类及特征，同时影视作品的多样性满足了不同用户的需求，并形成了一定的圈层文化，基于影视类别的各类受众群体日益渐增，根据年代、性别、地域大致将其分为三大类。

1. 按年代划分

（1）"60至85后"。"60至85后"观众多以传统电视作为主要的观剧方式。这类人群多数已步入中年，所以青春偶像剧类题材的影视剧并不能吸引他们的视线。因为出生年代刚好是社会改革及经济发展快速时期，"70后""80后"用户更青睐怀旧感性、能勾起他们时代记忆的影视剧，如《戏说乾隆》《倚天屠龙记》《绝代双骄》《新白娘子传奇》《神雕侠侣》等经典影视作品。"80后"以及"85后"观众的观影偏好则相对保守，他们更青睐实力派演员参与的影片，像《攀登者》《我和我的祖国》等。

（2）"90后"。以"90后"为主的新兴力量作为影视用户的重要组成部分，影响着平台的选剧与购剧风格。在各类剧集受众分布中，"90后"一骑绝尘，以压倒性的优势成为电视剧网络受众中的绝对主体。无论是以描述情感见长的偶像剧，还是聚焦于家庭生活的现代剧，抑或以武侠作为主要元素的古装剧都无一例外。在固有认知里，"90后"更会关注时髦的职场剧和走心的爱情剧。像《乡村爱情》这种聚焦家长里短，又融合爱情、喜剧、家庭等诸多元素于一体作品更符合"70后""80后"的审美风格。但对初入大都市的"90后"来说，尚未适应紧张的生活节奏，工作上的焦虑情绪也需要宣泄口。追剧作为"90后"的重要娱乐活动，在很大程度上承担了缓解焦虑和孤独的作用。例如，《乡村爱情》这种有生活烟火气、又能饱含快乐的作品承载着"90后"回不去的乡村和童年，也是他们向往的慢生活（图4-2）。

"90后"大多不喜欢中规中矩，无论是生活还是与人相处，舒适是第一原则，因此《乡村爱情》系列剧塑造的人物形象及欢乐幽默的剧集风格其实都很符合"90后"观众的审美。《乡村爱情》中刘能和赵四这对"欢喜冤家"像极了"90后"那种"相爱相杀"的相处模式。剧中有典型的农民，有发财致富的梦想，还有爱情幸福的模样，浓厚的乡土气息和具有烟火气的生活也是吸引"90后"的关键。

（3）"95后""00后"。当前，影视行业的主流受众正从"90后"向"95后""00后"

---

❶ 宋晓利.新媒体时代中韩影视作品文化传播路径研究[M].北京：光明日报出版社，2023.

过渡。技术的革新不仅顺应着观众的变化，更加速了观众的分层和迭代。数据显示，未来"00后"主流观众数量在三、四、五线城市占比将达到七成，影视行业深入下沉城市将成为必然。

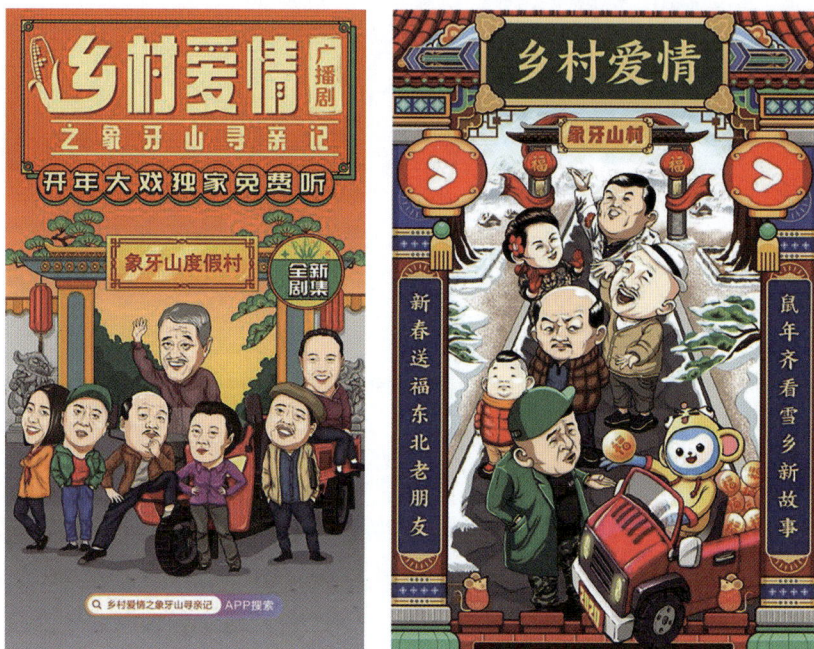

图 4-2　电视剧《乡村爱情》卡通风格海报

在拐点之年，如何面对观众的迭代，他们的需求与以往的观众需求有何不同，行业又该如何与新晋的主流观众进行有效的沟通，这都是新时代下行业不得不直面的问题。"Z世代"指网生新一代"95后""00后"年轻人。其中，作为最具发展潜力的新一代，第一批"00后"已从校园走向职场，观众迭代已经是不可逆转的事实，"95后"正逐渐被"00后"追赶、覆盖。

而无论是贡献票房还是发表评价，"00后"群体都发挥了重要作用。研究发现，过去一年中有将近20%的电影票购自"00后"消费者，他们是增速最快的观影人群。事实证明，"00后"正在成为影响中国电影行业的一支重要力量。

面对观众的变化，影视行业选择和新受众沟通的方式也有所不同。"00后"的进入，是通过抖音、直播等新的形式被吸引到影院观影，"直播爱好者""电影爱好者"以及"海淘达人"等专属于"95后"的标签正在同片方的抖音营销以及直播售票发生重合。在获取新鲜电影资讯方面，传统的中长视频平台，如优酷、爱奇艺、腾讯、哔哩哔哩、1905电影网等，以及微博、朋友圈等社交平台仍旧是主战场，两类平台都约有50%的选择比例。而近几年发展迅猛的抖音、快手等短视频平台，已经超过豆瓣、知乎等专业社群平台，逐渐成为重要的电影资讯获取平台。除了高质量、高口碑的影片本身，"Z世代"尤其是"00后"更愿意为个人兴趣爱好买单，选择自己感兴趣的电影来观看，优惠的价格则为次要考虑因素。

从受众占比来看，"00后"和"90后"的审美风格具有一定的差别，深受"90后"喜爱的《乡村爱情11》，"00后"观众占比只有15.25%，玄幻类作品在"00后"群体中最受欢迎。这也源于"00后"观众的心理需求，向往轰轰烈烈。玄幻类作品恰好可以收容他们无处安放的幻想，和剧中的人物产生同理心，与他们同悲喜，甚至在观剧时会将自己带入相应的角色和情境。"00后"追求自我表达，实现个体价值，在文娱消费中展现出主动参与内容创作和分享的意愿。与电影创作相比，其更希望自己来表达属于他们的故事。

"95后"和"00后"观影更倾向于能够产生共鸣、话题讨论度较高的影片，像《复仇者联盟4：终极之战》在上映期间便引起了行业以及社会的极大反响。并且，他们对内容和演员的喜好更为年轻化，所以有年轻流量明星参与的作品对他们的观影具有促进作用。

相比演员阵容、导演风格、技术创新和营销宣传，"00后"在电影上映前更会被电影的题材内容所吸引。剧情足够丰富、内容有思想深度、能激起情感共鸣才是根本关键。吸引他们走进影院的，更多的不是流量明星，而是期待看到一个好故事，一部真诚且品质优良、能激起广泛且深刻共鸣的好电影。"00后"思维活跃、情感丰富、与公共环境接轨的意愿强，他们不只关心符合自己喜好的新作品，也同样能在电影中紧跟社会潮流，找到自我认同，找到自我安放的空间。

2. 按性别划分　从性别角度将影视用户分为男性用户与女性用户两大类。基于男性与女性的需求不同，受各方喜爱的影视作品中所体现的元素和价值观也会有所不同。男性的需求主要有被理解、被信任、被支持、被尊重、被认可这几类。所以，受男性喜爱的影视作品倾向于冒险、热血、平凡人的逆袭、建功立业、保护弱小等，影视主题多为动作、冒险、战争、历史。例如，《庆余年》《雪中悍刀行》《赘婿》《斗罗大陆》《斗破苍穹》《青云志》等。

而在主流意义上女性的需求则是更有安全感、自我价值认同、被呵护、被关爱这几类。受女性喜爱的作品主题主要有被呵护、被宠爱、打破不公平的对待、自我价值的实现和独立意识的觉醒等。这类影视主题多为爱情、惊悚等，如《以爱为营》《偷偷藏不住》《下一站幸福》《你是我的荣耀》等。

3. 按地域划分　2008年上映的《海角七号》受到台湾同胞的喜爱，然而大陆的观众反响并不热烈（图4-3）。

图 4-3　电影《海角七号》海报

其主要原因是地域的不同导致大陆的受众不太习惯绕口的闽南语，这才产生了地方差异。优秀的电影离不开一个好的故事，而好的故事更离不开高质量的人物塑造。故事呈现人物，人物推动故事，二者相辅相成。《海角七号》有着秀丽的风光，有着动听的音乐。不仅男女主人公的爱情故事动人，而且影片对配角的塑造也同样精彩，每个人物的故事既能独立成章，又能交相辉映，他们如同音符一样在电影叙事的主线上纷纷邂逅，共同谱写了一部优美的乐章，成就了《海角七号》这部佳作。

广西与《刘三姐》、云南与《阿诗玛》、江南与《苏州河》、山东与《红高粱》、西北与《黄土地》，这些具有鲜明地域特色的自然景观与地域民俗在第一时间内就将观众导向所指的地域，能够将地域性最直观的感受瞬间带给观众，成为观众判断故事发生地域的第一要素❶。将独特地域性的本土元素融入影视作品，文化差异产生的同时，也是变相地促使文化交流与相融，让不同地域的文化通过荧屏展现在全国各地的大众面前，使文化流向更远处。

三、新时代的影视设计变革

数字媒体艺术作为一个年轻多元的艺术领域，为影视设计行业的发展开拓了全新的创造性。在影视作品制作过程中，无论是电影、电视剧，还是短视频、微电影等，制作人员都越发重视对数字媒体艺术的应用。数字媒体艺术为影视作品的视觉艺术效果提供了新的思路和创作途径，包装的手法越来越丰富，创意也越来越新奇，给观众带来了前所未有的震撼视觉特效。同时，也为观众与影视作品的双向互动创造了条件。

在这种趋势下，科学技术与多媒体行业的关系也变得更为密切，两个原本相对独立

---

❶ 吴玉霞.浅析电影艺术地域性的表现[J].电影文学, 2014, 616(19):4-5.

的艺术门类之间的壁垒逐渐被打通，界限也越发淡化，数字媒体艺术引发的影视设计变革主要体现在以下七个方面（图4-4）。

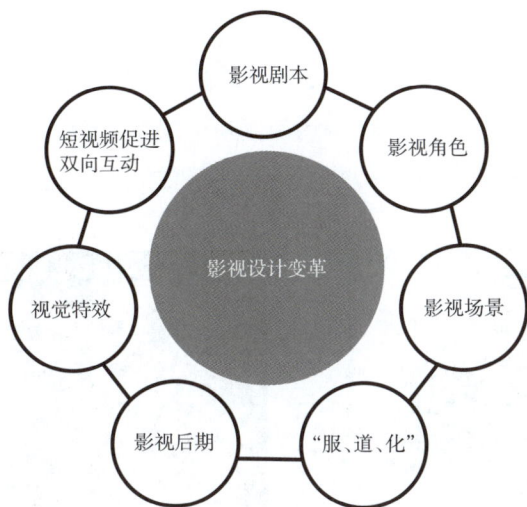

图 4-4　影视设计变革

1. 影视剧本　影视剧本是用文字表述和描写未来影片的一种文学样式，它为影视导演提供作为工作蓝图的文字材料，导演根据它用画面和音响的摄录和剪辑构成完整的影片。因此影视剧本被称为前电影电视，是影视创作的基础。❶

（1）确定主题。主题是在电视剧题材、类型上进行选择策划，历史题材还是现实题材，城市题材还是农村题材，家庭题材还是商场题材，偶像剧还是犯罪剧或者是武侠剧、军旅剧等，具有市场意识的公司在投资拍摄前，往往要对选题进行细致甄别，选择那些有市场前景的题材和类型。对作者来说，选题的标准除了看市场前景，更要看自己是否有足够的生活储备，是否熟悉这一题材。确定选题后，便是作品主题的设定。主题是剧作的灵魂，是组织情节、结构全篇的总纲，剧中所有关于人物、情节、细节、结构乃至各种表现手段的安排都要服从和服务于主题。主题一般提前确定，然后围绕主题进行构思和写作，但是不排除在写作过程中适当调整。

（2）题材及立意。题材往往决定了故事的可看性以及影片的观众群体，同时也在很大程度上决定了影片的商业性。有的题材本身就具有很强的商业性，有的则是典型的文艺片题材。我们在确定故事题材的时候，通常也会确定其立意，也就是通过这个故事要表达怎样的一个主题思想。对一个真正的创作者来说，一个选题之所以值得继续，往往

---

❶ 宋晓利.新媒体时代中韩影视作品文化传播路径研究[M].北京：光明日报出版社，2023.

不是因为有不菲的稿酬，而是这个选题有一个极具诱惑力的、独创性的戏眼。例如，美国电视剧《越狱》第一季中，男主人公把监狱结构图纹到自己身上，借此帮助哥哥成功越狱，这是一个惊人的构思，也是全剧最吸引人的戏剧核（图4-5）。国产悬疑剧《暗算》中找到一个听觉灵敏的盲人来寻找敌台自然是该剧最吸引人的亮点；国产犯罪剧《冬至》引人入胜之处则是一个谨小慎微、心地善良的银行小职员如何变成了转移巨款的内盗。这些成功的电视剧，成功的原因固然来自包括演员表演在内的方方面面，但剧情上能否找到一个独创性的亮点，即核心情节或者说戏剧核是重要基础。

图 4-5　《越狱》剧照

（3）搭建人物关系。主题在故事中得到体现，故事则由人物展开。电视剧容量较大，通常人物也较为繁多，设置一些有潜在戏剧性的人物关系，编织一个人物关系网是剧情构思的基础。需要指出的是，确立人物关系和人物身份，其实也就是为主人公原创人物充实小传，人物关系一旦确立，人物的性格、职业、年龄等细节，矛盾冲突、故事情节，就会越容易出现。

（4）选择叙事方式。由于电视剧容量巨大、情节复杂，在确定了剧作的主题和核心情节，搭建好人物关系后，通常还不能直接进入写作，而是先要对总体的剧作结构，也就是情节展开的方式进行构思，然后在此结构内填充具体情节。例如，电视剧《浦江新家》的结构，创作者的构思是以廖阿婆老房子的60万拆迁款的使用为总线索，以三代人组成的一个大家庭、四个小家庭的矛盾纠葛为辅助线索，以大圆套小圆、环环相扣的结构方式展开矛盾冲突。在构思结构的同时，剧情也同步得到了构思。结构是对人物、情节的安排，结构的设计是创作者艺术才能的重要体现。虽然国内外优秀电视剧的结构方式千差万别，但概括起来，基本围绕以下两个维度，即单线结构与多线结构。

单线结构一般发生在那些戏剧性比较强的电视剧里，也称戏剧式结构，指的是按照戏剧冲突的展开逻辑即"起承转合"来布置结构，剧情发展符合开端、发展、高潮、结局的冲突展开逻辑，情节段落的安排上按照因果关系，强调悬念和高潮的设置。美国电视剧一般都按照戏剧式结构，如《越狱》完全依照"越狱"这一行动的实现展开，国产悬疑剧《梅花档案》以侦破特务组织为线索展开。这属于戏剧式结构。

多线结构如同散文，不追求戏剧性和故事的完整性，往往按照生活的自然流程展示散点的日常生活，侧重细节的表现。但是这类故事看似散漫，其实同样需要对结构进行精心构思。

无论是从电视剧主体观众层次，还是从电视剧艺术特性来看，按照自然的时空顺序进行叙事，都是既简便又常规的结构方式，尤其是《金婚》《戈壁母亲》《汉武大帝》《雍正王朝》这类有历史跨度的电视剧。但是对于那些时间跨度不明显的电视剧，多线索的并行发展就是结构的首要特征。有些电视剧在总体上是按照时间顺序的，但有时也会穿插交错。例如，美国电视剧《越狱》一方面以兄弟二人的越狱过程为线索，同时在涉及一些人和事时，也会回溯交代其前史，呈现为时空交错的结构形态。

（5）构思情节，撰写梗概和大纲。明确了主题和结构，有了戏剧核，落实了人物身份和关系，可谓万事俱备，接下来的工作就是构思情节。情节构思的第一步是先确定总体情节走向，即落实情节主线，由此形成一份一两千字的剧情梗概，情节主线通常按照目标实现模式和矛盾冲突化解模式来构思。在此基础上，撰写分集剧情大纲。

（6）构思对白，塑造人物。在分集大纲的基础上设计具体场景、撰写人物对白，一个剧本方算完成。在电视剧本创作中，同样需要注意，能否塑造有血有肉有个性的成功人物仍然是一个剧成功与否的关键。电视剧《亮剑》正是由于塑造了一个极具个性和新意的主人公李云龙，其个性很大程度上体现在他生动活泼的语言上，帮助该剧获得了巨大的成功。同样，电视剧《士兵突击》的成功很大程度上也归功于它塑造了许三多等一组形象鲜明、个性突出的人物形象。

2. 影视角色　角色通常担负多重功能。一个角色可能是恋爱对象、催化角色，以及密友。在绝大多数情况下，不同的角色担负着不同的功能。如果有好几个角色担负同一个功能，每个角色的效果就会遭到稀释。我们可以把角色的功能分为五类：主要角色、配角、增加层次维度的角色、主题性角色以及陪衬角色。

（1）主要角色。主要角色执行动作，他们负责推动故事。这是他们的故事，他们是故事的焦点。他们提供主要的冲突，他们足够有趣，这可以让我们对故事保持两三个小时的兴趣。

主人公剧本的主要角色就是主人公。他是整个故事讲述的对象。我们想跟随他、支持他、移情于他，并关心他。我们希望主人公能够获胜，达成目标，实现自己的梦想。通常，我们通过主人公的视角来观看故事。

大多数情况下，主人公可能是一个积极的人，他是故事的英雄，比如《007》里的詹姆斯·邦德（James Bond），或《谍影重重》系列里的杰森·伯恩（Jason Bourne）；她是《永不妥协》中的艾琳·布劳克维奇（Erin Brockovich）；她是《泰坦尼克号》里的露丝（Rose DeWitt Bukater）；他是《虎胆龙威》里的约翰·麦克莱恩（John McClane），《返老还童》里的本杰明·巴顿（Benjamin Button），或者《杀死一只知更鸟》里面的阿提库斯·芬奇（Atticus Finch）。尽管如此，这并不意味着主人公没有缺点。主人公可能有一些我们不喜欢的特点，他们也可能做出我们不赞同的决定，但主人公抓住了我们的注意力，他看起来就是那么让人赏心悦目。在绝大多数情形中，我们不会对谁是主人公产生疑问。此外，如果主人公被塑造得很好、很深刻的话，我们还可能专程为了主人公去看电影。

偶尔，主人公是一个负面人物，比如《发条橙》《出租车司机》《血色将至》《莫扎特》，以及《乱世佳人》中的主人公。所有黑色类型电影中的主人公都有缺点，通常，他们的优缺点参半。观众很难对这样的角色产生同情，也很难移情。然而，他们却能够把我们卷入故事中，我们通过他们的视角来观看故事。

为了形成戏剧冲突，每个主人公都需要一个对手——反角。在绝大多数情况下，反角是一个坏人，一个邪恶的角色，一个试图阻止主人公完成任务的恶棍。但反角并不总是需要被塑造成一个负面人物。反角仅需站在主人公的对立面即可。在《莫扎特》中，主人公是萨列里，反角是莫扎特。与萨列里相比，观众更喜欢莫扎特。

有时候，反角是试图阻止主人公达成某个目标的人。在《大白鲨》中，反角是小镇居民；在《捉鬼敢死队》中，反角是鬼；在《海神号》中，反角是相互竞争的幸存者。

（2）配角。主人公需要支持他们和反对他们的配角。其中，催化角色可以是任何一种角色——主角、配角，甚至是次要角色。他们的功能是制造事件，并迫使主人公采取行动。催化角色可以是不重要的人。在《亡命天涯》中，因为咳嗽而撞了囚车的公车司机是导致事件的催化角色，正因为如此，金布尔逃跑了，给警探提供线索的次要人物也可以是催化角色，他促成警探走上了截然相反的道路。有时候，催化角色强迫主人公发生转变。在这种情况下，催化角色可能是和主人公因缘际会的理疗师、父亲或者朋友，也可能是追捕主人公的警察，还可能是宣判绞刑的法官。几乎每个故事都有催化角色。为了让故事开始运转，并保持故事继续向前，主人公需要获得帮助。在创作催化角色时，让他们充满活力是非常重要的，只有这样，他们才能通过动作来推动故事向前发展。

其次，在戏剧中，我们常能看到密友，尤其在那些欢快的18世纪英国喜剧中，女仆通常会成为女主人公倾诉她最隐秘的、最黑暗秘密的对象。女主人公信任她的密友，告诉她自己对爱人的感情、对即将来临的约会的惶恐、她的嫉妒以及她的关切。她和密友一起流泪，一起放声大笑，为了能依偎在爱人怀中，请求密友帮她出谋划策。在电影中，密友通常是一个不太有趣的角色，通常被认为是主人公用于倾诉的对象，而这足以让场景显得过于烦琐。密友常用来给观众传递信息。因此，密友出现的场景常会深陷泥潭，充斥着解说性的演说，当场景很难用戏剧化的方式呈现时，他们常常被看作提供信息的机会。但密友并不需要那么沉闷，把密友想成是主人公可以在他们面前展现真我的人。这是一个值得信赖的角色，有他在场，女主人公可以披头散发，男主人公可以展现自己的脆弱面。密友给主人公提供了哭泣、欢笑或者脆弱的机会，这揭示了主人公的其他维度。

有时候，密友也可以是一个合伙人，甚至是另一个主人公。在《龙虎小霸王》和《光辉岁月》中，主人公互为对方的密友。在《沉默的羔羊》中，汉尼拔·莱克特是克拉丽丝·史达林的密友，她告诉他自己看到羔羊遭屠杀的场景，以及这一场景对自己产生的影响。在很多电视剧，比如《办公室》《火线救援》，以及难以尽数的医疗剧和警匪剧中，即便剧中同伴的主要功能可能是为了推动故事向前发展，但在必要时，他们也会扮演密友的角色。

（3）增加故事维度的角色。如果故事是单线性的，主人公在一两个催化角色的帮助下就达成了目标，那么它很快会让你失去兴趣。在电影中，总有些角色为故事和主人公提供维度。然而，这不意味着这些角色本身充满了层次感，但他们的存在让电影变得多维。

比如一些电影中"插科打诨"的角色。这种角色的功能是给故事减压，让观众获得放松的机会。在《星球大战》中（图4-6），我们看到了R2-D2和C-3PO 的喜感，他们总是抱怨："我们玩完了。"

图 4-6 《星球大战》中的 C-3PO 和 R2-D2

宇航技工机器人的主要工作是维修和保养星际飞船，R2-D2精通星际飞船修复和计算机接口技术。它第一次出场是在《幽灵的威胁》故事中，贪婪的贸易联盟入侵纳布星球，阿米达拉女王的纳布王家飞船遭到了贸易联盟猛烈的炮火攻击，R2-D2临危不惧，成功修复了飞船的护盾，帮助大家脱离了险境。因为它的勇气，R2-D2受到了阿米达拉女王的感谢与褒奖。而C-3PO来自塔图因星球，它是由小安纳金用废弃的零件和回收物拼凑而成的礼仪机器人。它第一次出场也是在《幽灵的威胁》故事中，安纳金激活了C-3PO。它在这里第一次见到了R2-D2。后来两个机器人便成了最好的搭档，一起经历了许多冒险。C-3PO神经质的性格让它处处小心谨慎，本能地想要躲避一切危险。这也是它和勇敢的R2-D2最不同的地方，两人因此经常拌嘴，并在这个过程中建立了深厚的友谊。这两个角色增加了电影的幽默感，也拉近了角色与观众间的距离。

另外，还有一些对比性角色。该角色通过其与主人公的差异，来帮助界定主人公，有时候这种对比通过种族背景的不同来表现。例如，一个高加索警察和北美原住民警察；一个西班牙侦探和非洲裔美国警长；高个儿角色和矮个儿角色；一惊一乍的极具女性气质的女孩和假小子；又或者勇敢和懦弱的角色进行对比。在扩展故事的深度和质地的同时，对比性角色可以帮助我们更清楚地看到主人公的细微特征。有时候对比性角色也是主要角色。两个对比性角色可能是势均力敌的角色。

（4）主题性角色。主题性角色又分为平衡角色、"心声"角色、编剧视点角色以及观众视点角色，均用于传达和表现电影的主题。虽然在任何一部电影中都能找到上述的一两种角色，但一些聚焦于主题的电影可能包含了三四种上述角色，比如《撞车》《辛瑞那》《人类之子》。在这些电影中，电影制作人需要传达某些确定无疑的东西。隐藏在电影制作后的推动力并非来自故事或者角色的吸引力，而是来自某种观念的吸引力。

平衡角色。在许多戏剧性很强的故事中，都有一个平衡角色，他是故事的稳定器，确保主题不会被错误传达或者错误解读。如果我们不确定编剧想表达的是什么，那么我们可以通过这个角色牢牢跟进故事，他让我们知道什么是重要的，他还能为那些不太确定自己方向的角色起到平衡的作用。例如，在《蜘蛛侠》中，平衡角色是彼得·帕克的舅舅。

"心声"角色。有些戏剧化的角色可从不同视点展现主题，这有助于传达复杂的观点、拓宽主题，这些角色就是"心声"角色。在《辛德勒的名单》中，伊萨克·斯特恩是明晰和洞察力的"心声"，他传达了最为清楚的善恶观念。在《狮子王》中，木法沙是智慧和真理的"心声"。在《理智与情感》中，埃莉诺是情感的"心声"，而玛丽安则是理智的"心声"。他们通过自己的态度、动作以及一些对白来传达自己的观点。

编剧视点角色。在创作剧本时，编剧总是有自己的视点。绝大多数编剧都有很强的人生观、价值体系以及信仰。通常，他们写作的初衷是想把自己的观点和价值观灌输给世界。很多编剧想通过他们所写的以及他们所讲述的故事来改变世界。为了确保他们的观点能够清楚地体现于作品中，编剧有时候会运用编剧视点角色。从某种意义上来讲，这一角色就是编剧的化身。观众是否知道编剧视点角色是谁，并不总是很重要的事情。但如果身为编剧的你想要在剧本中清楚地传达某些东西，那么选择一个你认同的角色——他既可能是主人公，也可能是配角。他通常也是主题性的角色，因为编剧的观点通常是剧本的中心观点。

有时候，编剧视点角色对故事至关重要。如果编剧创作的是一个充满争议的故事，或者很复杂的故事，这个故事没有十分明确的对与错，因而需要给观众提供一些帮助，好让他们知道如何思考，以及如何看懂编剧所提供的信息。

观众视点角色。有时候，剧本涉及某些非凡的题材，比如超自然现象、外星人、灵魂或者重生。在很多情况下，至少有部分观众会对这些题材产生怀疑。为了让这些主题具有可信性，很重要的一点是选择一个代表观众视点的角色。他可能是一个无神论者，说出了观众一开始就心存疑虑的话。在故事的进行中，角色慢慢地发现了可信的证据，他渐渐发生了改变，观众的疑虑也会因为这个角色而打消，进而改变自己的态度。这并不必然意味着观众需要相信故事的真实性。但它在观影过程中暂停了观众的怀疑，这样的话，观众就可以认同电影中持怀疑态度的角色，并在故事展开的过程中投入其中。

（5）陪衬角色。陪衬角色起衬托作用，扮演微不足道的角色，他们往往用于证明主人公或者反角的威信、权力和地位。这些角色可能是保镖、秘书、得力帮手或者闺蜜，他们的存在是为了帮助我们了解谁才是电影的大人物。剧本需要多少陪衬人物，这取决于主要角色的权力和地位。绝大多数有权力的人，尤其是暴徒，围绕在他们周围的是几个保镖，一个司机，也有可能是一个助手。但添加了过多的陪衬角色，反而会让陪衬角色变得杂乱无章，并因此失去重点。如果既需要很多此类角色，又担心添加过多而杂乱，那么可以创造一个多功能的角色。比如，可以让保镖身兼密友，或者让闺蜜身兼催化角色的功能，由她来推动故事向前发展。

在剧本中，一个角色不管承担了多少的功能，他都需要在故事中获得一个位置，并为它做出应有的贡献。阐明角色的功能有助于故事聚焦，它能挽救那些看起来可有可无的角色，它有助于编剧决定删掉哪些角色。通过测试角色的功能，有助于节省那些因为模糊、混乱的场景而浪费的纸张。

3. 影视场景 在影视制作中，场景设计是至关重要的一部分。好的场景设计不仅可以为故事情节增色添彩，还可以让观众更好地沉浸在影片中。场景设计技巧包括透视和构图技巧、场景细节的表现技巧、环境氛围的表现技巧和情感表达。透视和构图技巧是影视制作中必不可少的技能。透视是指在画面中表现出物体的远近关系，构图则是指如何将不同元素组合在一起，创造出令人满意的画面。准确的透视可以令画面物体形状合理且有立体感，构图好可以令画面层次丰富，主次分明。例如，在拍摄一场戏时，我们可以使用远景、中景和近景来表现场景的深度。同时，我们也可以通过选择不同的镜头角度和摄像机高度来改变场景的视觉效果。例如，在拍摄一个房间时，我们可以使用俯视或仰视的角度来突出房间的大小和高度。

场景细节的表现技巧，包括如何表现场景中的道具、光线等。场景细节是指影片中的各种道具、布景和细节元素。这些元素可以帮助我们更好地呈现角色和场景。例如，可以使用不同的灯光效果来表现不同的情绪或氛围，还可以通过选择不同的道具来展现角色的性格或情感状态。另外，我们还可以使用细节来刻画场景的背景故事。例如，在一个咖啡馆场景中，我们可以摆放一些书籍或杂志，来表现一个文化氛围浓厚的空间。

环境氛围是指场景所带来的情感和氛围。这些元素可以通过构图、灯光、镜头语言等手段来表现。例如，在一个悲伤的场景中，我们可以使用柔和的音乐和暗淡的灯光来表现角色的情感。另外，我们还可以通过选择不同的场景元素来表现不同的氛围。例如，在布置一个恐怖场景时，我们可以使用冷色灯光、第一人称偷窥视觉构图以及夸张的道具来让观众感受到紧张和恐惧。在一个浪漫的场景中，我们可以使用温暖的灯光、黄金分割构图和具有浪漫意味的道具来营造出浪漫的氛围。

场景设计的最终目的是表达情感。通过透视和构图技巧、场景细节的表现技巧和环境氛围的表现技巧，可以更好地表达出角色的情感和故事的情节。例如，在一个悲伤的场景中，可以使用远景来表现角色的孤独和失落，使用柔和的灯光和平视特写构图来表达角色的悲伤情感。好的场景设计可以让故事更加生动、观众更加沉浸。通过透视和构图技巧、场景细节的表现技巧、环境氛围的表现技巧和情感表达，可以创造出令人难忘的场景和故事。

4.**"服、道、化"** "服、道、化"是服装、化妆、道具的统称，其中服装是演员在演出中穿用的服装。它是塑造角色外部形象，体现演出风格的重要手段之一。在表演过程中，人物身份、地位以及性格都可以从服装中看出，因为服装是演员留给观众的第一印象，服装所展示的信息也是观众第一时间可以察觉到的。服装设计具有丰富舞台效果的作用，这是因为服装设计需要通过丰富多彩的颜色对舞台进行渲染，使演出效果更加有层次，更加丰富。

在人物塑造方面，演员会根据人物特征来搭配服装，如人物冷酷，可以多采用黑色服装；人物活泼可爱，则多采用暖色调的服饰增加其性格色彩，帮助观众将服装颜色与人物性格进行挂钩，更好地让观众锚定角色，很好地了解情节并与情节内容产生共鸣。另一方面，服装有着很多的样式，如西装、大衣、风衣、布裤等。这些都可以反映出一个人物的形象与地位，让观众可以更好更深入地了解角色，所以说服装是服务演员塑造的重要手段。

道具是戏剧演出中所用的家具、器皿以及其他一切用具的统称，是演员活动的支点。舞台道具按大小分为大道具和小道具。大道具包括桌椅、沙发、橱柜、屏风等，小型道具则包括电话、花瓶、杯子、食品等。按照道具的使用性质进行区分的话，可分为装饰性道具（如窗帘、屏风、枝形吊灯等）、手用道具（如袋子、行李箱、扇子等）、消费道具（如食品、用来当众打碎的餐具等）、实用道具（如桌子、椅子等）。

化妆指的是对演员须发、脸部以及身体裸露部分进行修饰，改变演员原本的容貌，转变成更贴合舞台人物的妆容。由于剧种、剧目和人物属性的不同，每个舞台人物的妆容都各有差异，产生的效果也各不相同。其中，有夸张性的，有装饰性的，有寓意性的，也有象征性的，化妆可以有效地将人物性格形象凸显出来。例如，演员要通过化妆造型把人物的性格形象和表演风格凸显出来，那么在化妆的时候就要注重对眼睛进行刻画，不同的风格会体现出不同的人物特点。

影视剧中的服装是源于生活服装，又有别于生活服装的。影视剧服装应能帮助演员塑造角色形象，有利于演员的表演和活动；设计应力求与全影视剧的演出风格统一，并且能满足广大观众的审美要求。随着轻工业和艺术设计的发展，影视剧服装也有了更高的表现力，能传递更多故事线内容之外的情绪和思想。

5. 影视后期 影视后期是影视制作过程中不可或缺的一个环节，它关系到一个影视作品的成功与否。优秀的影视作品除了一开始考验演员的演技及台词功底之外，后期的制作也很关键。影视后期制作，简单来说，即把影视作品中种类繁杂、表意不同的元素进行有机融合。具体表现为在一部影视作品中，根据拍摄剧情进行画面剪辑、台词录制、配置音乐音效、合成特效、调色等工作，并将这些元素充分融进作品中。针对影视后期处理技术，只有不断创新，探索更多影视后期技术的操作方法，该技术才能进一步发展，并将影视作品更好地呈现在大众面前。

目前在影视拍摄过程中，基本仍是使用摄像机拍摄演员的表演场景，因此从传统意义上来看，影片后期制作即对拍摄好的素材进行挑选和剪辑，从而选择最符合影片主题的素材，对其进行融合性编辑，然后把编辑好的素材进行声音处理，令声音与画面的播放步骤一致，如此便能看出影片的概况，且影视作品想要对观看者传达的信息也已一目了然。总而言之，一部影视作品是否成功，不仅取决于视频本身，后期制作也极为关键。只有在后期制作中合理运用处理技术，影片呈现的效果才能使人震撼。

以《满城尽带黄金甲》这部历史题材的电影为例（图4-7）。影片一开头使用的毛笔字，使该影片作为历史剧的雄厚感脱颖而出，将中国元素巧妙地融入其中。

在这部影视作品中，文字的颜色选择了红、黄二色。黄色暗指的是皇帝，代表尊贵，至高无上；而红色则是能代表中国元素的颜色，表明中国人的魂。这部影视作品的文字运用强烈的视觉对比，让观看的人从中了解中国久远的历史、底蕴深厚的文化内涵。而影片结尾处只使用了简单的白色文字，便暗指了结尾是一个悲剧，令人悲伤的氛围强化了影片的视觉冲击。

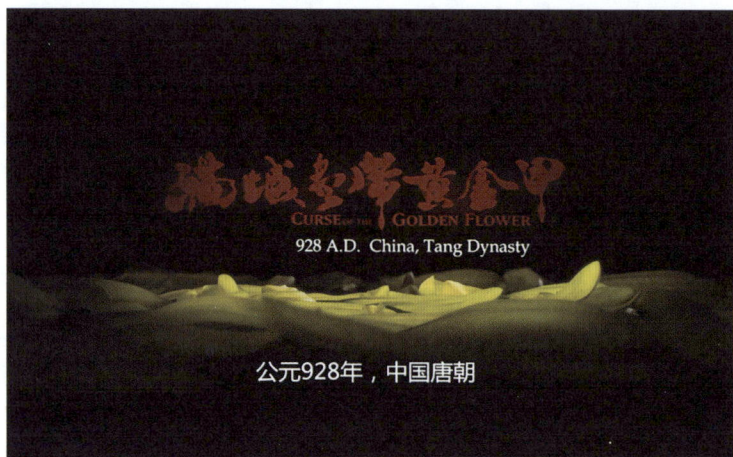

图 4-7　电影《满城尽带黄金甲》片头

以电视剧为例。电视剧的片头片尾和字幕都具有数字媒体艺术特征，是思维空间形式的艺术。在剪辑与优化视频的过程中，制作人员不但要运用现代影视剪辑技术中的一些常用技法，也要将数字媒体技术有效地融入视频的制作中。画面是直接呈现视觉艺术的载体，也是电视剧艺术中最为基本的元素。过去，后期美术设计师只是简单地设计背景画面；而如今，在数字媒体艺术的影响下，画面剪辑师的工作范围日益扩大，他们需要提前搜集大量相关素材，并从中进行筛选、剪辑、拼贴，从而完成与主题相符且连贯流畅的电视剧画面。电视剧的音效是协助画面完成艺术表达的重要手段。电视剧艺术也被称为视听艺术，可见，音效在电视剧制作中占有至关重要的地位。在过去，电视剧的音效制作多为原音收录。虽然也有使用配音技术，但大多是基于实物发出的声音来进行收录，数字化合成音效的应用并不广泛。

数字化配乐也为影视制作提供了便利。通过计算机的数字技术合成音乐，不仅免去了外接设备录音时所产生的杂音和环境音，而且还具有较高的保真度，也能给创作者提供极大的发挥空间。电视剧字幕是一种主题情感的艺术表达形式，在视频制作中有着不可替代的作用。过去，电视剧视频的字幕大多是手写的书法字体或是标准的黑体、宋体。随着数字媒体技术的加入，电视剧视频的字幕设计最大亮点是将传统的手写体或者一些标准字体进行图形化的再创造，与画面形成呼应，在不影响字体识别的同时加入艺术表现手法。这些重新设计过的字幕往往令人记忆犹新、过目不忘。

迷你型网络喜剧《万万没想到》（图4-8），制作方在片头的视频包装上就充分融合了数字媒体艺术的特性，将主角王大锤在剧中的一系列夸张、怪诞、富有喜剧感的造型排列在片头进行定格运动。

图4-8　网剧《万万没想到》片头及影视后期的制作

强烈的画面节奏感把观众带进一个新奇的喜剧世界，让人忍俊不禁的同时也会让人忍不住猜想这一集王大锤会有什么奇怪的遭遇。这样的片头个性突出，既增强了这部剧的识别度，也颠覆了正剧的艺术表现形式。

此外，在片头的配乐方面，数字化模拟的鼓点和定格动画的画面和谐统一，很容易带动电视剧视频的运动节奏，和观众产生共鸣。数字媒体艺术为电视剧视觉艺术效果提供了新的思路和创作途径。在数字媒体艺术的影响下，电视剧视频包装的手法将会越来越多样化，创意也将会越来越新奇。

6. 视觉特效　数字特效的发展是以计算机和数字图形技术的发展为基础的。于1977年公映的第一部《星球大战》，当时的数字特效还没有出炉，那时计算机图形技术还处于萌芽状态，微软和苹果公司也刚刚成立。1990年代计算机图形界面的推出，IBM个人电脑的出现大大加快了技术发展的脚步，技术人员基数的增加为数字特效提供了良好的基础。

视觉特效英文简称VFX，是"Visual Special Effects"的缩写。近年来随着电影制作技术的不断提升，观众的审美水平也日渐提升。摄影师在正常的环境下很难拍摄出爆破特效，而数字特效不但可以轻松解决该问题，又能节省拍摄资金，还可以最大限度地保证人员的安全，并帮助完成人力拍摄无法完成的效果。视觉特效多种多样，包括自然特效，比如烟雾、云雾、雨雪、水火等自然现象的模拟，还有像爆炸、倒塌、撞击、损毁这样的破毁特效，以及像模拟千军万马的群体特效。实现这些特效的方法也森罗万象，比如动力学强大的粒子系统、流体软件、布料和毛发插件、后期合成等。

1997年由詹姆斯·卡梅隆（James Cameron）执导的《泰坦尼克号》（图4-9），可以说是电影史上的经典作品。这部影片中的船体一部分是实物模型拍摄，另一部分则是采用三维模型构建，利用数码合成软件将模型和背景重新组合，模拟再现了20世纪初的那场世纪海难。

图4-9　《泰坦尼克号》剧照和泰坦尼克号数字模型

影片《阿凡达》（图4-10）的出现不仅将数字技术的运用发挥到了极致，也将数字电影推向一个全新的时代。

图4-10　《阿凡达》特效制作

利用数字技术将电影的表现内容进行扩展，将电影的画面更加逼真地呈现在观众面前，在呈现出震撼效果的同时给观众带来了身临其境的视觉感受。数字媒体技术的发展如同春雨一样滋润着影视艺术的成长。数字媒体艺术为影视编织了一个又一个奇幻的梦，创作者的想象力得到了最大化的释放。当前，数字媒体艺术是一个充满生机与朝气的领域，因为它的高效性、快捷性、多样性等特点，被广泛应用于众多行业。

影视后期的特效制作在经过无数次的探索研究后，促使了3D技术的成熟，也加快了人们对5D技术的应用。3D、5D技术的成熟发展，不仅可以让画面变得充实，更能吸引人们的眼球，也强化了影片的艺术表达效果。每一部影视作品都可能因为外界因素或者拍摄角度对影片效果产生一定的影响，而特效的应用优化了影片效果，为影片制作提供了技术保障。2017年热播的古装电视剧——《三生三世十里桃花》（图4-11），剧中的唯美画面引人关注。

图 4-11 电视剧《三生三世十里桃花》剧照

该影视作品的画面效果及小狐狸特效做得十分逼真，这得益于影视后期制作人员的调色处理，使画面看起来如同真的仙境一般，更贴合剧本所要表现的场景预设，才令影片具有了超高的艺术美感。

7. 短视频促进双向互动 20世纪末，数字媒体行业注重于对影音图像的开发，主要表现为动静态性质的图像，其中影视艺术通常通过动态图像来传达概念。而随着数字媒体的发展，影视艺术的表现形式和创作方式相比以往，得到了更丰富的资源，同时也和数字媒体充分契合，两者之间具有很大的合作共利性，且通过数字媒体，影视艺术可以更加全面地进行情感化表达。人们也可以通过数字媒体来进行创作，将自身想法或自己的日常生活等内容通过短视频的形式呈现在公众面前，以此充分实现大众的表演与导演诉求，为受众建立全新的世界，这种方式同时也是影视创作思想上的创新建设，是一种新型文化的象征。

短视频是当下最时兴的分散式娱乐法，其通过带货、直播等方法逐步转变成为新型的商业模式。此时，在短视频潮流下，正在逐渐构成新型的知识机制，数字媒体艺术专业就需要抓住"短视频"带来的机会，扩大及发挥专业特性与优势，并及时对专业进行更新定位。制作短视频需要具有与之相符合的互联网络专业知识，而数字媒体艺术专业中开设的课程内容知识体系，包含了构思、拍摄、剪辑等工作，为短视频内容质量的提升提供了支持与帮助。

　　首先，对于创作者来说，创作的门槛越来越低，很多短视频平台都推出了自己的剪辑软件，如抖音的剪映、哔哩哔哩的必剪等。这些剪辑软件非常强大，而且极容易上手，对比传统的剪辑软件如PR、Final Cut Pro等（图4-12），虽然功能性稍弱，但其易操作性、模块化、一键化等优点满足了一般视频制作者的创作需求。因此这些平台的剪辑软件在市场中的需求量逐渐增长，更易获得消费者的青睐。

图 4-12　主流剪辑软件 Adobe Premiere Pro 、Final Cut Pro

　　剪映是抖音官方推出的一款手机视频编辑剪辑应用，带有全面的剪辑功能，支持变速，拥有多样滤镜效果，以及丰富的曲库资源（图4-13）。软件发布的系统平台有iOS版和Android版。从 2019 年剪映推出移动版开始，还陆续推出了剪同款、创作学院等功能。这降低了创作门槛，吸引了大量创作者涌入视频内容创作，丰富了内容生态。

图 4-13　剪辑软件"剪映"

目前，剪映的使用者已经覆盖了个体创作者、剪辑师、广告营销从业者、中小企业主，甚至包括企业、媒体机构等创作群体。目前内容创作的一大趋势就是专业化，创作者类型加速升级，纷纷抢占各垂直细分赛道。剪映的优势集中在专业、创意、协同三大功能上，可以实现内容创作的个性化和高效化。首先在专业上，剪映的亮点是智能功能，对团队共创与个人创作都更便利。剪映的文稿打轴、智能纠错、智能字幕等智能功能，能有效减少内容创作者不必要的繁杂工作，帮助用户将工作重心放在内容创意和制作上。其次是创意上，剪映的功能非常多元化，元素丰富，模板多样，可以自由选择。最后在协同上，剪映也具有独到之处。手机剪辑很便捷，大部分的日常功能都能满足，对于硬件的要求也很低。剪映电脑专业版的云空间方便团队合作，只需要将素材上传到云盘，团队其他成员便能看到。

必剪是一款针对短视频的编辑工具，它以便捷、快速且全面的编辑方式吸引了众多用户的注意。如今，这款短视频编辑工具已经成为领衔者，开启了一种新的时代，必剪的成功或许再次证明，快捷高效的应用工具在移动互联网时代更具应用空间（图4-14）。

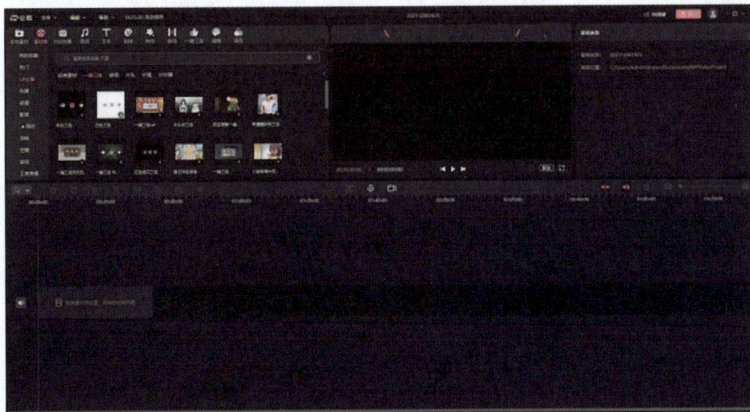

图4-14　剪辑软件"必剪"

作为一款不少哔哩哔哩用户都在用的手机端剪辑神器，必剪能够创建属于视频剪辑者的专属软件，其能实现高清录屏、游戏高光识别、神配图、封面智能抠图、视频模板、封面模板、批量粗剪、录音提词、文本朗读、语音转字幕、画中画、蒙版等功能。除此之外，另一个重要功能是"一键投稿"，可以支持投稿免流量、账号互通，帮助用户快速投稿。

相较于剪映，必剪主要是针对使用哔哩哔哩的用户，而剪映App则更多面向使用抖音的用户，抖音用户虽然年轻人多，但是也有不少其他年龄层的人群。而必剪无论是哪个群体的用户都可以快速掌握。

目前，短视频能够得以发展，依靠的是媒体平台的全面性开放。其中，主流方面的平台媒介包含了抖音、快手、西瓜视频、火山视频等（图4-15）。从实际登录App的时间维度进行分析，最先上线的快手视频于2011年开通，在2012年转型成为短视频媒介平台，并逐步获得成功，然后在2015年迎来了火爆的春天市场；抖音在2016年9月份才上线，平台整体上线时间极短，但是发展速度非常快，平台用户也不断加入，用户数量平稳增长，媒介平台的推展模式继而可观。而从短视频注册角度讲，其从刚开始的以娱乐为基础，逐渐转变成以商业模式为主。

图 4-15　短视频平台"抖音"

目前短视频内容包含新闻类型、技术类型、情感类型等，在视频内容上也在持续增加和丰富，在不停发展的同时也出现了一些不和谐的问题。比如由于在前期缺少相关单位部门的监督管理，出现了有的视频内容极度低俗的现象，现在相关人员也在努力对其进行纠正，从总体来讲，短视频现在还是具备健康化、良性化的优势的。

随着社会现代化的持续发展，科学技术的革新与广大人民的需求让短视频行业迅猛发展和普及，相关专业人员的调查报告显示，传统性广告的投放已经逐步从媒体电视向互联网络倾斜，而互联网络中的商业性广告投入数量也在持续从PC客户端逐渐向移动客户端转变，传统的信息流量聚焦核心点逐步开始在移动终端点展现，移动客户端凭借着自身具有的快捷、便利、高载承量等特点已经被戴上了主流媒体的桂冠。在这样的大环境背景下，短视频应时而生，并已展现出极好的发展效果。目前，短视频所涵盖的内容已经从刚开始的单调搞笑类视频，增长为新闻类型、美食类型、个人才艺类型等多种类型，短视频商业型模式也从简单的观赏转变为视频直播、带货、多元化广告等，展现出更为丰富、多姿多彩的状态。

第二节 影视创作中的设计与策划

影视策划包括制片前中后期及过程中的对内制片工作和对外宣传等方面的工作，从而使影视作品能够产生最大的经济效益。影视设计与策划涉及影视的基本文学基础、剧本创作、影视艺术、视听语言、摄影与摄像等。影视设计与策划的行业人员也需要具备一些写作技巧。因为只有学会如何创作，写出作品，才能策划出更好的作品。

影视策划包括项目的创意构思、文案及客户提案，给予前期提案、设计创意说明及后期结案报告等服务。要求影视策划人员熟悉广告创作流程，有敏锐的创作嗅觉和精准的创意表现力，具备独立思考和分析的能力，对问题有自己独特的见解，能够协助项目组进行创意提案，执行并监督所负责项目的创意构思和文案，保证工作的顺利推进。另外，还能够独立撰写各类稿件（新闻稿、综述稿、专访稿等）、策划方案、报告及项目各项宣传资料文案等。

影视策划人要具有策划学、广告学、经济学、文学、政治学、思维学等方面的相关知识；能掌握有关系统论、控制论、信息论，未来学等方面的基础理论，能够对于各种情况和多种信息进行科学的分析和判断，对事物变化的趋势做出准确的评估（图4-16）。

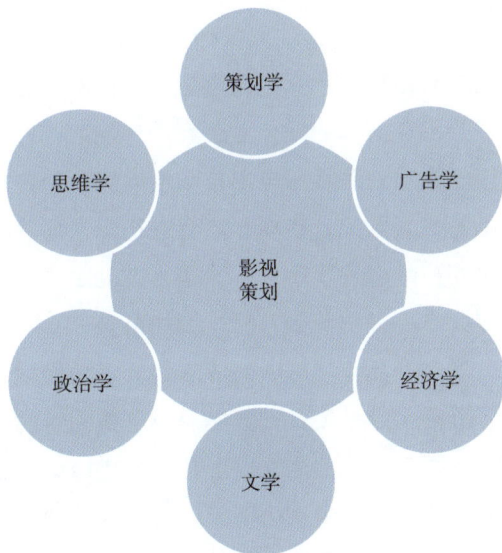

图 4-16 影视策划人技能学习

一、影片定位的确立

制片目标的确立是一部影视作品在前期准备过程中最为重要的环节，它既包括作品的题材选择和剧本创作，也包括市场调研等一系列前期准备工作。制片人是此阶段工作统领全局的核心人物，通过以下三个维度进一步确立制片目标。

首先是受众视野。观众决定收视，收视反过来又决定了制片方的经济收益。不同的收视群体有不同的审美趣味，因此影视作品的运作作为一种商业行为，应该积极考虑受众的接受心理和期待视野。电影作为大众化的文化样式，其营销策略有其自身的独特性。电影上映之后观影者的感受、评价均能间接影响后续观影者的行为选择。良好的口碑无疑是票房的助推剂，而潜在观影人群获取口碑的途径主要有亲人、朋友、同事、同学等生活群体，也有主流观众在打分网站的评分。

其次是市场状况。明确作品的市场定位，紧握市场脉搏和发展方向，密切关注影视作品交易市场的动向和各类活动，避免项目的重复和资源的浪费，从而得到真正的收益。电影产品属于准公共产品，由于票房和上映档期等问题，电影产品不似其他传媒产品主要依赖广告或者政府津贴，它对于市场的依赖远超于其他传媒产品。因此，研究电影行业的市场运营状况对于传媒行业的发展具有重大的意义。我国也意识到脱离市场而存在的电影行业是没有生机和活力的，于是在改革的大潮之下，电影行业也迎来了其市场化的机遇，将资本投放于市场之中进行运作，合理配置资源，促进电影产业的健康发展。

最后是政策法规。为了规范市场，国家广播电视总局相继制定了一系列政策和法规，对影视作品进行管理，范围包括：制作机构的设立、作品的制作、审查、进出口、发行、播放等各项相关的生产经营活动。我国电影市场内的产品辨识度不高，也就是市场中的产品差异度不够。产品差异指的是企业生产的产品之间的相似度。这种差异性能够培养产品的忠实消费者，这对处理我国电影市场中网络免费传播和盗版市场抢占电影市场的问题具有建设性的意义。因此，在电影产业进行需求曲线分析的时候，要将企业产品的"可替代产品"项相应地增加权重，不论是为产品定价争取更大的弹性空间，还是为以"内容为王"的传媒产品提供营销策略，增加自身产品与其他产品的差异性都是一个正确的选择。并且，增加产品差异形成的成本将会不断增加，其中包括对市场需求进行细致、专业的调查。最终关键是要在市场中形成自身独特的企业、产品形象，比如提到迪士尼这个品牌就令人想到经典的米老鼠形象，米高梅电影公司就是一头咆哮的雄狮，环球电影公司就是大制作、大片生产公司等。这些独特的企业形象成了不可复制性的基础，也为培养自己的忠实消费者奠定了基础。我国目前电影市场的主要问题并非在于品牌的过度繁衍，而在于差异度不够的问题。因此，不论是电影技术方面还是电影内容方面的差异化都有益于电影市场的长期发展。多样化的影片类型也有益于受众的观影福利，从而促进电影文化市场的繁荣。

二、明确目标受众

2016~2019年，国内观影人次不断增长，但增速逐渐放缓。2019年全国电影观影人次为17.3亿人，与2018年基本持平。2020年，中国观影人次出现断崖式下跌，仅为5.5亿人，较2019年下降近68.21%。而根据国家电影局发布的信息，2021年全年，中国电影观影人次达到了11.67亿人次，同比上涨112.2%（图4-17）。

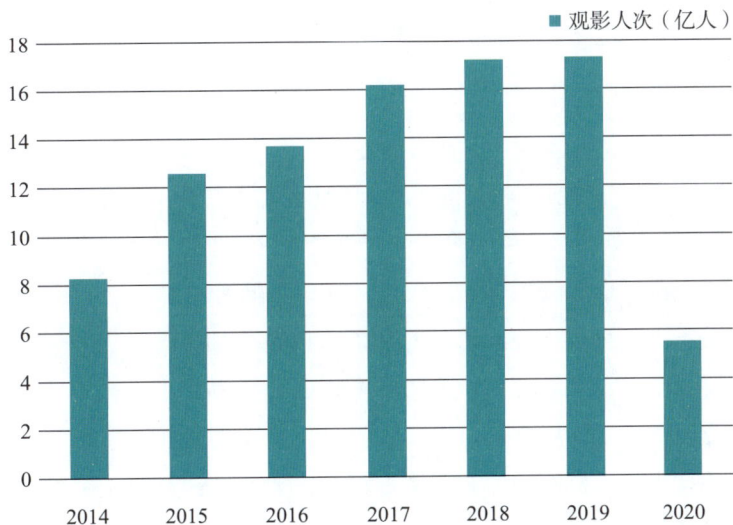

图 4-17 2014~2020 年中国电影观影人次

数据来源：国家电影局前瞻产业研究院整理

任何一种商品若要畅销，在投产之前就必须搞清销售对象是谁，才能以销定产、有的放矢，影视作品的创作生产也不例外。除了粗制滥造的电影不卖座，许多国产片制作精美，有明星主演并大力宣传也不卖座，其失败原因就是销售对象不明确或用户群体的定位不准确。

在我国，影院市场目前分成零售票市场和团体票市场两大块。国产片欲在影院市场盈利，须有很具体的销售目标。在投产之前，就要搞清这部电影的目标观众是哪些人？谁会掏钱买该片的零售票？谁会掏钱买该片的团体票？其市场份额究竟有多大？看准了这些问题，影片的投产决策才能避免盲目性，适销对路。下面将从六个方面对电影市场媒体受众进行分析（图4-18）。

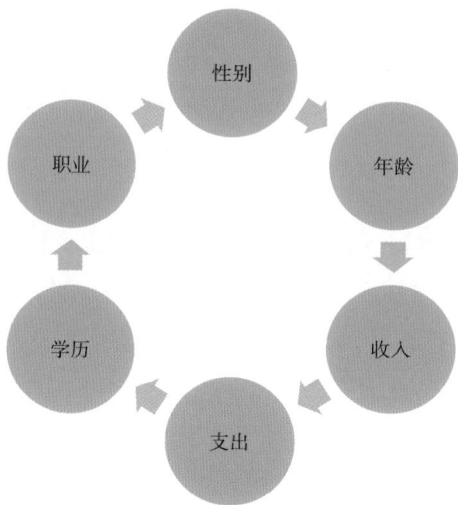

图4-18 电影市场媒体受众分析

性别分析。男女比例基本相当，面对的是"情侣电影市场"。在调查过程中发现，极少有进行单一消费的，一般都是男女结伴。女性比例稳中有升，女性文化消费意识提高比男性快。在文化消费的选择中，女性一般会占主导地位，吸引女性观众即赢得市场。

年龄分析。电影观众年龄以青年人为主，平均年龄为29.2岁，年龄段以30岁以下为主。在年龄的分布上，呈现出中间大、两头小的趋势，即以18~30岁的人为主，占总数的近三分之二（63.5%），而18岁以下和30岁以上的分别只占总数的15.6%和20.9%。20~35岁人群是消费领域的主力军，把握住他们，就能把握中国的文化消费市场。从观众年龄可以看出，观影人群的主力军还是青年人，年龄较小和年龄较大的人群主要集中在春节档或者国庆档这些热门档期中，而且集中于教育片和动画片，由此可以分析出对于不同的档期需要上映针对性的电影。

收入分析。电影观众收入普遍较高。总体上看，四分之三的观众月收入集中在2000~8000元，有73.1%的观众月收入超过了两千元。月平均收入在1000~2000元的占总数的16.7%，8000元以上者占10.2%。

支出分析。从个人的观影月支出情况看，四分之三的人集中在500~2000元这个层段上，占总数的75%。500元以下的占总数的15.7%，2000元以上的占9.3%。调查发现，在一线与二线城市中，观影人数占比较高，而且在月支出中，对于娱乐行业的支出也比三、四线城市高出近10个百分点。

学历分析。观众的文化程度普遍较高，大学（大专）以上的观众占总数的67%，高中的占25.3%，初中及以下的仅占7.7%。知识层的群体文化消费意识较强，其消费观往往比较前卫，对于自己的爱好和喜欢的东西毫不吝啬；高知识层的群体视野较为开阔，他们乐于尝试新鲜的东西，容易接受多元文化，生活的休闲娱乐观念对高知识层有很大影响力，这些群体往往收入不低，在休闲娱乐的消费上，他们也愿意为自己的娱乐兴趣买单。

职业分析。观众职业以公司职员、专业技术人员、行政管理人员和学生为主，分别占总数的43.3%、23.2%、10.1%和9.9%，工人、个体户和其他职业者共占总数的13.5%。所在单位类型以三资私营企业（47.3%）、国有和集体企业（35.6%）、事业单位（9.3%）为主，在这三种类型的单位工作的人占总数的90%以上。从上面的数据可以看出，观影人群具有以下三个特征：一有稳定的经济来源，二有固定的休息时间，三消费意识较强。

上述分析可以勾勒出观看电影的观众基本画像：他们是一个文化水平高、收入水平高、消费水平高、年纪轻、专业人员的阶层。基于该用户画像，对于影视行业的创作者来说，就基本明确了作品的目标受众。当然还需要根据具体的作品类型，对建立的目标受众进行一定的调整，进行有计划的、针对性的投放市场工作。

三、影片风格及剧本

随着电影电视剧的不断发展，剧本的好坏成了定义一部片子好坏的依据，由此可见剧本创作的重要性，但是有了剧本不代表就能创作出一部好的影片，如果没有一个清晰、明确的主题，仅靠一些美妙华丽的文字、让人浮想联翩的情节来堆积内容，作品就会毫无方向可言，也就称不上是一部优秀的作品。

创作剧本首先要做什么？首先我们要确立一个明确的主题，奠定整部剧的基调，理解主题是创作剧本的起点。苏联文学巨匠高尔基（Gorky）曾说一部作品的主题是从作者的经验中产生的，是由生活暗示给他的一种思想。由此可以看出确定影片风格在剧本创作中的重要性。

基于高尔基的理解，不难发现，他认为剧本的主题来源于生活。换言之，艺术的创作来源于生活。例如，影片《唐山大地震》，这部作品的创作背景是1976年中国唐山发生的一次没有任何征兆的特大地震（图4-19）。

以小说《余震》为基础改编的《唐山大地震》是改编电影的典范之作，人物、故事基本保持原貌，而且主线更加清晰，情感的表达也非常得体。借助该影片表达了唐山大地震给后人带来的伤痛，也表达了人类在自然灾害中的渺小和无助。影片大部分剧情采用双线叙事，讲述家人失散后各自的生活，时间跨度32年，地域以唐山为核心延展至保定、杭州、温哥华、汶川。徐帆和张静初分别饰演的母亲和女儿在精密的戏剧空间中遥相呼应，隔空碰撞出很多火花，为最后的母女相见引爆"催泪弹"酿足了情绪。其中的价值和技术体现在对特殊年代背景的情怀抒发，对家庭伦理、人物情感的细腻解析。

图 4-19　电影《唐山大地震》海报

影片整体的制作风格与很多因素有关，需要富有经验的电影人来把控才能达到好的效果。场景、人物、台词、动作、镜头运动、声音等，这些因素都会影响到影片的整体风格和制作效果，这些因素的确定往往是由制作人、导演、编剧三个人确定的，这也是为什么电影最后的成功与否往往与这三个关键人物相关。

第三节　影视发行中的设计与策划

一、影片定价

影片的定价决定了电影的票房，而票房也直接决定了电影的产出。可见，影片的定价是一个极为重要的环节。国家统计局发布数据显示（图4-20），2021年我国新产业、新业态、新商业模式等"三新"经济增加值相对于国内生产总值GDP的比重持续提高，达到17.25%。经核算，2021年"三新"经济增加值为197270亿元，比2020年增长了16.6%，占国内生产总值GDP的比重为17.25%，比2020年提高0.17个百分点。分三次产业看，"三新"经济中，第一产业增加值为7912亿元，比上年增长6.6%，占比为4.0%；第二产业增加值为87499亿元，比上年增长19.1%，占比为44.4%；第三产业增加值为101859亿元，比上年增长15.3%，占比为51.6%。这些数据代表着这几年影视制作行业在不断向前发展，拿电影行业来说，电影票价对比十几年前有了很大程度的增长，并且在主流媒体平台，也创造了不小的经济效益。

图 4-20 2017~2021 年三次产业增加值占国内生产总值比重
数据来源：国家统计局发布显示

2010年我国电影行业开始高速发展，电影产量同比增长15%，电影票房同比增长63.9%。与此同时，院线在放映技术、银幕种类、观影体验方面都取得了长足的进步。2019年是中华人民共和国成立70周年，在国庆节上映的很多主旋律电影都广受好评，其中《我和我的祖国》热映数月，票房突破31亿元大关，成为我国有史以来票房收入最高的献礼片。2019年中国总票房为642.7亿元，同比增长5.4%，全国观影人次达17.27亿。

二、电影定价策略的选择

电影作为一种文化产品，同时拥有商品和精神两种属性。一方面，作为一种商品，电影从产生之时，就是以盈利为目的，所以电影的价格最终取决于电影本身的质量，同时也反映出电影市场与消费者需求等诸多信息。电影拥有高度的不确定性，难以完全掌握消费者口味和市场需求，带有作为创意性产品能否成功的不确定性。因为电影制作商的供给和市场需求互相之间的信息存在不对等，所以单单依靠供求关系对电影进行定价极为困难；另一方面，电影作为一种精神性产品，素来是一种文化交流的工具，有着"大众娱乐产品"的定位，是大众都可以享受的休闲娱乐。因此，电影票价一旦偏离轨道，则不利于电影产业的长久发展。

随着时代发展，人们的娱乐生活越来越多样化，电影作为其中一项重要活动，票价的问题一直广受关注。差异化定价在这个行业中的应用最为广泛，除此之外，成本加成法和多产品捆绑定价法在实际运用中也有所体现。为了刺激消费、拉动需求增长，商家还需要根据市场反应，进行合理定价，促使电影市场蓬勃发展。

1. 影响各地票价因素　国家近年来颁布了很多政策来支持电影产业的发展，如倡导"降低票价，让观众走进影院"。于是全国各地的电影院都响应号召，对票价进行了调整。2017年12月13日，国家发布了《关于支持中西部县城数字影院建设发展的通知》，对某些满足条件的地区影院给予不同金额的资助，因此这些地区的票价可能会相对低廉。

现今数字媒体技术在电影中的应用越来越广泛，使制作、发行的成本逐渐被压缩，营销成本也因为互联网的发展不断降低，整个作品的制作、上映周期也逐渐缩短，这样资金周转得快，票价也会受到正向影响。除此之外，影院接纳观众的能力也是影响票价的因素之一，基于边际效用递减规律，每增加一元钱，观众数量逐渐减少，因此在制订票价时，商家通常会努力寻找到帕累托最优状态，以实现经济效益最大化。

消费者对电影的需求弹性较大，如果是观众喜欢的热门影片，院线定价即使增长，也还是会吸引众多消费者。例如，2020年的《复仇者联盟4》，在上海地区首映时，某些影院的票价高达两百多元一张，但依然被很多漫威迷抢购一空；或者电影新片上映时会有知名主演去各个城市的影院宣传，这些场次的电影票价即使五百多元也依然十分抢手。但如果是一些比较冷门的电影，电影院可能会采取一些优惠政策鼓励消费者去观看。

2. 差异化定价策略　所谓差异化定价，就是把同样单位成本的同一种产品销售给不同的顾客时，要顾客支付不同的价格，又称为"价格歧视"。要使差异化定价有效推行，一定具备以下几个条件：一是市场一定能分割成几个不同的细分市场，各个细分市场对产品的需求程度不同；二是低价细分市场的顾客没有时机或可能转手把产品再卖给高价细分市场的顾客；三是差异化定价不会引起顾客的厌烦或不满，进而使顾客减少购买。

从电影市场来看，第一，电影属于非生活必需品，且每个消费者都拥有不同的爱好，所以并不是每一个人都对其有需求，也并不是每一个人的需求都相同，所以说电影市场仍是很简单进行顾客细分的；其次，每张电影票的适用范围拥有很大的限制性，受时间和地点的限制，大范围地转售和倒卖电影票其实不现实，所以一般状况下不会出现低价细分市场的顾客将电影票转手卖给高价细分市场的顾客的现象；最后，电影产品的差异化定价一般状况下都是依据消费者以及影院的详尽状况进行的，并且一般状况下同一影院同样电影的票价其实不会相差太多，消费者去看电影一般是就近选择电影院，以方便舒适为主，所以，差异化定价策略是可以在电影上映过程中有效推行的定价策略。

（1）以顾客为基础进行差异化定价。随着社会的进步和文化的多元化发展，大众集体的价值取向和审美标准也随之发生了巨大的变化，人们懂得去选择自己喜爱的商品进行消费。随着观影人数的增加，消费差别变大，电影发行商在制订价格时可以依据不同消费者的收入水平、对于价格的敏感程度和对于电影产品的需求弹性的不同进行细分。

一般来说,收入水平高的消费者,对于价格的敏感程度就相对较低,所以这部分消费者相对更加看重产品的质量,电影院可以通过供给质量更高和更全面的服务来支撑高价格,比如电影院中的VIP观影厅等。而对于价格变动比较敏感的人群,可以相对减少额外服务,进而收取较少的价格,适当给予一些优惠。比方说,基本全部电影院的学生票都是半价,这是因为学生们自己没有收入,若是票价过高则会失去学生这一消费集体,但是学生又是电影消费的一大集体,所以为了可以留住这部分消费者,电影院对学生观影提供一些优惠。另外,电影院可依据消费者的需求弹性来进行差异化定价,若是需求意愿比较强烈的话,价格的变动一般状况下不会对需求产生太大影响。

（2）以产品为基础进行差异化定价。随着时代的发展和科学技术水平的提升,电影刊行放映的方式也从之前单一的拷贝刊行变成数字刊行和组合刊行。技术的发展使电影产品层次较之前更加丰富,产品种类更加多样,这样就有益于依据不同的电影市场价值进行差异化定价。一方面,电影作为一种商品,必然会以回收成本作为最低目标,所以那些制作成本较高的电影一般会拟定相对较高的价格;另一方面,那些导演和演员号召力较强,题材符合大多数观众爱好的电影,一般也适合采纳"优秀优价"的策略,因为观众相信这些电影的质量,所以愿意付出高价来观看。而对于一些市场招徕能力有限的电影,比如市场风险较大的国产数字单发电影,则可以通过拟定低价来吸引观众。除了依据电影自身的价值来进行差异化定价,还可以依据观影收效的不同进行差异化定价,比方3D、4D电影,由于可以带给观众身临其境的感觉,使观众观影收效更好,所以一般来说,同一部电影3D观看要比2D观看的价格贵。

（3）以地点为基础进行差异化定价。以地点为依据进行差异化定价主要指地区间电影票定价的不同。近些年,随着我国经济水平的提升,网络建设的不停发展,各地的电影院数目都在不断增加。电影在渐渐普及,但是因为不同地区经济发展水平有较大差别,所以人们的收入水平仍有很大差距,这就决定着不同地区的电影票价应该有所差别。电影院可以依据不同地区观众消费水平的高低来调整电影票价的定位,进而满足不同消费层次观众的观影需求,一般说来,看一场电影的花销在该地区居民人均收入中的占比不该太高,不然电影对于人们来说就变成了高消费产品,人们自然会降低对于电影的需求。

（4）以时间为基础进行差异化定价。电影具有较强的时效性,因此需要以时间为基础进行差异化定价。依据时间进行的差异化定价又称为纵向梯度定价,主要指每部电影在其上映档期内随着时间推移,在不同的时间段拟订不同的价格。这里的时间段主要是指电影上映的前、中、后期。

电影产品拥有边沿成本递减的特色,对于一个有空位的影院来说,增添一个观众的成本不足挂齿,其实不需要增添任何额外的资本或劳动,所以说观众增加的时候电影院收益也会增加。但是因为音像制品的盗版问题，一部电影随着时间的推移，观影人数会不停降低，并且到电影上映后期影院的入座率也特别低，所以说电影票价应该随着时间的推移，进行合适的调整，这样可以留住那些有观影意愿但意愿其实不强烈的观众。

电影票价问题广受关注，它直接关系到我国电影市场的发展进度，也关系到广大观众的切身利益，其拟定应该综合考虑多方面的要素。解析得出差异化定价策略适用于我国电影票价的拟定，电影发行商在推行差异化定价策略的同时也应该与其广告、营销策略等互相结合，因为电影的广告和营销很有可能改变消费者对于电影的看法，进而影响对电影的需求。所以说，电影票价的拟定是一件特别复杂但是对于电影制作来说意义重大的事情。

3. 差异化定价实施方式

（1）消费者导向。随着走进电影院的消费者越来越多，影院可以对不同消费水平的顾客进行细分。如果顾客消费水平较高，其需求弹性就比较小。这类观众会更注重享受，电影院此时就可以推出高端轻奢系列的服务来带动电影票价的增长。比如万达影院有的放映厅会设立VIP专区，座椅是按摩座椅，舒适度更高，座位也少，因此更安静。对于一般敏感性顾客，偶尔可以降低票价来拉动他们的需求，如实施学生票半价政策。

（2）影片导向。基于电影本身的成本，"斥巨资"打造的影片一般售价会高一些；或者最近热映、豆瓣评分很高的电影，人们就会想去看，需求大，票价自然稍高；如果是知名导演或者演员的作品，粉丝也会愿意买高价的票。除此之外，3D影片、IMAX巨幕、全景深放映厅的票价都会比普通厅贵。

（3）地区导向。因为场地租金的问题，影院所处地区对影片票价会有很大的影响。大城市中心商业广场的电影院和城市郊区或者小县城的电影院相比，电影票价不尽相同，因为面向这些地方的消费者，他们的消费水平会有很大差别。一般说来，在该地区看一场电影所需要的费用对当地的广大消费者来说肯定是可以接受的，否则影院运营就会出现问题，而价格的制定是否合理很大一部分会反映在人流量上。

（4）排片时间导向。首先将时间进行细分，可以分为前、中、后三个时期，在前期一般会举办一些优惠活动来吸引人气，票价相对便宜；中期电影口碑传出来后，就按照正常的价格销售；按照边际效用递减规律，后期观影人数会逐渐减少，票价也最低。其次，如果恰逢节假日，人们都有较多的休闲时间，如春节假期和暑假的观影人次明显增多，这个时间段的票价也会上涨。再次，将一天的时间分开来看的话，下午和晚上是高峰期，上午和凌晨的排片比较少，客流量也少，电影票就会相对便宜。

三、影片发行

影片发行是指电影片的出售、出租活动，是影片发行公司的业务（图4-21）。

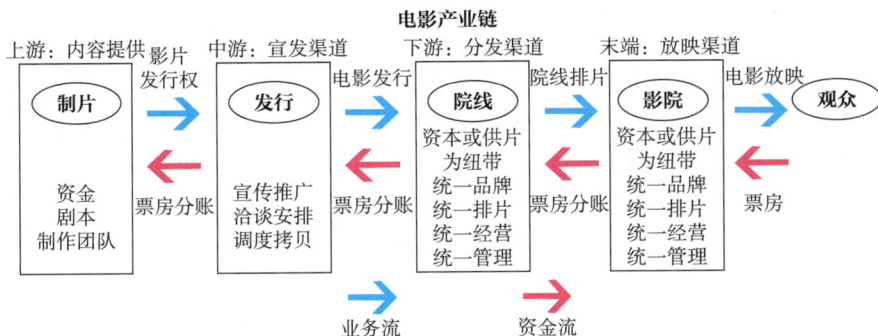

图 4-21　电影产业链

根据2004年6月国家广播电影电视总局发布的《电影企业经营资格准入暂行规定》，设立影片发行公司需要申报及批准的程序，当取得"电影发行经营许可证"后，方可开展经营。根据该规定，设立专营国产影片发行公司（表4-1）。

表4-1　2004年6月国家广播电影电视总局发布的《电影企业经营资格准入暂行规定》

电影企业经营资格准入暂行规定	
第一章　总则	
第一条	为了充分调动社会力量，加快发展电影产业，培育市场主体，规范市场准入，增强电影业的整体实力和竞争力，促进社会主义电影业繁荣，满足广大人民群众的精神文化生活需求，根据《中华人民共和国中外合资经营企业法》《中华人民共和国中外合作经营企业法》《电影管理条例》，制定本规定
第二条	本规定适用于境内公司、企业和其他经济组织经营电影制作、发行、放映、进出口业务及境外公司、企业和其他经济组织参与经营电影制作、放映业务的资格准入管理
第三条	国家对电影制作、发行、放映、进出口经营资格实行许可制度
第四条	国家广播电影电视总局（以下简称广电总局）为全国电影制片、发行、放映、进出口经营资格准入的行业行政管理部门
发行规定	

根据2004年6月国家广播电影电视总局发布的《电影企业经营资格准入暂行规定》，设立影片发行公司需要申报及批准的程序，当取得《电影发行经营许可证》后，方可开展经营。根据该规定，设立专营国产影片发行公司。申报条件及程序如下：

（一）注册资本不少于50万元人民币；

（二）受电影出品单位委托代理发行过两部电影片或受电视剧出品单位委托发行过两部电视剧；

（三）提交申请书、工商行政管理部门颁发的营业执照复印件、公司名称预核准通知书、已代理发行影视片的委托证明等材料；

（四）符合（一）、（二）、（三）项并向广电总局申请设立专营国产影片发行公司的，由广电总局在20个工作日内颁发全国专营国产影片的"电影发行经营许可证"；向当地省级电影行政管理部申请设立专营国产影片发行公司的，由当地省级电影行政管理部门在20个工作日内颁发本省（区、市）专营国产影片的"电影发行经营许可证"。申报单位持电影行政管理部门出具的批准文件到所在地商行政管理部门办理相关手续。不批准的，书面回复理由继《人在囧途之泰囧》创造了国产电影的票房神话之后，参与制作某青春主题电影的光线传媒于5月8日公布的数据显示，该片上映仅12天，票房据不完全统计已超过5.2亿元。高票房题材直接刺激影视股猛涨，光线传媒、华谊兄弟当天涨停，华策影视、新文化、中视传媒等影视传媒股当天也以上涨收盘。从公开资料进一步统计发现，如果从上市算起，光线传媒涨幅200%，新文化涨幅122%，华谊兄弟涨幅83%。影视传媒板块主要的36家公司在2012年整体净利润同比增长19.2%。而华谊兄弟也实现净利增值超4倍。影视股进入"青春成长期"的背后，"拍电影不如炒影院"时代或将终结。高票房影片集中发动了电影产业上下游各链条的能量，带着产业化、专业化发展的特色，倒逼煤老板、房产商等批量退出电影投拍市场，看似大热的中国影片实际未必都能盈利。

2022年的五一假期，中国电影票房经历了一次爆炸式增长。这是一个理性的时代，同时也是一个疯狂的时代，理性与疯狂都在眼下这个关口聚焦到电影产业上来。中国电影市场集中度、专业度提高趋势日益明显。走到《西游降魔篇》《人在囧途之泰囧》等卖座影片幕后，可以发现，这些影片的运作操盘者不是华谊兄弟，就是光线传媒，再者就是博纳影业、华策影视。正是得益于全产业链运作，《1942》虽然存在档期选择失误，以沉重题材来贺岁，但还是为华谊兄弟赢取了3亿元的票房。而华录百纳投资的《金太郎的幸福生活》试片效果很好，全场爆笑，但因为发行方资金缺乏，加上遭遇强劲对手《分手合约》，最终票房惨淡。从这个角度看，高票房影片是华谊兄弟、光线传媒的旗帜，但未来盈利的模式未必必须依靠票房。

四、市场运营

新画面影业公司的董事长张伟平深谙"注意力经济"的巨大影响力，在他和张艺谋合作伊始就开始在影片的宣传上下足功夫。《幸福时光》在全国范围内进行的选秀以及《一个都不能少》娱乐宣传结合公益的慈善活动都在当年吸引了观众的注意力，使影片未映先红。而在国产影片的宣传费用大都还在3%左右徘徊的时候，他却敢于拿出1500万元费用，用于《英雄》的宣传。这场宣传秀的规模空前庞大——拍摄期间停止所有宣传，分阶段推出海报和剧照，音像版权的拍卖、包机签字仪式、防盗版的各种手段，首映典礼放在人民大会堂。到了《十面埋伏》，他们又用2000万元的巨资在工人体育馆上演了一出"为超豪华电影举行的超豪华首映庆典"。据收视统计，全国收看"庆典晚会"的观众达到7亿人次。《英雄》和《十面埋伏》这两场宣传对中国电影的意义是巨大的。它们开启了中国电影宣传的一个新时代，即充分利用中国特殊国情，结合电影的商业化卖点，逐渐与好莱坞的宣传模式接轨。他们的成功同时启发了后来者，使中国电影界一时热闹非凡，重新唤起了观众对国产影片的关注。

1. 发掘国内市场　传播学家卡尔·霍夫兰（Carl Hovland）等人提出的"一面提示"与"两面提示"，将其应用于电影营销。其中，"一面提示"在阐释市场供给侧对产品优势的宣传时，既容易获得部分消费者的注意力，也容易因消费端逆反心理而适得其反；"两面提示"在不同市场主体阐释产品优劣的过程中，既可能导致消费者的观望，也可能获得消费者对产品优势的信赖。鉴于此，传播学家拉姆斯丁（Lumsdine）和贾尼斯（Lrving Lester Janis）对两种"提示"宣传进行试验：在开始接受"一面提示"之后又接受"反宣传"的试验者开始转向"一面提示"的反面观点；而始终接受"两面提示"宣传的实验者则在态度上变化不显著。根据试验结果，拉姆斯丁等认为"两面提示"由于包含相反观点的说明，这种"说明"就像事先接种牛痘疫苗一样，能够使人在以后遇到对立观点的宣传时具有较强的抵抗力。"两面提示"的这种效果，被称为"免疫效果"或"接种效果"。针对不同类型电影营销，理应采取不同"提示"策略。

就"一面提示"而言，适合艺术片与主旋律电影。以荣获中国电影金鸡奖的《百鸟朝凤》为例，2016年该片上映之初遭到市场冷遇，上映一周票房不佳，引发了制片人方励的惊天一跪，随即在舆论的沸腾之中发生票房逆转。"方励下跪"在市场上掀起轩然大波，学界、业界人士一致站在正面宣传阵营，营造"一面提示"，带来压倒性意见。即使是不懂艺术片的大众也关注到"方励下跪"这一年度文化事件。《百鸟朝凤》瞬间成为"支持国产电影""支持高雅艺术"的代名词，这一文化热度与文化心理促成了群体性的消费热潮。适合"一面提示"的还有主旋律电影，比如《战狼Ⅱ》（图4-22）与《红海行动》。这两部电影都是军事题材主旋律影片，其更多是以市场为导向，通过点燃爱国热情、唤醒民族情感获得高票房。

图4-22　电影《战狼Ⅱ》海报

就"两面提示"而言，适合商业气质浓重、容易引起争鸣的影片。例如，张艺谋导演的《长城》，由于过度借鉴好莱坞叙事模式，将"长城"变为一种浅表化的符号而受到舆论的不利影响。这为张艺谋继续沿用传统文化元素的《影》（图4-23）或多或少带来质疑的可能。这种情形也适合"两面提示"。果不其然，《影》上映后，各大网络平台对其产生了褒贬不一的声音。

图4-23　电影《影》海报

一些评论称赞这是张艺谋导演将中国水墨山水影像化的一场成功实验，兼具了艺术片与商业片的属性；另一些评论则批评《影》是以大量"能指狂欢"掩盖"所指缺席"的一场炫技，思想内涵上故作高深。网络信息的立场相左、角度各异，使本来对该影片并未关注的受众产生了一探究竟的兴致。从普通网民海量的评论"对战"到业内专家权威的研讨发布，产生兴趣的观众会对"张艺谋""《影》""邓超""一人分饰两角"等关键信息产生应激反应，最终可能走进影院一探究竟。

2. 碎片化信息造就市场期待　所谓"微传播"是指当前受众主要使用的社交平台——微信与微博。微信强大的社交功能与支付功能使其成为电影营销的重点。微信公众号有三大类型：一是偏向专业性、权威性的"电影评介""中国电影报""电影艺术""当代电影"等依托学术期刊和专业机构的公众号，主要发布学术论文与权威信息；第二类是艺术综合类、影视综合类的"人民日报文艺""中国文艺评论""中国文化报""影视强音""影视大家"等公众号，涉及的电影信息以"现象级"影片与电影人为主，也具有专业性和权威性；第三类是倾向娱乐性、注重点击率的"24楼影院""Sir电影""电影冷识堂""万达电影生活"等公众号，标题比较犀利，但思辨性不足，语言趣味较浓，但深度参差不齐。这三类公众号是电影营销在微信平台的"三支大军"，既有制片方联系公众号主动投放的宣发信息，也有专业人士对某些影片的自主研究。除了"三支大军"的微信社交功能，其支付功能也直接促进了票房的提升。在微信支付的"第三方服务"板块，"电影演出赛事"中根据地区、院线、正在上映、即将上映、猫眼评分等分类信息直接促进了用户消费需求的增长，微信支付与社交的"捆绑"功能正在培养用户的网络购票习惯（图4-24）。

图4-24　线下购票逐渐被线上自助购票淘汰

"微传播"的另一重阵是微博。微博普及程度虽然不及微信，但是能够较好地发挥"意见领袖"与"两级传播"效应。微博用户分为"意见领袖"与普通用户两大类。在"意见领袖"用户中，又大致分为三种：一是企业和事业单位的官方用户；二是具有一定社会资历的知名学者、演艺明星；三是一些"草根"出身，拥有大量粉丝的网红。由于电影属于文艺娱乐范畴，因此演艺明星和拥有大量粉丝的网红甚至比官方机构、知名学者更具有票房号召力。这些被称为"大V"的"意见领袖"是电影营销的重要推手。像演艺明星这样的大V身处影视界，属于专业权威人士，同时又是知名演员，具有粉丝效应。在当前的网络传播中，短视频正在蓬勃发展，并成为各行各业商品营销的重要平台。

2018年初的电影《前任3：再见前任》的宣传短视频"至尊宝告白""哭着吃芒果""主题歌演绎"等在社交软件上大量传播，引起人们争相模仿，为影片造势，拉高了票房。2018年末的票房"黑马"《无名之辈》在上映前也发布了诸如"桥城憨匪特辑""憨匪对抗悍妇特辑"等短视频。短视频将电影中的精彩片花提前展示，让人们先睹为快，但又留下悬念，激发其兴致。

猫眼研究院《2017~2018年中国电影观众观影行为调查》显示，在电影观众观影前通过社交媒体获取电影信息的渠道中，占比最高的是微博，达到49.1%（图4-25）。

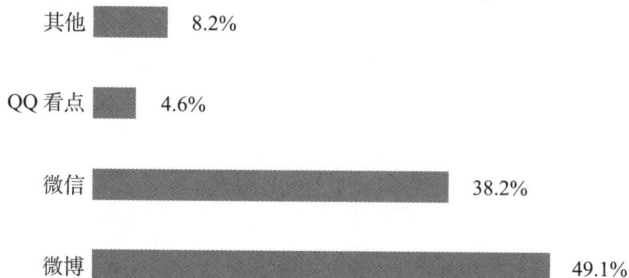

图 4-25 电影观众观影前通过社交媒体获取电影信息的渠道

数据来源：2017~2018 年猫眼研究院中国电影观众观影行为调查

  微博作为网民使用频率极高的社交应用平台，也是电影宣传的重要阵地。包括传统的宣传方式，比如开通电影官博，增强与粉丝的互动。微博最大的特点便在于它具有大众传媒的特点，能最大限度地进行信息的传播，成为广大网民的意见交流平台。明星凭借自身知名度，他们发声的力度要远远强于普通网民，在微博上的言论也具有一定的号召力和宣传作用。明星通过微博发声宣传，现今也在逐渐成为影剧宣传的重要手段。

  而在该调查中，通过短视频平台获取电影信息的渠道中，占比最高的是抖音，达到58.3%（图4-26）。抖音借助平台直播、花式合拍、创意道具等多元化营销方法不断为票房成绩助力。将电影特色与站内花式玩法深度融合，利用站外优势资源实现跨屏联动，抖音以更加精细化的宣发模式进一步撬动了海量观众的参与和创作热情。不仅为电影的宣发带来更大的价值增益，也让抖音的宣发模式在不断的创新发展中得以进阶，进一步向外界释放出平台电影宣发的新价值。

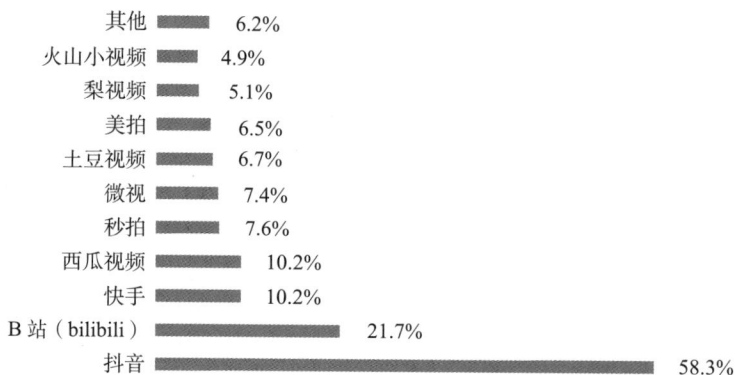

图 4-26 电影观众观影前通过短视频平台获取电影信息的渠道

数据来源：2017~2018 年猫眼研究院中国电影观众观影行为调查

  除了直播，多部影片还结合抖音趣味挑战赛、创意主题贴纸、剪映模板等创意玩法为宣发助力。根据电影剧情所打造的定制剪映模板，得到了众多站内用户和影迷的支持。早在2020年11月抖音便与猫眼全面打通"想看"数据。同时基于猫眼上线的CPS返佣功能，抖音上的电影内容创作者可在短视频中植入"猫眼购票链接"。此举在实现创作者变现的同时，也进一步打通了抖音全流程电影营销链路，将海量线上用户输送到线下的电影院。此次，双方通过直播合作，不仅为各大影片的宣发提供了强大助力，也进一步深化了平台用户与电影观众之间、电影宣发与票房成绩之间的高度转化，实现了平台与电影宣发的双赢。

《地球最后的夜晚》推出"今年最浪漫的跨年应该是和喜欢的人买一张九点五十分《地球最后的夜晚》电影票，电影结束正好零点"的文案，在各大社交媒体广泛传播，并在抖音账号发布了"用电影解酒""你打算什么时候去见那个超级想见的人"的短视频，配以"一吻跨年"的营销口号。短视频的复制性较强，对制作精良的要求较低，因而出现了大量网友的"戏仿"，以"一吻跨年"等爱情主题结合元旦这一特殊时点发布了大量短视频。这些短视频借用了《地球最后的夜晚》的一些元素，表达自己对爱情、对新年的期待，无形中已经为电影做了宣传。此外，还有许多人预购影片，将购票座位摆成爱心的模样。同时还与抖音官方联动，举办新年抖福袋等活动。如此炫目的宣传，使电影一度高居抖音热搜榜。以抖音为代表的短视频正在成为电影营销的重要方式，特别是抖音的网红效应、粉丝效应能够帮助电影在上映前形成现象级的电影话题，同时，这些抖音网红借助话题参与其中，极有可能增加自己的关注度与粉丝量。所以，电影营销与抖音短视频有望形成互惠互利的长远格局。

3. 口碑集聚推动电影消费　相较于前两种营销策略对"映前想看指数"的作用，在"电影文本+口碑衍生"的营销中，观众的网络传播成为营销的主力，并主要作用于小成本电影与新类型影片观众的"映后关注指数"。

从小成本电影来讲，《无名之辈》的"口碑营销"具有借鉴价值。该片在2018年11月上映后，逐渐积聚口碑效应，在5天之后的11月21日实现票房逆袭，成为单日票房冠军，冠军纪录一直持续至2018年12月6日，最终获得7.95亿元票房（图4-27）。该片获得了豆瓣8.1分、猫眼电影9.0分、IMDb7.2分的佳绩，而且荣获了第五届豆瓣电影年度榜单评分最高华语电影提名，足见观众对该片的满意度。但根据艺恩电影智库统计，"从性别比例来看，女性观众占据74%，偏好程度为116，远高于26%的男性观众之72的偏好度。从年龄分布上看，20~29岁占据72%，19岁以下占据16%，青年人占据主体。从职业分布上看，服务业占44%，办公文教占31%，信息产业占13%，其他行业占12%"。从观众分布不难洞悉出，《无名之辈》更容易激发青年女性的认同感，更吸引服务业人群。那么，今后在表现小人物的类型片营销中，不妨针对青年女性和服务业人群进行更多的口碑营销。

无名之辈 (2018)

导演: 饶晓志
编剧: 饶晓志 / 雷志龙
主演: 陈建斌 / 任素汐 / 潘斌龙 / 章宇 / 王砚辉 更多...
类型: 剧情 / 喜剧
制片国家/地区: 中国大陆
语言: 汉语普通话 / 贵州方言
上映日期: 2018-11-16(中国大陆)
片长: 108分钟
又名: 慌枪走板 / A Cool Fish
IMDb链接: tt9282616

豆瓣评分
8.1 ★★★★☆
881262人评价

5星　29.2%
4星　48.1%
3星　19.8%
2星　2.4%
1星　0.4%

好于 89% 喜剧片
好于 77% 剧情片

图 4-27　《无名之辈》
图片来源: 豆瓣电影网

从国产新类型片来讲，2019年春节期间形成口碑效应的《流浪地球》成为我国新兴的科幻类型片营销之经典（图4-28）。该片以20.1亿元的佳绩高居2019年春节档票房榜首。电影局《中国电影观众满意度调查·2019春节档调查》统计，《流浪地球》以85.6分荣获档期满意度冠军，可见该片是一部票房与口碑双赢的高质量国产科幻片。

图 4-28　电影《流浪地球》海报

口碑效应需要观众在观看电影之后逐渐形成，因此，制片方必须在观众口碑宣传的不确定性之中尽力强化市场定位，包括时点定位与心理定位。首先是时点定位。宏观的"一带一路"构建"人类命运共同体"之"天时"决定了影片对地球拯救的呈现是全球共同努力的人类大业。微观的时点还在于春节，在近年来喜剧片从春节档票房高涨到逐渐冷却，新的类型片获得了生存空间。其次是心理定位。与美国科幻片中类似题材影片的不同之处在于，《流浪地球》表达了中国人"安土重迁"的观念、"家国一体"的传统，体现了"天下大同"的思想。影片对文化心理的精准把握，有助于观众在社交平台上的热烈讨论，带来自发的电影营销，从而再创票房新高。

　　总之，电影文化与电影商业的双重属性并非二元对立。在互联网时代，为了凸显电影文化价值这一核心属性，在商业维度亟待完善理论化、系统性、可操作的中国电影网络营销策略。我们理应立足互联网，形成线上与线下、网络与其他媒介的资源整合，从而实现精品电影的优质传播与文化产业的共赢格局。

第四节　影视放映及市场后期策划

一、影视放映

　　在互联网流媒体时代，电影创作需要寻觅更多符合观众喜好的内容和题材，汇聚更多共同的情境和话题，引发更多的共情、共鸣和共振，为生产和再生产积聚更多的资本与资源，ACG电影由此兴起，其顺应了产业发展和网络时代部分社会成员的心理期待。由网络到银幕，由二次元而衍生进阶，ACG电影的用户黏性由此增强、粉丝队伍为之壮大，一时蔚为壮观，形成了创作和观赏的潮流，但这绝不意味着电影创作从此便要完全倚仗IP，只有"华山一条路"可走了。电影艺术自1895年面世以来，它的题材和内容从来都是开放的、广采博纳的。上下五千年、东西南北中，电影艺术囊括巨大的时空观，承载无穷的想象力，历经一百多年的发展，视野越变越开阔。作为后起之秀的电影IP没有包打天下的禀赋与能力，也不可能覆盖和替代所有的电影艺术创作实践。同时，互联网时代的观众也绝不会赞同任由电影IP一统天下、独霸银幕，他们渴求影像绚丽多彩，以满足自己不断增长的、多方面的审美文化需求，这是艺术发展的规律，也是人类精神发展的必然趋势。

二、市场后期策划

　　影视放映后期对于一部商业电影来说还没有结束，市场策划仍是非常关键的环节，这里以《哪吒之魔童降世》（下文简称《哪吒》）为例（图4-29）。《哪吒》自上映以来票房一路飙升，取得了市场与口碑的双重胜利，成为2019年暑期档电影里的一匹黑马，具有风向标的意义。继"孙悟空""白娘子"等国产动画IP形象之后，"哪吒"成为动漫市场的新宠儿。

　　动漫产业的核心是创意，最大的价值在于版权，70%以上的利润来自IP的衍生开发，衍生产品销售以及主题公园的建设运营等是其产值的主要来源，而授权衍生品生产与开发是成本回收的主要途径之一。《哪吒》既借鉴了经典文化IP，却又打造了一个全新的IP，这种文化创意和IP产业链相结合的思维，为未来动画电影发展提供了更多可能性。

图 4-29　电影《哪吒之魔童降世》海报及衍生品

在动画电影人物形象具备独创性的情况下，创作权是受到法律保护的。《中华人民共和国著作权法》第十五条第二款规定，这些独创形象可以单独使用，受到著作权法保护。新版《哪吒》具有鲜明的独创性和辨识度，是一个能产生长远效益的IP，《哪吒》里的其他动画人物形象均为电影方独立设计、制作而成，拥有完全的自主版权，其周边商品应受到法律的保护。

从目前的现状来看，我国动画企业绝大部分处于IP培育期，爆款较少，动画形象的IP授权价值并未体现，衍生品授权和开发业务等还处于起步阶段。2017年我国动漫衍生品市场规模大约是内容市场的2倍左右，而日本则达到8~10倍。随着《哪吒》电影的热播，各大电商公开售卖的T恤、手机壳、抱枕等衍生产品层出不穷。《哪吒》官方微博在众筹售卖的衍生产品为独家官方制定产品，片方针对市场上的盗版产品安排了专人负责追究侵权店铺。未来衍生品市场的开发潜力巨大，可以通过将动画角色进行二次开发，优化动画角色与其他行业的关联，从而获得更大的收益。

第五节　数字媒体时代我国电影产业的运营模式

从2014年开始，我国步入了以全球化为基础、以国际化为趋势的新时代。许多影视制作公司为了构建完整的电影产业链，开始大量并购公司，这使那些影视公司在其发展规模和盈利方面都得到了巨大的提升。然而，因为大量的快速并购热潮，各个生产模块并没有进行有效的磨合，导致了制片公司出品的电影在质量上良莠不齐。中国电影产业的不成熟表现在国产影片数量少、质量不高等方面，而且大部分国产影片对比进口大片往往缺乏市场竞争力，导致很多院线仍偏好引进海外影片。

随着电影产业的融资方式逐渐从单一模式走向多元化，无论是政策导向还是民间融资的状况都有了好转，各路资本开始主动进军电影产业。例如，《大圣归来》手办"众筹"就是利用了民间力量影响电影产业（图4-30）。

图 4-30 电影《大圣归来》衍生品

中国银行发布的《关于金融支持文化产业和发展繁荣的意见》，也表明了政府对影视制作的融资政策支持，有利于引导一些资金流入电影行业。

过去发行商往往只是将互联网作为广告战场的一部分，特别是在宣发阶段。为了获取更高的商业价值，除了院线放映，也会考虑将其投放到网站来进行推广、发行。但是随着越来越多的人发现电影行业的超高利润，许多有战略眼光的互联网企业不再甘心仅仅在电影行业中扮演一个传播者，而是想进入影视行业，构建一套完整的制作宣发产业链条（图4-31）。

在BAT等互联网企业纵深加入影视的新常态下，作为我国电影产业链的终端环节，院线的运营模式也有了新的增长，到2014年，我国城市院线为47条，农村院线也达到了252条。农村院线逐渐采取合并运作模式，城市院线也在不断的整合、并购中提高运作效率。从过去的以院线运营为主，到现在成规模化的品牌竞争，互联网化和品牌营销便成了现阶段我国院线的发展趋势。

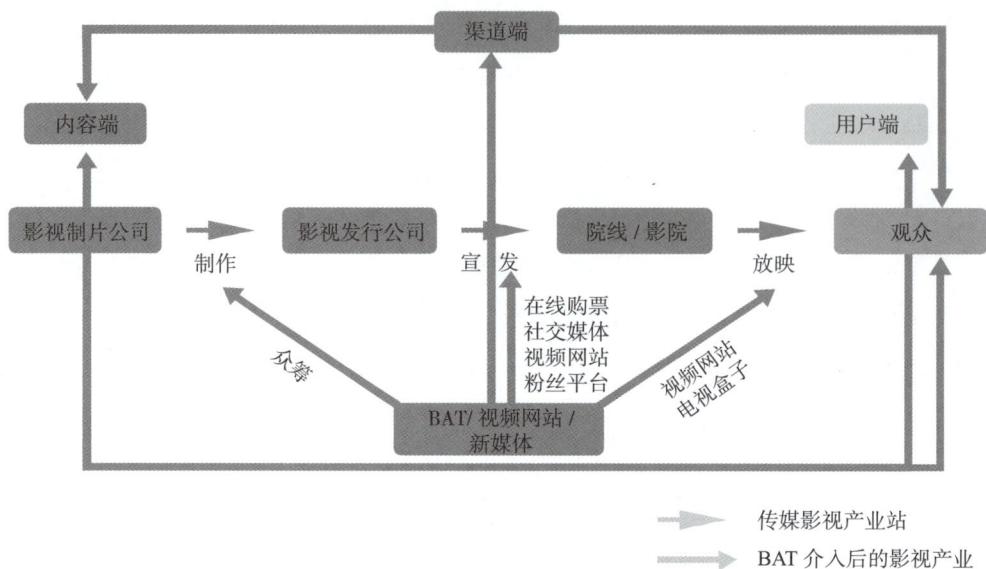

图 4-31 影片宣发链条

近年来，随着人们消费理念的变革，我国电影产业迎来了发展的春天。但数据调查显示，电影产业的总体产值仅占我国国内生产总值的0.02%，还面临着诸多发展难题，可这也意味着我国电影业具有十足的发展潜力。阿里巴巴作为我国电子商务的发展巨头，其旗下的阿里影业理念先进，而且依托较大的商业平台，近年来发展态势十分可观，产值领先，成功跻身我国电影业的第一梯队（图4-32）。阿里影业善于利用自身平台，善于整体把控环境，积极抓住发展机会，从而促进了影业的良好发展，为中国电影产业的发展提供了可借鉴的对象和可参考的模式。

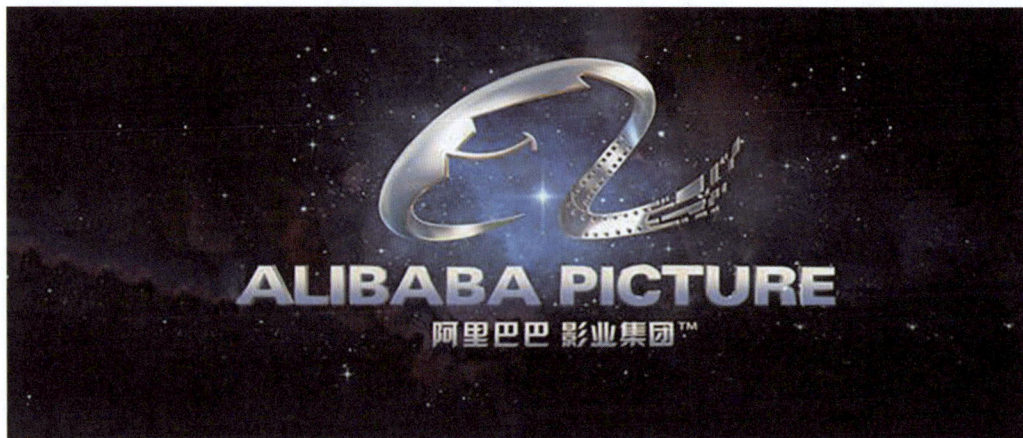

图 4-32 阿里巴巴影业

从形成更优的产业结构来说，电影产业的中坚力量应该是一些有着多元化业务结构的大型传媒公司，而不是现在华谊、光线、博纳这样的独立电影公司。只有这样，公司才有能力克服电影行业天然的不稳定性，并多元化放大电影的衍生影响能力，整个产业生态才能健康。

数字3.0时代的到来让互联网的影响已然全面渗透到社会生产的方方面面，消费环境和竞争环境的改变让越来越多的商品生产者开始积极寻求与互联网的深层次合作。在这阶段，电影产业的制作、发行、放映、后期衍生品开发都慢慢摸索出了适合本国国情的商业模式并逐渐成熟起来，形成有效的电影工业形态。电影运营不等同于宣传，宣传只是一个具体的手段，运营则是贯穿于电影产业链的制作、发行、放映等多个核心环节。因此，现如今关于电影运营的策略研究，从传播思维、传播模式、传播渠道、传播反馈等方面的转变入手，尽可能实现产业增值，对提高我国电影产业链的经营效益意义重大。

一、传播思维的转变

2015年，全国两会《政府工作报告》将"互联网+"纳入国家战略体系，系统概括了以互联网为依托平台的新型技术经济范式——Web3.0产业模态。从"+互联网"到"互联网+"，一方面是大数据、IP、多屏互动融入到电影行业中；另一方面是互联网的开放性、共享性、交互性带来的低成本、高效、便捷，使中国电影生态、格局发生了革命性的变化。

数字3.0时代以前，国产电影利用互联网及新媒体平台进行的诸如口碑营销、话题营销，早已取得了不俗的成绩。进入数字3.0时代，传播思维的转变要求在多元化的新型生态格局中，把电影看作产品来进行所有的推广活动，传统电影产业开始利用互联网技术和平台进行自我变革。2015年的几部国产电影《煎饼侠》《夏洛特烦恼》等票房大卖，就是"互联网+电影宣传"的成功案例，是传统电影与互联网的充分合作。以《煎饼侠》为例（图4-33），一是在《屌丝男士4》中推荐，剧中不仅有植入段子还有植入影片宣传广告；二是接地气的自带话题的宣传互动，通过制造热门话题引发朋友圈、微博等社交媒体的大量转发和网友互动；三是H5小游戏和小动画，围绕电影主题曲、沙尘暴、母亲节等事件制作小游戏和动画。

电影《煎饼侠》上映前后所做的宣传都无疑是"互联网+电影"的成功案例，新媒体的运营思路即使没有改变传统电影的发行渠道，但却推动了传播思维的转变，进而实现电影生产的自我变革。

图 4-33 《煎饼侠》海报

传播理念的转变还应是电影产业与其他产业的跨界融合，培育新的电影产品和新的电影业态。以电影引入IP资源进行的全产业链运营，IP资源同时带来了围绕核心创意进行的玩具等衍生品、网络游戏、手游游戏开发等的一系列商业运营模式。国外电影《魔兽》和《愤怒的小鸟》是电影与游戏联动获得成功的最好案例。

现如今，数字3.0时代的大数据支撑以及庞大的上网基数，也为电影的宣传造势奠定了一定的基础。在"互联网+"的影响下，电影宣传速度变得更快捷、宣传范围变得更广阔、效果变得更为优质。

二、传播模式的转变

传统的电影，从前期的剧本策划到中期拍播再到后期发行，大多时候都只是一个封闭的过程，电影直到最后才被作为一个产品推销出去。其实，电影营销不是电影制作过程中的一个小环节，它贯穿始终，渗透各个方面。在早期的剧本策划期，电影营销就要介入，转变传播模式，从用户的体验出发，利用大数据等方式进行前期调研，进而锁定目标受众，有意识地通过市场细分和定位原则来进行电影营销。《小时代》系列、《何以笙箫默》《寻龙诀》这些影片都通过精准的定位吸引了目标受众，收获了优异的票房成绩。中期的电影拍摄，也要考虑到用户的感受，可以参考国外电视剧"边写边拍边制作"的模式，拍摄过程利用互联网广泛参考受众的意见，增加互动，增强传播效果。进入数字3.0时代，互联网融进电影行业，大量新媒体的介入，让信息变得更透明，受众可以从微博、微信等社交媒体知道电影的最新信息。例如，《煎饼侠》在拍摄之中，导演大鹏提前透露少量拍摄花絮，并通过微博和网友进行互动，不仅增强了与网友的黏性，还可以在互动中找到更能迎合受众需求的兴奋点，为电影增添更加合适的内容。因此，可以说当前的"互联网+"改变了国产电影的运营模式，使电影的营销必须时刻以用户为中心，采取"用户驱动模式"。

三、传播渠道的转变

传播渠道即媒介，传统电影的传播渠道包括报刊、广播、电视等，以单项传播方式为主。在数字3.0时代，多元化的"互联网+"生态圈的形成是以智能电视、PC、手机、平板电脑、SmartTV等多屏互动为传播渠道的。多屏融合就是通过无线数据传输技术，实现数字内容的共享、跨屏、连续观看及互操作功能。以往的电影营销只能被称作"+互联网"的营销，如利用互联网媒体中的综合网站、专业电影网站、视频网站、社区网站、博客与微博、论坛、社交网络等进行的广告推送营销、话题营销。这让互联网电影营销成为中国电影的最主要的营销手段之一。而现如今的电影营销必须迎合传播渠道的变化，以多屏融合互动为基础，才能在众多的电影竞争中脱颖而出。智能手机、平板电脑的普及和移动互联网技术的进步让电影产业的运营开始依托App平台、手机、微信等特定的移动终端为传播媒介进行。2013年的电影《101次求婚》《富春山居图》运用了微信营销的手法，而现在的电影片方更是通过建立公众平台、朋友圈的传播来与受众进行互动，保持电影的热度。然而，在多屏互动融合的时代背景下，还不应仅仅是对电影发行方面的多屏传播，还应该体现在电影的选题策划上的多屏融合意识。《爸爸去哪儿》《奔跑吧兄弟》就是精准的综艺节目基础定位、"粉丝营销"、巧妙的渠道推广等方面共同作用的结果，同时也让我们看到了"影""视"互动融合的成功范例。因此，多屏融合互动不是简单的融合，而是纵向、横向的深层次融合。

四、传播反馈的转变

数字3.0时代，新闻电影人、新的观众、新的传播渠道共同构建了新的电影传播环境。数字时代的突出特点就是数据信息的爆炸式增长，而互联网的发展使数据的收集和处理分析更加专业，"大数据"分析在各种商业活动中广泛应用，当然也应用在当今的电影营销中。在"大数据"的助力下，电影运营获取的反馈也从单向滞后实现了双向互动，传播反馈通过线上线下的对接与循环，基于影片本身、观众、电影宣传行为经验及反馈的数据进行分析，进而展开有效的互动与改进。影片未进入上映期的宣传，制片方可通过宣传片的数据分析进行最后的剪辑修改，进入上映期后，通过数据分析与观众进行话题互动，适时调整运营策略，获得持续关注度。

同时，观众可以通过大数据分析来与影片进行互动，如《捉妖记I》（图4-34）自上映起，发行方就在朋友圈每天保持一个新海报的营销，海报是主角"胡巴"，配上电影每天的票房数据，不时与网友互动，吸引潜在受众进入影院观影。数字媒体时代我国电影运营模式需结合新思维、新模式、新渠道、新反馈方式，在创新维度中不断突破与完善，同时结合传统的运营手段，最终实现国产电影价值的增值。

图 4-34 《捉妖记Ⅰ》海报及"胡巴"形象

● 本章小结

本章主要从新时代的影视设计变革与受众心理研究、影视创作中的设计与策划、影视发行中的设计与策划、影视放映及市场后期策划、数字媒体时代我国电影产业的运营模式这五个方面展开。目的是通过帮助大家熟悉新时代影视设计、进行影视受众心理分析、了解影视策划全过程并尝试策划,分析数字媒体时代我国电影产业的运营模式。

随着网络信息化时代的到来,网络经济伴随手机和其他移动终端的使用正在不断改变着人们的生活方式和生活概念。数字技术的极大发展增强了艺术家参与艺术活动的积极性,也革命性地改变了艺术评论和艺术概念的定义范畴。信息网络所建立起的强大列表,为人们提供了海量数据,使用户研究更为直观、便利。新时代的影视设计已然发生了变革,在影视设计与策划的创作、发行、放映与市场后期策划过程中,数字媒体艺术都发挥着重要作用,促使影视设计展现新趋势,也为我国电影产业的运营模式带来无限的可能性。

● 思考题

1. 当下影视作品的用户分类及特征是什么?

2. 影视设计的变革主要体现在哪些方面?

3. 影视角色的塑造分别分为哪几种?

4. 新媒体时期我国影视作品的运营模式是什么?

第五章

数字媒体下的
动画策划与设计

课程名称： 数字媒体下的动画策划与设计

教学内容： 新媒体时期的动画分类及设计特点

动画受众的心理需求

动画策划与设计的主要环节

近现代科学技术发展对动画设计的影响

课程时数： 4课时

教学目的： 通过本课程的学习，要求学生达到以下要求和效果。

1. 了解新媒体时期动画的分类及特点。

2. 学习新时代动画受众的心理需求特点。

3. 掌握动画策划与设计的主要流程以及科技发展对动画带来的影响。

教学方法： 讨论法、讲授法、提问法、比较法

教学要求： 以案例分析为主，让学生基本了解新媒体动画的脉络。

教学重点： 了解新媒体时期下动画设计策划的主要流程，明确动画美学与科学技术的主次关系。

数字媒体作为全新的艺术形态，依托数字化技术和多媒体技术，在信息技术的基础上融合艺术思维，形成了全新的艺术形式。在当前的社会发展中，数字媒体的应用广泛，主要是借助技术手段，利用相应的工具，展现无与伦比的视觉效果，增强艺术的张力和表现力。

观看影视动画已经成为当代年轻人休闲的一种方式，通过观看影视动画缓解压力，满足视觉享受。在经济、文化全球化发展的背景下，互联网的应用和普及为西方文化的入侵创造了条件。由于国内的影视动画技术发展相对落后，在观看国外的影视动画作品后，国内的作品逐渐不能满足观众对影视动画视觉效果的更高要求，即开始追求影视动画作品的冲击力和震撼力。直到数字媒体技术得到一定的发展后，国内影视动画的制作水平逐渐提升。其中3D动画的发展有目共睹，依托两种技术的融合，经过图形处理、图形成像，使动画画面更加真实，画面的立体感和逼真感也逐渐增强，能够带给观众震撼的视觉效果，影视动画制作行业进入了全新的发展时期。例如，《西游记之大圣归来》（图5-1），该部影片是根据中国传统神话故事进行拓展和演绎的3D动画电影，讲述的是于五行山下寂寞沉潜五百年的孙悟空被儿时的唐僧误打误撞解除了封印，在相互陪伴的冒险之旅中找回初心，完成自我救赎的故事。动画在制作过程中使用了3D建模并结合动作捕捉技术，让人物形象更加鲜活，配合电脑技术特效，制造视觉奇观，让观众回味无穷，具有较强的震撼力。

图5-1　电影《西游记之大圣归来》剧照

数字媒体作为新媒体艺术形态的一种，应用于动画中能够提升动画品质，同时增加动画的表现形式，突出影视动画的个性，能给观众带来不一样的视觉冲击。如何借助数字媒体满足现代人对影视动画质感的要求，还需要进一步明确数字媒体的作用和价值，了解其应用途径，从而在实际的发展中将数字媒体技术的作用最大限度地发挥出来。

第一节　新媒体时期的动画分类及设计特点

动画是种综合艺术，是集合绘画、涂鸦、电影、数字媒体、摄影、音乐、文学等众多艺术门类而形成的艺术表现形式。虽然动画的制作形式在不断改变，但是动画原理、物体结构、构图布局等基础知识是相对不变的。所以即使动画的种类不同，但很多基础理论知识还是共通的，只是在技术表现上不同。按照不同的标准，可将动画划分为不同的类别，如按工艺技术可分为平面手绘动画、立体拍摄动画、虚拟生成动画、真人结合动画；按传播媒介又可分为影院动画、电视动画、广告动画、科教动画；按动画性质可分为商业动画、实验动画。

根据动画制作方式的不同，动画主要分为五大类：手绘动画、二维动画、三维动画、MG（motiongraphic）动画、定格动画（图5-2）。

图 5-2　动画按制作方式分类

一、手绘动画

手绘动画是由美术动画电影传统的制作方法移植而来的。它利用了电影原理，即人眼的视觉暂留现象，将一张张逐渐变化并能清楚反映一个连续动态过程的静止画面，经过摄像机逐张逐帧地拍摄编辑，再通过电视的播放系统，使之在屏幕上活动起来。

手绘动画有着一系列的制作工序，首先由动画原画师将动画镜头中每一个动作的关键及转折部分先设计出来，也就是要先画出原画，再根据原画画出中间画，即动画，

图 5-3　动画人物运动规律分析

然后还需要经过一张张地描线、上色、逐张逐帧地拍摄录制等过程。动画师需要手绘每一

帧图画。正常是每秒12帧，如果是对于快速的动作也会做到每秒24帧（图5-3）。

在电子绘画技术没有发展的时候，动画师通过背景灯，不断翻动纸张来检查连续性。比如国内早期接触的日漫以及欧美动画，如日本宫崎骏作品《千与千寻》《龙猫》，美国动画《狮子王》等。这类动画作品美术感强，故事色彩连贯，有独特的艺术风格，但普遍存在制作成本较高的问题。发展到现代，电子科技的发展促进手绘板和美术软件的出现，动画师可以用手绘板结合电脑或者直接用数位屏进行绘制，用软件进行播放检查（图5-4）。

图 5-4　传统手绘原画和数位屏绘制原画

二、二维动画

二维动画指计算机辅助动画，又称关键帧动画。其画面构图比较简单，通常由线条、矩形、圆弧及样条曲线等基本图形构成，使用大面积着色。20世纪末国内大多数动画片都是通过这种方式制作出来的，如《哪吒传奇》《喜羊羊与灰太狼》《西游记》等（图5-5）。

图 5-5　《哪吒传奇》《喜羊羊与灰太狼》与《西游记》

在二维卡通动画中，很多重复劳动可以借助计算机来完成。动画师绘制完原画帧后，再给出关键帧之间的插值规则，计算机就能进行中间画的计算。不过计算机并不能完全帮助原画师完成所有的中间画绘制，这需要制作人员仔细规划与检查，协同计算机进行中间帧的插值计算与绘制。除了类似于手绘动画的制作流程，动画师还可以借助计算机程序建立绑定系统，这样可以通过绑定控制角色的动作，不需要逐帧绘制动画，从而节省成本并提高效率。

二维动画不仅具有模拟手绘动画的制作功能，而且具有使用计算机后所特有的功能，例如，计算机生成的图像可以拷贝、粘贴、翻转、放大、缩小，任意移位以及自动计算背景移动等，具有检查方便、质量保证、简化管理、生产效率高、能有效缩短制作周期等优点。

二维动画的应用层面十分广泛，广告宣传、剧集动画、剧场电影等都可以用二维动画的方式来呈现。在三维动画高度发展的今天，二维动画这种艺术形式仍为广大观众尤其是广大青少年所钟爱。

三、三维动画

三维动画是在二维动画的基础上发展起来的，通过虚拟的空间来表现立体的系列画面，这是目前最常见的动画种类，表现力更强、更真实。三维动画是数字技术的尽情体现，给人们带来了许多视听方面的新感觉，其以逼真生动的视觉效果、清晰稳定的动态显示，营造出不拘一格、天马行空的人类想象空间。可以说，三维动画作为一个新的艺术领域，是现代计算机高新科技与艺术设计领域的结合体，是科技文明与艺术文明同步发展、和谐适应、相互促进的实践成果。

三维动画主要借助计算机软件来进行制作，通过三维软件进行建模、材质、绑骨等操作创建一个可控制的角色人偶来完成角色动画的制作，动画师只需要对角色各个关节进行k帧操作，通过不断调整姿势加帧，播放帧最终形成一个完成动画（图5-6）。再通过灯光、镜头、渲染和后期合成，便可得到一个完整的三维动画影片。相较于12帧每秒的二维动画，三维动画普遍可以达到24帧甚至30帧每秒。

三维动画的应用场景十分广泛，被运用在产品展示、建筑规划、商业广告、教育科普、影视动画、游戏CG等领域。随着三维技术的快速发展，现今能在影视动画中经常见到三维动画的身影，比如动画电影《哪吒之魔童降世》《白蛇：缘起》（图5-7）等，还有《熊出没》系列，都是通过三维手段制作而成。目前三维动画是市场上主流的制作方式，相对手绘动画与二维动画的制作方式而言，三维动画的制作效率更高，视觉冲击力更强，画面流畅度更高，同时制作成本与制作时间也可以大大降低。

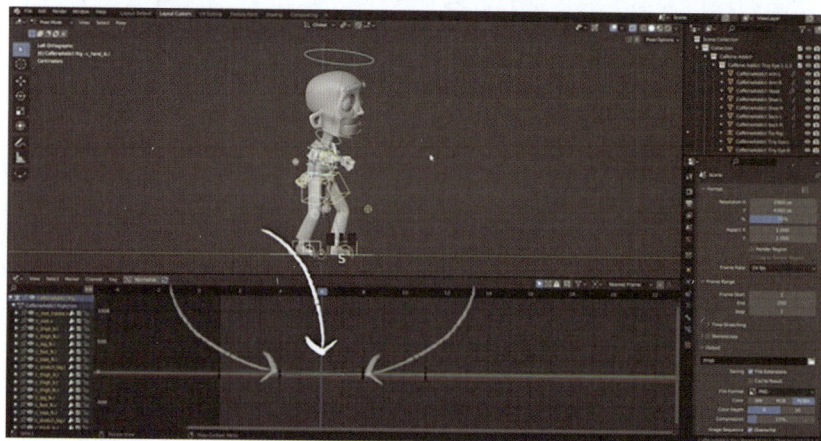

图 5-6 使用 Blender 软件的动画制作

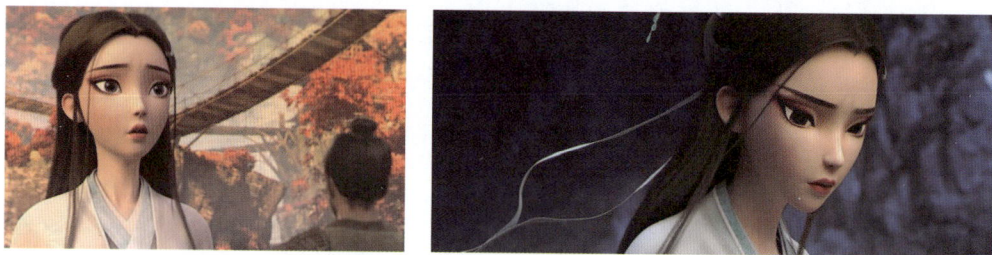

图 5-7 电影《白蛇：缘起》剧照

四、MG动画

MG是"Motion Graphic"的缩写，直译为"动态图形"或"图形动画"，通常称为"MG动画"。1958年，希区柯克就在电影《迷魂记》（Vertigo）（图5-8）中制作了图形动画片头。1960年，美国著名动画师约翰·惠特尼创立了一家名为Motion Graphics的公司，首次使用术语"Motion Graphics"。此后在各类电影中都能见到MG动画的身影。

图5-8 电影《迷魂记》片头动画

MG动画是处于平面设计与动画片之间的一种产物，动态图形在视觉表现上使用的是基于平面设计的规则，在技术上使用的是动画制作手段。平面设计属于静帧效果表现，是设计视觉的表现形式，而MG则是叙事性地运用图像来为内容服务。MG动画的画面一般简洁凝练，有不同于其他动画形式的独特艺术风格，也能更加便捷高效地传播信息。

现如今MG动画被应用在影视片头、商业宣传、教育科普、音乐MV等各种各样的场景中。尤其是在教育科普方面，MG动画画面简约、亲和力强、承载信息量大，可以在极大程度上满足人们对于科普信息的需求量，容易被大众接受，是最受人们喜欢的科普宣传方式之一[1]。活跃在Youtube平台上的科普团队Kurzgesagt就运用MG动画的形式进行了科普教育视频的制作（图5-9）。他们的视频色彩丰富、画面精美，还对现实生活中的事物进行了图形化的处理，使枯燥的科普内容变得生动形象。

图5-9 科普团队 Kurzgesagt 制作的 MG 动画

---

❶ 柯雨汐, 欧阳瑰丽.探索MG动画科普宣传的作用[J].中国包装, 2022, 42(7):85-88.

五、定格动画

这是一种很特别的动画，结合了真实的拍摄技巧和动画原理，是通过逐个地拍摄对象然后使之连续放映，从而产生仿佛活了一般的人物或你能想象到的任何奇异角色。通常所指的定格动画一般都是由黏土偶、木偶或混合材料的角色来演出的，将制作的模型，通过手动地一点点的位移并拍照，最终将拍照结果合成影片，像是传统动画逐帧完成，但是区别在于定格动画需要真实物体来表现。这种动画形式的历史和传统意义上的手绘动画历史一样长，甚至可能更古老。

虽然制作流程烦琐，但这种动画形式有其不可替代的魅力，代表导演有以拍摄哥特式幻想题材出名的鬼才——美国的蒂姆·伯顿（Tim Burton）等。亨利·塞利克（Henry Selick）于1993年推出了效果十分惊人的《圣诞夜惊魂》，至今无人能够超越其中百老汇音乐剧和造型绝妙的木偶的完美结合。20世纪80年代末，英国阿德曼公司的尼克·帕克（Nick Park）创造了风靡全球的《超级无敌掌门狗》系列，再次掀起制作定格动画的高潮。华莱士和阿高也成了黏土动画史上最出名的角色（图5-10）。曾经也是阿德曼公司成员的导演巴·伯维斯（Ba Bovis）于1992年拍摄了以固定机位和可变换的布景为特色的《脚本》，该短片成为定格动画史上不朽名作。后来他还制作了几部木偶造型极为复杂和写实的神话和古代戏剧。在欧洲，一些实验性的定格短片也非常引人注目，其中必须要提的人物是以先锋和怪诞出名的捷克导演杨·史云梅耶（Jan Svankmajer）。他的著名实物动画《爱丽斯》（1987年）、《浮士德》（1994年）等几部怪异非凡的短片震撼了观众的视觉，而由真人与动画合演的《极乐同盟》更是考验了我们的神经。

图5-10　《圣诞夜惊魂》与《超级无敌掌门狗》剧照

定格动画比起三维电脑动画与二维手绘动画更加注重材料的表现与制作，且大部分都是现实生活中常见的素材，如黏土动画、积木动画、木偶动画、沙动画以及剪纸动画。也正因为定格动画对于材质的依赖和一些拍摄的要求，才造就了定格动画的新颖性、创造性、真实性。定格动画的素材具有多样性。

今天，世界性的定格动画热潮仍未退去，每年都有相当多的新作品出现，中国也曾经有过《孔雀公主》《神笔马良》《阿凡提的故事》等许多令今天的成年观众记忆犹新的木偶片。20世纪90年代以后这个领域似乎陷入低谷，3D电脑动画成了解决一切问题的万灵药。像黏土动画等古老手法在美国几乎还是"新"技术，定格特摄在影视中的应用也是一片空白，但把精力投入这一领域的年轻制作者数量正在增加。也许在未来的某一天，定格动画会迎来属于它的黄金时期。

第二节　动画受众的心理需求

随着国产动画作品不断地在人们的生活中深入普及，在肯定当前国产动画的良好发展趋势的前提下，我们还应注意到在这些新局面的表象之下，仍有很多问题需要思考和解决。从目前我国动画产业的发展现状来看，对受众群体的定位和对不同受众的各类需求的满足成了越来越需要重视的问题。

一、动画受众定位

当前国产动画作品的受众对象的定位在总体上依然较为狭窄，分类较为粗放；但我国动画作品的受众范围及其需求层次在近十年来因为代际更迭、社会经济发展、价值观转型等原因，实际上已经悄然地发生了巨大的变化，动画作品的关注人群早已超出以往的儿童和青少年的范围，更多成年人甚至老年人也都爱看动画作品。这种巨大的变化所体现出的一个主要现象，在于不同年龄段的受众呈现出对于动画产品的接受程度、欣赏视角等心理需求上的差异性，受众的文化层次和年龄层次决定了他们对动漫产品中文化的不同需求，也决定着产品内容的质量与层次。

而现阶段这种具有多重差异的心理需求现状与当前国产动画产品所能提供的心理满足层次存在着较大程度的缺失，且这种缺失的程度有不断加大的趋势。其具体表现之一就是当前国产动画对不同年龄段、不同层次受众的吸引力和认可程度与国外动画产品相比较，总体上仍处于劣势。当前国产动画有许多针对儿童受众的优秀作品，如《熊出没》系列、《喜羊羊与灰太狼》系列等，近些年也出现了类似《大鱼海棠》《大护法》《白蛇：缘起》等面向青少年和成年人的作品。但相较于儿童向的动画电影，面向青少年和成年人的动画作品却缺乏与国外作品的竞争力。

从目前的受众来看，学前及小学阶段的低幼儿童观看动画的渠道是电视和学习启蒙类工具，电视动画是免费的且承担着重要的启蒙和教育功能；初高中阶段青少年观看动画的渠道是电视和电脑，AcFun弹幕视频网、哔哩哔哩视频网站、腾讯网等是他们观影的首选，但他们观影的时间和付费能力有限；院线动画电影的消费者是有社交和放松需求的大学生及年轻的上班族、年轻父母等，所以，院线动画电影制作团队要重点关注"00后""90后"和"80后"的观影需求，再逐步考虑不同年龄层、不同地区、不同性别观众的需求，实现行业的全面发展。

二、动画受众需求

随着数字技术的不断发展和对国外动画作品的吸收与借鉴，目前国产动画作品已能很好地满足受众对作品的视觉需求。但这其中还存在一些问题：当前的动画作品很大程度上忽视了受众对内容、情感和身份认同等方面的需求，导致一些动画作品的口碑呈现两极分化的态势。中国乃至世界的文学海洋中不缺好故事，但讲什么故事、怎么讲故事值得深思[1]，这要求动画制作者在进行动画创作时必须从受众的心理需求角度出发进行研究。

从内容需求来说，动画电影能直接满足受众在视听上陌生化的心理需求。受众之所以接触艺术，正是要进入审美活动中，寻求被艺术加工和处理过后的对象，艺术中的事物往往不是对现实事物的照搬，而是以别致新颖让受众注意和喜爱。

例如，在《小门神》（2016年）中（图5-11），原本被贴在门上的门神竟然能够下凡，和凡人一起生活，更令人意想不到的是，门神神荼和郁垒之所以会来到人间，是因为神仙们也面临着凡人的"再就业"苦恼。由于社会的发展改变了大量的民间传统信仰，如灶王爷、财神爷等神仙逐渐失去了自己的"岗位"，门神郁垒正是因为不甘心而决定去释放年兽，让老百姓意识到自己还需要门神的保护。而神荼则是默默地来到小镇上唯一还贴着门神的小英馄饨店中，一边在店里打工一边等待郁垒的消息。这样一来，两个都有着下岗危机的门神就成为吸引观众眼球，激发观众审美想象的新异事物。而正是由于这种事物的不断涌现，受众才不会拘泥于思维定式，其审美水平和审美趣味才有得到提高的可能。与之类似的还有如《豆福传》（2017年）、《阿唐奇遇》（2017年）等[2]。

从情感需求来说，观众跟随动画影片进入了一个立体、活泼、多彩的梦境中，现实生活中令人苦恼、困惑的事物与观众保持了一定的距离，观众将注意力和情感寄托在主人公的身上。而在动画电影中，主人公的目标、人物对美好事物的寻找追索，往往都能够实现。这对于受众来说是一种替代性满足，观众能从主人公的得偿夙愿中获得快感。

❶ 余颖怡.动画电影的受众需求及其发展策略研究[J].电影文学, 2023, 816(3):82-86.
❷ 戴晓玲.国产动画电影与受众心理[J].电影文学, 2018, 709(16):113-115.

图 5-11 电影《小门神》剧照

例如，《哪吒之魔童降世》（图5-12）讲述了一个被误解的孩子自我意识觉醒、在叛逆中成长的故事。哪吒的童年是被孤立和误解的童年，约定俗成的"魔"束缚了哪吒的自由。但是，哪吒出身魔丸却不甘认命，打破成见，拯救陈塘关，做了"本该"灵珠才会做的壮举。他生存在集体无意识的裹挟中却积极行动、追求真实的自我，拥有了独立的自我人格，这是存在主义学者萨特"自为的存在"最鲜明的体现。"我命由我不由天"，孤独的哪吒通过救人达成自救，把自己从偏见中解脱出来。他在面对挥之不去的孤独梦魇时，所表现出的最后的英雄主义与精致利己的敖炳、犬儒挣扎的申公豹等人的踌躇形成了鲜明的对比。不认命的主题，一方面是憋着一口气的导演饺子压抑多年的释放，更重要的是能够给正奔跑在自己理想道路上的人鼓励、希望、温暖和力量。

图 5-12 电影《哪吒之魔童降世》剧照

第三节　动画策划与设计的主要环节

随着国家相关扶持政策的出台，我国动漫产业迅速发展。但值得注意的是，国内动画片的质量方面却不尽如人意，同质化的倾向日益严重，剧情单一，作品粗制滥造，既缺乏创意又缺少内涵，在竞争激烈的国际动画片市场中能让大家认同的作品少之又少。动画的制作本身固然重要，但动画的前期策划与设计也不可忽视。中国作为世界上最大的动画加工厂，显然具备足够的技术水平，但对动画策划与设计的认知还略显不足（图5-13）。

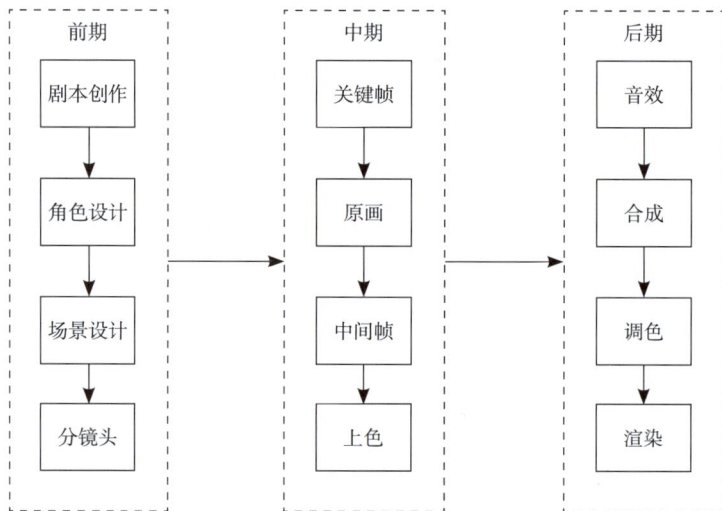

图 5-13　以二维动画为例的动画制作主要流程

一、剧本创作

剧本创作是动画创作的基础之一。动画的剧本形式多样，要求生动有趣、思路清晰、逻辑合理。剧本创作首先要根据确定的动画风格对整个动画的氛围基调进行详细的文案创作，描述要详细贴近动画风格，以免在后期制作时产生误差。其次要为整个动画设计一个完整的故事情节，包括背景、开始、过程、结果、影响等，完整的故事架构才能更加吸引观众。创作故事时也可以借助一些较为流行的叙事结构来保证故事的完整连贯，如沃格勒（Christopher Vogler）的"英雄之旅"或是丹·哈蒙（Dan Harmon）的"故事圈"理论（图5-14）。优秀的动画策划能够为整个动画设计出一个清晰完整的剧情架构，能够在剧情上吸引广大用户。细致的策划方案能够提高后期工作效率，保证整个动画的氛围、设计。

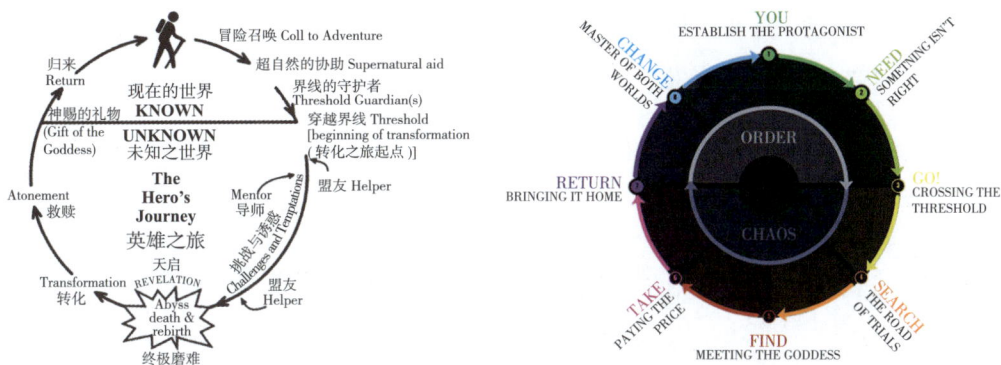

图 5-14　沃格勒的"英雄之旅"和丹·哈蒙的"故事圈"

在进行剧本创作时，要注意故事情节合情合理，角色行动要符合其人物性格以及经历，内容要流畅精彩，不能前后不通，生硬难懂。同时，要明确目标受众，把握受众的心理和需求，不同年龄段的受众都对动画有不同的期待与需求。例如，适合儿童观看的《熊出没》《喜羊羊与灰太狼》系列电影就不一定能满足青少年群体的观影需求。

二、角色设计

动画角色设计是众多艺术造型方式中的一种，是指综合运用变形、夸张、拟人等艺术手法将动画角色设计为可视形象，其目的是要为每一个动画角色赋予感染力与生命力[1]。动画角色设计是制作的核心所在，不仅仅是把角色形象绘制出来，角色设计需要精准地传达角色各方面的相关信息与背景故事，一个个深入人心的角色是一部动画成功的基础（图5-15）。

图 5-15　《哪吒之魔童降世》角色设定稿

---

[1] 刘明来, 杨群.动画角色设计[M].合肥：合肥工业大学出版社, 2006:5.

　　动画制作的角色设计一般包括文字简述、角色草图、模型表等阶段。导演会为设计师提供角色的文字描述，设计师将会根据角色描述产出大量的角色草图，经过与导演的共同商议后敲定最终版角色并制作相应的模型表。其中角色模型表会包含角色详细的设计，包括角色造型、身体比例、服装样式、表情变化等内容（图5-16），这可以帮助后期动画制作达到标准化。

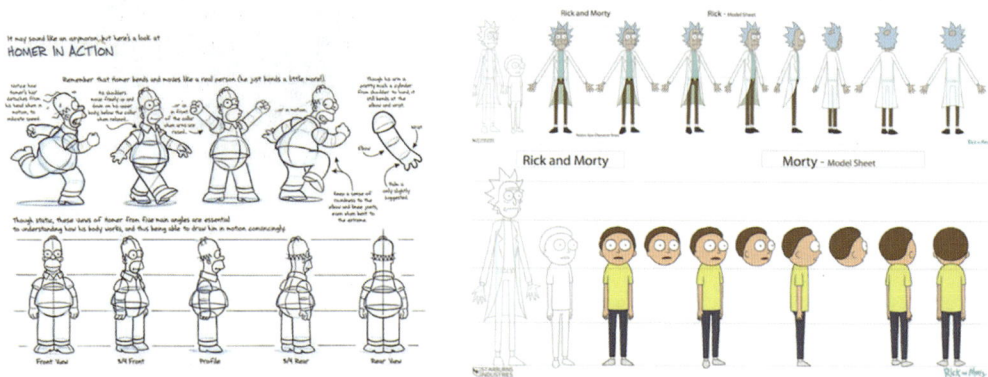

图 5-16　《辛普森一家》与《瑞克和莫蒂》角色模型表

　　角色设计并不仅仅是为角色设计精美的外观形象，一个好的角色设计要符合角色的故事背景与内在特质。例如，《新神榜：杨戬》中，杨戬身穿白袍，脚踩木屐，闲散的整体造型十分符合其落魄神仙的设定，同时杨戬的头冠和配饰的设计又暗示了他曾经作为二郎神的身份（图5-17）。如果杨戬在故事开场身着盔甲，手持兵刃，则会在动画中显得十分突兀，不符合角色的心境以及背景故事的设定。

图 5-17　《新神榜：杨戬》中杨戬的形象

同时角色设计也要考虑到受众的定位，不同的观众群体会对角色的设计产生不同的需求。例如，低幼儿童群体更能接受《小猪佩奇》中简单的小猪角色形象，但很难理解《千与千寻》中光怪陆离的角色形象。因此，在进行角色形象设计的时候要考虑到动画受众群体的需求以及爱好，根据受众的特点进行相应的设计。

在进行角色设计的同时也要考虑到后期角色衍生品的制作。全球最大的影视娱乐公司迪士尼就非常注重对动漫衍生品的研究，每一次在电影脚本制作时，就已经考虑到了未来衍生品的开发❶。在迪士尼的每一部影视作品上线之前，就会放出相关IP作品的衍生品进行售卖。例如，在《复仇者联盟》系列上映前，迪士尼就与孩之宝进行合作，制作并售卖系列的衍生产品（图5-18）。

图 5-18　孩之宝推出的《复仇者联盟》系列人偶玩具

三、场景设计

场景设计是整部动画中景物和环境的来源。动画场景设计的作用主要有两个方面，一是客观空间的塑造，二是心理空间的塑造❷。对于客观空间的塑造很容易理解，场景设计为角色的表演提供了舞台，同时也在交代背景故事与世界观。场景设计同样能为角色性格特征和心理活动服务，不需要角色的表演，场景的色彩光影等变化就能展现角色的内心活动。例如，《蜘蛛侠：纵横宇宙》中，每个蜘蛛侠所处的宇宙画风都有差异，观众能非常直观地感受到不同蜘蛛侠之间的差别以及他们目前身处哪个宇宙（图5-19）。

---

❶ 田红嫒.迪士尼动漫形象衍生品经营特色的启示[J].产业与科技论坛, 2016, 15(2):127-128.
❷ 袁晓黎.景人一体　交互交融——论场景设计在动画片创作中的作用与特点[J].电影评介, 2006(23):21-22.

图 5-19 《蜘蛛侠：纵横宇宙》中不同宇宙的画风差异

比较严谨的场景设计包括平面图、结构分解图、色彩氛围图等，通常用一幅具象图来表达（图5-20）。在整个动画的制作过程中，前期的设计占有至关重要的作用。如果场景设计只是简简单单地进行背景绘制，对于世界观的搭建、场景的合理性都是简略地一概而过，那不仅会导致后期的制作举步维艰，还会影响整个动画的制作内容质量。

图 5-20 《西游记之大圣归来》中的场景设定

四、分镜头脚本

镜头是动画片最基本的构成单位，一个镜头画面往往包含了人物角色的表演、景别、构图和镜头的运动方向等方面的信息，一部动画片就是由这样成千上万个镜头组接而来的。1933年迪士尼借助分镜头脚本的帮助完成了《三只小猪》的创作，极大地便利了动画后期制作，保证了动画艺术风格的统一，减少了影片的一些逻辑错误，自此分镜头脚本开始快速发展起来。分镜头脚本是把文字进一步视觉化的流程，根据剧本进行再创作，是一部动画影片的施工蓝图，体现影片的整体创作设计和艺术风格（图5-21）。分镜头脚本详细策划了影片每个部分的结构，主要包括镜头编号、画面、动作、对话和时间五大要素。根据导演的要求不同还会增添人声、音效、镜头运动、剪辑等其他内容。

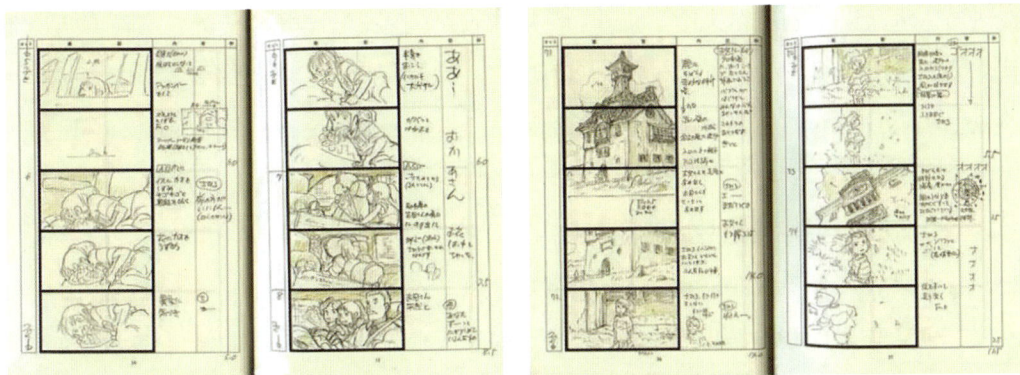

图 5-21　《千与千寻》宫崎骏分镜头手稿

　　分镜头脚本可以说是动画电影前期的重要环节与后期制作的工程蓝图。导演可以依靠分镜头脚本有效地把控画面节奏与叙事结构，让各个部门能快速了解导演的意图并完成影片的制作，同时分镜头脚本保证了整个动画在后期制作时美术风格和氛围效果的一致，极大地减少了不必要的开支与影片中的错误（图5-22）。

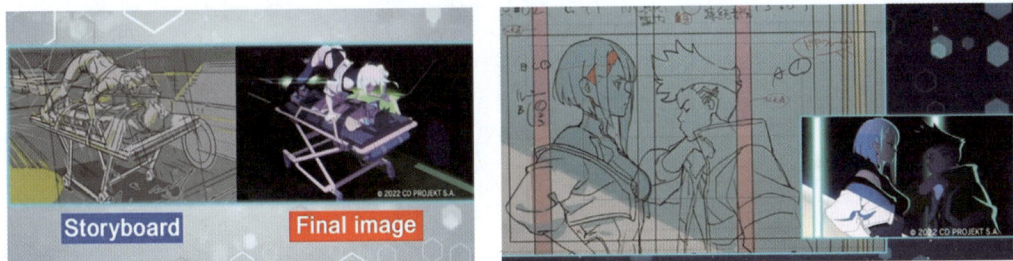

图 5-22　《赛博朋克：边缘行者》中分镜头脚本对后期光效制作的帮助

第四节　近现代科学技术发展对动画设计的影响

　　动画是一门综合性的艺术，它集文学、电影、摄影、音乐、绘画于一体。动画，顾名思义就是运动的画面，一方面它强调了动画艺术的方法与形式；另一方面对制作者的经验和技术有了较高的要求。这就表明了动画的发展是离不开技术的发展的。著名的权威动画艺术家诺曼·麦克拉伦（Norman Mclaren）在20世纪40年代就曾郑重声明：动画不是会动的画的艺术，而是创造运动的艺术。虽然动画的发明早于电影，但是从第一部动画片的产生到现在，动画的历史也不过百年。在历经了最初的探索之后，今天的动画发展之迅速、表现手法之丰富远远超过了人们的预想。

一、动画与科技紧密相连

动画在每一个时期的进步与提高都离不了科技在其背后的支持。人们对动画品质的追求在一定程度上促进了相关科技的进步。科学技术成为动画发展的催化剂，它为动画艺术提供了新的创作题材和新的创作手段，开拓了人们的创意空间，可以说科技是现代动画发展的动力。动画的定义也随着科技的发展在不断改变，因为旧的定义不能满足新出现的技术所带来的动画概念上的革新。

现阶段给动画一个简洁准确的定义是比较困难的，我们永远不知道新技术会给动画的发展带来怎样的变化。不过1980年世界动画协会（ASIFA）在南斯拉夫对动画做了统一化的国际命名——"Animation"，并定义"动画艺术是指除使用真实的人或事物造成动作的方法以外，使用各种技术所创作的活动影像，亦即是以人工的方式创造出来的动态影像。"

二、科技提高动画创作效率

科技为动画艺术的发展带来了新的活力，使动画的制作效率大大提高。例如，电脑动画制作方法与传统动画制作方法大为迥异，与传统相比，现代动画的制作有着省时省力的优点。传统的动画制作要耗费大量的人力物力，一部动画片的完成需要手绘数量极大的画面，因此既费力又耗时。以一部放映时间十几分钟的动画片为例，动画师需要绘制8000张左右的原画，这是一项极其需要耐心与细致的工作。而用计算机二维动画则可以在电脑上完成传统手工动画流程中的描线、上色、摄影及输出，这样一来大大缩短了制作时间与成本，提高了整体的工作效率。

三、动画成为艺术与科技的完美融合

在模拟画面的真实性上，三维动画以越来越逼真的画面效果得到了广大观众的认同。其所有的制作过程都可以通过电脑来完成，高度虚拟现实性成为三维动画吸引人的秘密之一。世界各大三维动画制作公司每年都会推出几部科技含量很高的三维动画大片，它以独特的艺术魅力不断挑战着人们的视觉神经，可以说没有科技的支持，三维动画是不可能发展的。因此，优秀的电脑三维动画作品也成了艺术与科技结合的典范（图5-23）。

图 5-23　第 89 届奥斯卡最佳动画短片《鹬》

四、科技发展带来全新艺术效果

许多公司都开发出了功能日趋强大的动画设计软件为动画设计师提供实现其创意的途径，也为他们开拓了更加广阔的创意空间。与传统动画相比，三维动画可以连续展现动画形象的每一个视角，使各种动画形象栩栩如生、动作流畅自然，可以再现种种复杂的场景。它既丰富了动画的艺术表现力，又超越了一般影视艺术的表现局限，同时又充分发挥设计者的想象力和创作思维的表现力，让设计者几乎不受到外界条件的限制。这样一来人们在实际生活中无法看到或只能存在于想象的场景都可以在动画作品中得到实现，这极大地满足了观众的心理需求，也启发了人们的想象空间（图5-24）。

图 5-24　电影《蜘蛛侠：纵横宇宙》海报

五、动画市场竞争促进科技发展

过去的动画市场的竞争主要依靠有才能的动画师天才的创意，而如今则主要是科技的竞争。为了争取市场，各大制作公司都投入了大量的资金去进行技术革新，客观上促进了科技的进步，几乎每年新推出的动画片都含有新的科技成分。以皮克斯（Pixar）公司为例，他们不断推进技术的进步以追求画面的完美。他们先是开发Renderman渲染器，在表现动物皮毛质感上有了很大的突破（图5-25），随后又推进了光线追踪技术在渲染器中的应用，接着又开发了全局光和光能传递技术，这样一来动画形象在展现光影变化时更加贴近自然。

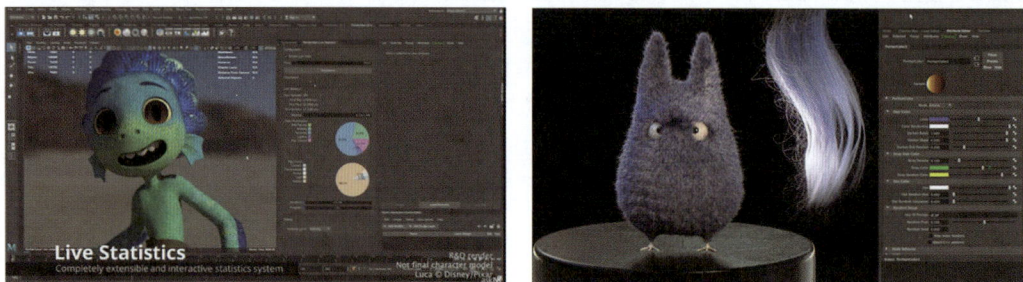

图 5-25　动画角色渲染效果

科技的发展对动画的影响并不总是好的。由于技术的提高，不少设计者越来越依赖技术上带来的便利而忘记了动画原本的艺术追求。动画追求的究竟是艺术还是技术？我想每个人都会有很明确的答案：技术是动画艺术发展中一种供人们所借助的手段，它不应当成为动画追求的唯一目标。先进科技只是实现人们动画创意的一种工具，虽然现代动画常常让我们感叹新技术的无穷威力，但是我们一定不能忘记或忽视动画的主题。动画中的科技手段最终目的是为动画的创意服务，内容与创意才是动画作品的灵魂。

● 本章小结

本章主要对动画的种类进行了简要的区分，依据不同受众需求进行了一定的分析，对数字媒体下的动画策划与设计过程进行了较为全面的阐释，最后概述了近现代科学技术发展对动画设计的影响。本章重点讲述了动画策划与设计的过程，以二维动画为例，对动画制作的前期流程有了比较透彻的了解，能帮助大家更好地进行动画的策划与设计，为我们在数字媒体领域中创作出精彩的动画作品奠定坚实的基础。

● 思考题

1. 新媒体时期动画的种类有哪些？

2. 手绘动画与二维动画的本质区别是什么？

3. 当下我国动画市场的受众需求是什么？

第六章

数字媒体艺术下的游戏策划与设计

课程名称：数字媒体艺术下的游戏策划与设计

教学内容：数字媒体技术推动下的游戏设计及特点

　　　　　　游戏策划的流程与特点

　　　　　　游戏开发及运营

　　　　　　数字媒体环境下游戏制作的新困境

课程时数：4课时

教学目的：通过本课程的学习，要求学生达到以下要求和效果。

　　　　1．掌握新时代的游戏设计特点与策划。

　　　　2．了解游戏的前期开发与后期运营流程。

　　　　3．认知数字媒体环境下游戏发展存在的问题与发展策略。

教学方法：讨论法、讲授法、比较法

教学要求：在学生基本了解课程内容后，有组织地让学生进行相关内容讨论。

教学重点：了解数字媒体技术推动下游戏的新发展与新变化，讨论目前游戏发展的困境与发展策略。

　　随着新时代信息科学技术的迅速发展，基于数字媒体艺术下的游戏的发展越来越迅速，游戏的种类越发多样。且由于多媒体技术的迅速发展以及人们欣赏水平的日益提高，游戏行业的竞争也在日益加剧。如何设计更高水平、更有魅力的游戏产品，得到更多的用户，受到了极大的关注。因此，对于游戏策划与设计的研究，也受到更多游戏开发者的重视。游戏产品的生命力和未来的发展走向取决于巧妙创新的游戏策划与设计，优秀的游戏策划可以让游戏在市场中如鱼得水，在玩家口中获得绝佳的赞扬，进而可以同时获得经济收益与相应的社会声望。本章将从游戏设计及特点、游戏策划的流程与特点、游戏开发设计及运营和数字媒体环境下游戏制作的新困境四个方面进行深入讨论。

第一节　数字媒体技术推动下的游戏设计及特点

　　新时代下居民的总体生活水平虽然大幅提高，但现代生活的节奏不断加快，人们的社会压力逐渐变大，娱乐生活的需求也随之增加。在"互联网+"不断发展、信息数量急剧上升的背景下，互联网技术和信息传播技术等为数字媒体游戏设计提供了新机遇。数字媒体技术在各个领域被广泛应用，尤其在游戏设计领域，数字媒体技术的应用不仅提升游戏产品的质量，使游戏设计行业具有更大的商业价值与潜力，同时也促进了游戏产业整体的高质量发展和竞争力的提升，推动具有中国特色的、体现中国传统文化游戏的发展。因此在游戏发展中需要更全面地运用新数字媒体技术，促进游戏的发展与创新。

　　游戏产业作为我国文化产业的重要组成部分，不仅是文化产业良性发展的根本动力源泉，也是振兴民族文化产业、增强国家文化软实力的重要体现。随着当前游戏种类的不断增多，游戏玩家在选择游戏时，更注重游戏前的吸引感、游戏中的体验感、游戏后的趣味感及设计呈现出的游戏风格。在游戏设计中合理应用新兴数字媒体技术，不仅可以有效地优化移动游戏和PC游戏的画面效果，也可大大提升设计和制作的效率，节约人力与时间成本，促进经济和社会效益，新媒体技术的支持将会帮助我国游戏产业迎来一系列变化。

　　首先，新媒体技术的发展解决了我国普遍存在的游戏种类过于单一，游戏体验感较差，在设计方面缺乏合理性等一系列问题。早在20世纪末，国产游戏就有了一定的发展，出现了《轩辕剑》《炎龙骑士团》《仙剑奇侠传》等优秀的作品。但由于《血狮》造成的信任危机和盗版泛滥对市场的冲击，这一时期的国产游戏快速没落了下来，国内游戏厂商纷纷走向了代理国外游戏的道路。直到近十年，随着技术的快速发展和互联网用户的急剧增长，国产游戏才开始重新活跃起来，出现了《戴森球计划》《太吾绘卷》《边境》等优秀的独立游戏（图6-1）。

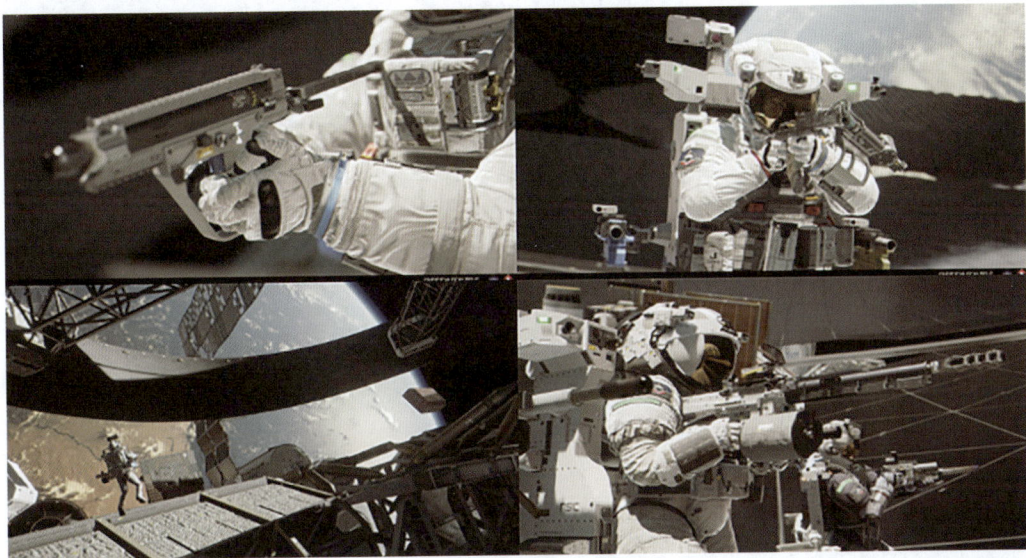

图 6-1　太空射击游戏《边境》

我国游戏种类正在不断地增加，让人们拥有了更多的选择，同时极大地提高了游戏设计的科学性、合理性，让游戏用户的体验感不断提升，游戏级别也大幅度提高，极大地满足了不同社会群体的需求，促进了游戏产业的健康发展。

其次，游戏的视觉效果在游戏开发当中占据着非常重要的地位，对于游戏的发展也有着很深的影响作用。随着数字技术的不断发展，玩家开始越发重视游戏的视觉效果。游戏视觉效果对于用户体验的影响，会直接决定这款游戏的受欢迎度。在数字媒体技术推动下，游戏开发水平得到进一步的提高，游戏的界面色彩和鲜明程度大幅度提升、画质更清晰，极大地提升了游戏用户的视觉体验，满足了游戏爱好者对视觉体验的需求（图6-2）。

再次，在现代社会中，游戏的重要性不断提高，逐渐成为人们生活当中非常受欢迎的一种社交娱乐方式。2022年中国游戏产业报告显示，2022年中国游戏市场实际销售收入2658亿元，游戏用户规模已经达到6.64亿。新数字媒体技术的运用极大促进了我国游戏产业的高速发展，为游戏发展提供了技术支持，使游戏质量得到有效保证。因此，在游戏开发过程中应高度重视新媒体技术，正确地运用新媒体技术提升游戏质量，促进国家级游戏产业的发展。

图6-2 《仙剑奇侠传一》与《仙剑奇侠传七》的画面对比

最后，在新时代的发展当中，游戏已经不仅仅是人们休闲娱乐的方式，新时代游戏所承载的意义已和以往不同。游戏行业的发展水平逐渐成为国家经济实力较量的一项标准。例如，大型游戏《英雄联盟》每年举办的竞赛，有来自世界各地不同国家的战队参赛（图6-3），可以看出游戏的发展实力，得到了较多国家的关注。同时游戏竞赛也拉动了经济的发展，促进不同国家经济文化的交流[1]。

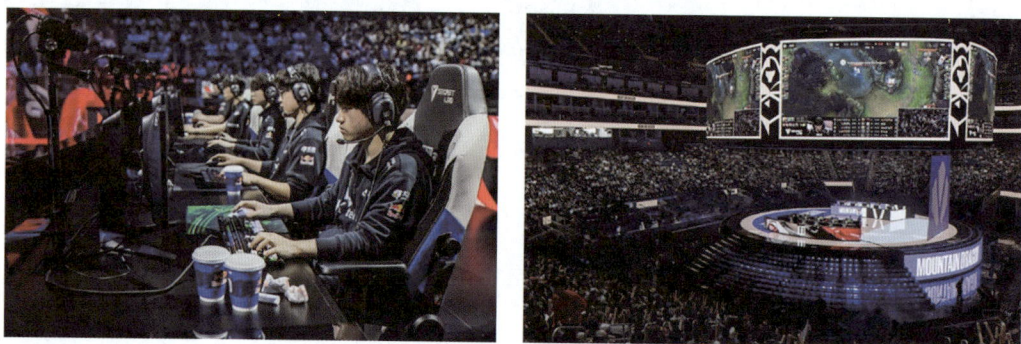

图6-3 《英雄联盟》2022年全球冠军赛

数字媒体在游戏开发和创新中的运用促进了游戏产业的不断改革与升级，让游戏行业的发展进入新的时代。如今我国数字媒体艺术游戏设计依旧受软硬件技术等方面的限制，但随着科技研发水平的不断提高，相信未来在整合以往研发应用经验的基础上，能够提出更加适宜的设计创新理念，为数字媒体时代下的游戏产业奠定基础。

---

❶ 郑畅.基于新数字媒体技术下游戏的发展与创新思考[J].文化产业，2021(3):159-160.

第二节　游戏策划的流程与特点

　　用户数据挖掘、数据分析、用户需求研究在游戏策划前期是十分重要的，尤其网游，是由用户心理衍生的行为集合。只有通过用户心理预测，满足玩家内心需求的玩法机制，才能成功打造一款游戏。因此，从复杂多变的数字虚拟世界中寻找用户的潜在需求、设计特点的内在规律尤为重要。

一、文献研究

　　文献研究源自市场研究领域，是对已收集的信息进行调研活动，也就是对相关的二手资料进行搜集、筛选，据以判断问题是否局部或全部地解决。文献研究可以通过免费查询公开的财报、政府统计报告、文献、购买数据库以及市场报告分析等方式进行信息收集（图6-4），这种方式成本较低、效率较高、涉及领域广，但针对性差、信度待考察。

图 6-4　中国知网搜索界面

二、深度访谈

　　深度访谈，一种无结构的、直接的、个人的访问，即在访问过程中，一个掌握高级访问技巧的访问员与一个被调查者进行深入访谈，以揭示被访者对某一问题的潜在动机、信念、态度和感情，揭示问题潜在本质。深度访谈还可通过与被访者讨论一些保密的、敏感的或让人为难的话题，或访问专业人员，即做某项专门的调研，深度了解被访者想法。例如，《英雄联盟》（图6–5）的制作团队对用户进行访谈，得到用户对于游戏所反馈的问题：游戏匹配系统中匹配到的队友水平参差不齐，段位相差较大；游戏作弊问题；游戏延迟等。通过深度访谈，可以对游戏进行及时有效的处理和更新。

图6–5 《英雄联盟》游戏海报

三、问卷法

问卷法在用户研究工作中的使用频率非常高，即研究者以统一、严格的问卷形式收集与研究对象有关的心理特征和行为的数据资料。在进行问卷调查时，首先应注意标准化，严格按照统一原则和固定结构进行设计，从而保证问卷法的科学性和标准性；其次是定量化，将问题和答案都进行标准化设计，所得到的资料就便于定量处理和分析。此方法效率高，传递方式多，速度快，可以在短时间内收集到大量数据。

例如，《王者荣耀》客户满意度问卷调查分析（图6–6）。通过问卷可知，此次问卷调查的客户中一半以上的客户年龄介于10~20岁，而20~30岁的客户高达45.71%，且学生占大多数，是《王者荣耀》的主要客户群体，有利于在未来游戏改善更新中更好地贴近此年龄段群体的心理需求；多数客户对于游戏内部设定的皮肤、英雄都满意，对于网上支付安全、画质设计、品牌形象都有近50%的满意度，且在同类型游戏比较中，选择《王者荣耀》的客户高达68.57%，有近60%的客户对《王者荣耀》总体满意。对于游戏建议，大多都是针对游戏举报机制还需完善，以及游戏内新出皮肤等的价格定位需进行调整。随着客户群的增多，通过问卷调查，进行相关的技术机制、规则等相应的升级更新，才能支撑起庞大客户群的多样化需求❶。

你目前的职业是_?[单选题]

选项 ⇕	小计 ⇕	比例
学生	27	77.14%
教师	0	0%
自由职业者	1	2.86%
工人	3	8.57%
其他	4	11.43%

你对王者的总体满意程度[单选题]

选项 ⇕	小计 ⇕	比例
很满意	0	0%
满意	20	57.14%
一般	9	25.71%
不满意	2	5.71%
非常不满意	4	11.43%

图 6-6 《王者荣耀》客户满意度问卷调查数据

四、可用性测试

可用性测试指"特定用户在特定的场景下，效率高并能满意地使用产品达到特定目标"，即让用户在一定场景下使用产品，由可用性工程师对用户的操作过程及习惯等方面进行观察、记录和测量，以此来评估产品的可用性问题。从而发现用户在使用产品时的需求、偏好、痛点、路径和习惯等，为进一步设计提供思路，节省开发成本。测试中测试6位用户可大约发现89%的可用性问题❷，一般情况下测试6~8位用户即可（图6-7）。

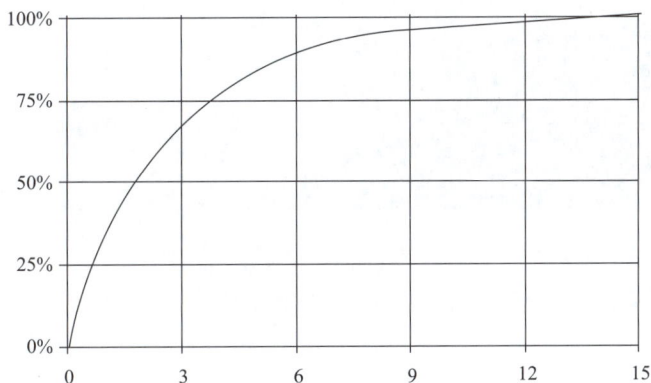

图 6-7 测试用户数与问题发现比例❷

❶ heart. 王者荣耀客户满意度问卷调查结果分析[EB/OL].（2021-03-07）[2022-08-23]. https://zhuanlan.zhihu.com/p/355338438.
❷ UPA中国.UE探索：究竟几名测试者才够[EB/OL].（2006-09-01）[2022-08-23]. http://www.visionunion.com/article.jsp?code=200608300036.

尽管由于采样的数量还不够多，实验结果很难说完美。不过从现有的数据中，研究人员发现：个人信息页面的头像很重要。在Facebook、Klout和StunbleUpon中，头像是该页面最吸引浏览者注意的地方，认识的朋友的头像也会获得相当的关注度。浏览者会查看该页面上朋友的小头像图片，头像越靠上，获得的关注度越大❶。

五、启发式评估

启发式评估即使用一套简单、通用、有启发性的可用性原则来进行的可用性评估。几个评审人员根据一些通用的可用性原则和自己的经验来发现产品的可用性问题，任何人都可以担任评审人员，但有实验表明，选用具有可用性知识又具有和被测产品相关专业知识的"双重专家"是最有效的，这会比只有可用性知识的专家多发现大约20%的产品功能问题。在国内游戏开发过程中有五种常用的用户界面设计启发式方法。

1. 系统状态的可见性 设计应该在合理的时间内通过适当的反馈让用户了解正在发生的事情，当用户知道当前系统状态时，他们就会了解之前交互的结果并确定下一步操作。系统与用户的沟通可以帮助用户与系统间建立信任。例如，游戏《战争雷霆》（*War Thunder*）中，按"O"键可以显示玩家坦克的成员分布、弹药配置、损伤状况等；在命中敌人载具后，能看到详细的毁伤效果；击毁敌方载具后，还可以看到详细的击毁方式（图6-8）。

图6-8 《战争雷霆》游戏截图

2. 系统与现实世界的匹配 如游戏操作中键盘的上下左右键代表着游戏的前进、后退、向左、向右，用户在使用过程中更容易理解与记忆。例如，《贪吃蛇大作战》中的遥控键（图6-9），系统设置的操作与现实操作相匹配，通过人机交互设置人性化，利用用户在现实的固有观念和操作，前进就只需要向上移动屏幕中的按钮，操控按钮前进、后退、向左、向右和转弯，使用户更易上手，更熟练地使用游戏界面，这样也会使游戏

---

❶ 36氪的朋友们.国外社交网站个人首页的眼动研究情况[EB/OL].（2011-12-04）[2022-08-23]. https://www.36kr.com/p/1639463813121.

体验感更优异，可玩性高。

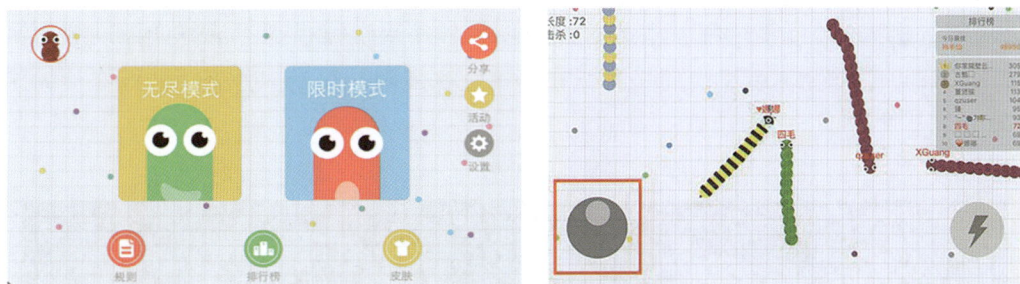

图 6-9　《贪吃蛇大作战》的遥控键

3. 使用的灵活性和效率性　系统应该满足三类用户：新手用户、常用用户、专家用户，并允许用户调整操作频繁的应用和功能。例如，《和平精英》中的设置功能，用户可以根据自身的喜好、熟练度进行自定义，设置画面的清晰度、分辨率，游戏操作的灵敏度等，有利于用户灵活高效地运用游戏中的应用与功能，大大提升了用户的游戏体验（图6-10）。

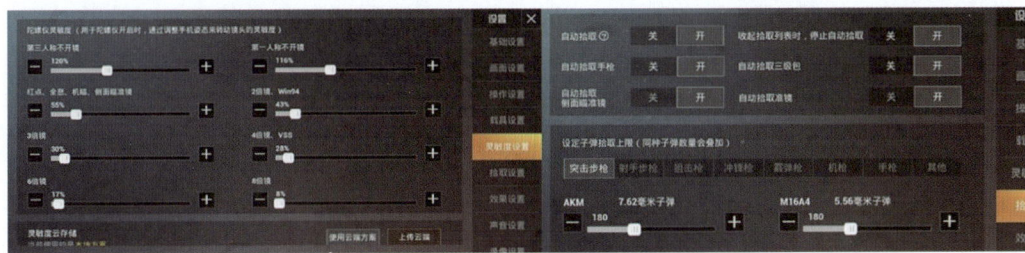

图 6-10　《和平精英》设置应用功能

4. 美学和简约的设计　游戏界面中应尽量减少杂乱，设计中不应该包含无关紧要的信息，所有不必要的信息都会争夺用户有限的注意力。例如，《光·遇》的游戏风格以简约唯美、画面精致为主，界面设计遵循了极简之美，可以带给用户暖心且有治愈系的力量（图6-11）。

图 6-11　《光·遇》游戏界面

5.帮助和文档　理想情况下，希望用户无须借助文档与文字的阅读即可流畅地进行游戏操作。但当用户无法操作而需帮助时，为确保易于找到，使用"帮助"辅助功能。例如，《王者荣耀》中的排位赛，用户使用过程中在不清楚详细规则的情况下，可点击排位赛后面的问号图标查看排位赛规则，帮助用户解决游戏操作问题（图6-12）❶。

图 6-12　《王者荣耀》排位赛规则界面

六、眼动和脑电研究

眼动和脑电研究是指将眼动仪和脑电设备联机同步，即可知用户是如何观看信息内容，以及当下的内心活动。此方法是用户研究常用方法，但数据较单一，需结合其他数据进行解释。例如，EyeTrackShop发布的一份分析报告，显示了在各大社交网站中，个人信息页面被浏览时候的热点分布情况（图6-13）。

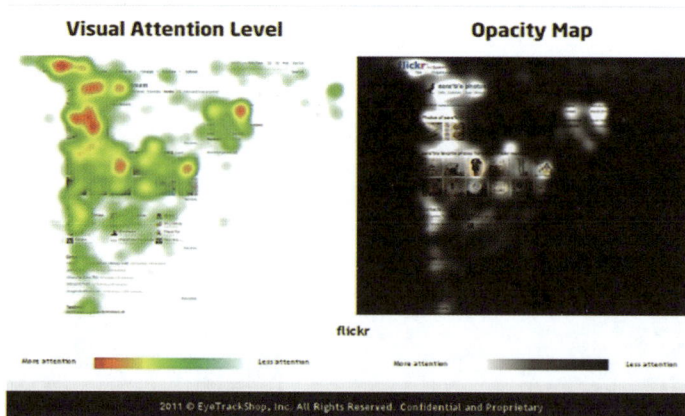

图 6-13　眼动研究热度图

---

❶ WellDesign设计艺术留学.启发式评估具体怎么操作[EB/OL].（2021-10-19）[2022-08-23]. https://www.zhihu.com/question/22082450/answer/2177922749.

　　这项研究使用网络摄像头记录了30个参与者在浏览各个社交网站个人信息页面时的眼动情况（进入页面后10秒内的数据）。记录下的数据包括：页面上的哪些内容被重点"关照"到，以及用户浏览页面各主要区域的先后顺序。被调查的社交网站包括Facebook、Google+、LinkedIn、Flickr、Youtube、Klout、Reddit、Digg、Tumblr、Twitter、StumbleUpon和Pinterest。

　　脑电记录仪（图6-14）记录大脑的活动，含有大量心理信息，以不同的波形反映出来，让大脑和外部设备之间进行直接的信息传输。该方法通过在头部用可穿戴装置采集电信号，具有安全性高、可移植性好、时间分辨率高、成本低等特点，但空间分辨率不太理想，还容易受到各种噪声干扰。如果我们可以通过数据将大脑复杂的电信号转化为曲线，那么依据曲线即可以解读出用户的"真实想法"。

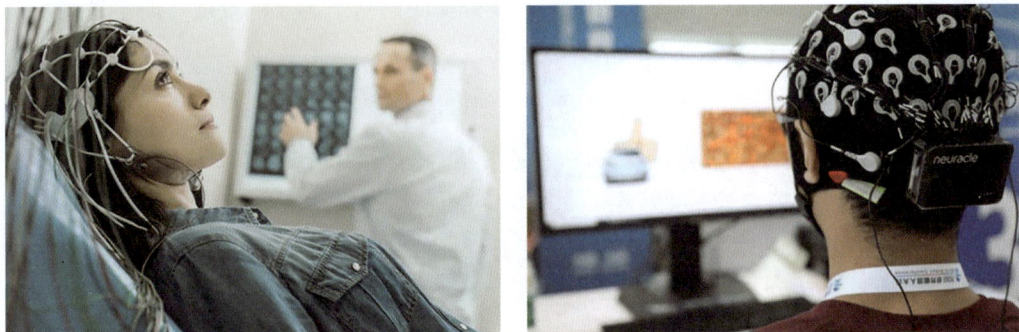

图 6-14　脑电记录 ❶

第三节　游戏开发及运营

一、游戏分类

　　1958年布鲁克海文国家实验室展出了一款名为"双人网球"的电子游戏，这可以说是大众能够接触到的第一款电子游戏，在展出当天就引来上百人排队等候。游戏通过示波器进行显示，玩家通过盒状遥控器进行击球操作（图6-15）。自此之后，随着硬件水平的不断提升，游戏的种类也开始丰富起来，游戏平台也层出不穷。

---

❶ 腾讯科普.马斯克发布的"脑机接口"，真能改变人类命运吗？[EB/OL].[2022-08-23]. https://new.qq.com/rain/a/20190724A0I1YR00.

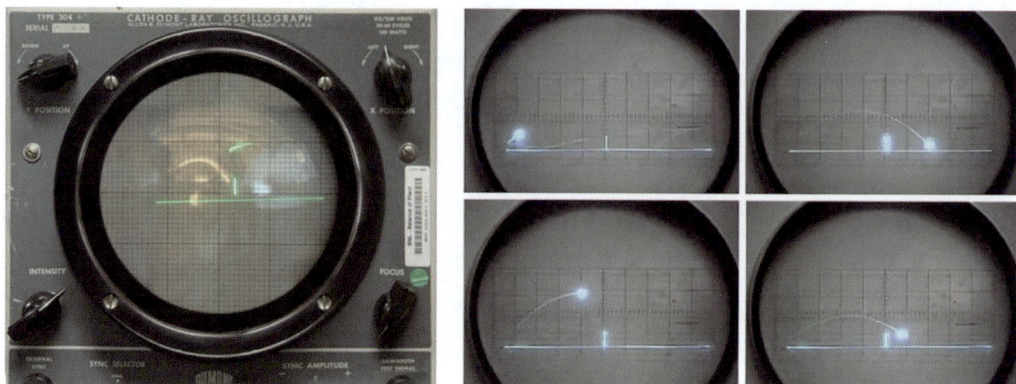

图6-15 游戏《双人网球》

1. 游戏类型分类 著名的游戏大师Chris Crawford在他的第一本著作*The Art of Computer Game Design*中曾提到，电子游戏分类应当基于游戏的玩法，而不是美术效果和叙事的差别。但自从电子游戏诞生以来，如何对游戏进行分类一直众说风云，各种分类方式层出不穷。以最经典的RPG（角色扮演游戏）为例，其下就有许多衍生分类，如ARPG（动作角色扮演）、JRPG（日式角色扮演）、SRPG（战略角色扮演）和MMORPG（多人在线角色扮演）等。因此，对游戏分类有一个较为规范的认识是进行游戏开发的第一步。以世界最大的游戏平台STEAM为例，我们可以将游戏简单分为以下几类：

（1）动作游戏。动作游戏（Action Game）是目前市面上最为广泛的一种游戏类型。这种类型的游戏通常强调玩家对游戏角色的控制，并要求玩家在虚拟世界中进行各种动作和战斗，以快节奏、反应能力和手眼协调为特点。许多动作游戏的主题是战斗和格斗。玩家扮演的角色通常需要与敌人进行战斗，使用各种武器、技能和战术来击败对手。玩家需要快速做出决策、反应迅速，并且进行各种动作，如跳跃、攻击、闪避等。例如，卡普空游戏软件公司开发的《鬼泣》系列游戏，就是最经典的动作游戏之一。《鬼泣》系列以其流畅的战斗系统而闻名，玩家将扮演半魔人但丁与来自地狱的恶魔展开战斗，通过连续的攻击、跳跃来组合出华丽的战斗动作（图6-16）。

动作游戏下也能划分出很多类型，包括平台游戏、格斗游戏、射击游戏等。例如，风靡全世界的《超级马里奥》《反恐精英》《怪物猎人》都在动作游戏这一范畴之下。

（2）角色扮演游戏。角色扮演游戏（role-playing game），简称RPG，这种游戏类型源自桌游中的桌上角色扮演游戏，其中《龙与地下城》对此类游戏影响十分深远。玩家在这类游戏中可以控制一个或多个虚拟角色，扮演他们的角色并参与游戏世界的各种活动。这些角色通常有自己的属性、技能、装备和背景故事。角色扮演游戏强调角色的发展和进化。玩家可以通过完成任务、战斗、探索和对话等方式提升角色的等级、技能和能力。角色扮演游戏通常拥有复杂的故事情节和背景设定。玩家的选择和行为可以影响游戏的剧情走向和结局，玩家拥有更多的自由度和决策权。

图 6-16   《鬼泣》系列游戏

根据游戏的侧重点，角色扮演游戏又可以分为动作角色扮演、战略角色扮演、模拟角色扮演、日式角色扮演和多人在线角色扮演。例如，暴雪公司于2004年开发的大型多人在线角色扮演游戏《魔兽世界》，游戏背景设定在一个名为艾泽拉斯（Azeroth）的奇幻世界中，玩家可以扮演不同种族和职业的角色，与其他玩家互动、合作或对抗。时至今日，《魔兽世界》已经运营了19年之久，但其丰富的游戏性和有趣的世界观设定使它依旧拥有超过八百万玩家乐于参与到这场奇幻的冒险当中（图6-17）。

图 6-17   《魔兽世界》中的两大阵营

（3）策略游戏。策略游戏是一类注重玩家决策和战略规划的游戏类型，这类游戏的主题通常以战争为主。玩家在这类游戏中需要运用自己的智慧和策略来进行管理资源、战略规划、制定战术和解决问题，建设和发展自己的领地、城市或帝国，击败所有敌对势力，以达到胜利目标。策略游戏通常可以分为几个子类型，包括实时策略游戏、回合制策略游戏、大战略游戏等。

如十分经典的策略游戏《文明》，这是一系列历史类回合制策略游戏，玩家在游戏中扮演文明的领导者，通过建设城市、发展科技、管理资源、进行外交和战争等手段，争取在全球范围内建立强大的文明并最终获得胜利（图6-18）。

图6-18 《文明》系列第六部作品

（4）冒险游戏。冒险游戏是一类以故事情节和解谜为核心的电子游戏类型。玩家扮演游戏中的主角，在游戏世界中探索各种地点、房间和场景，寻找线索和隐藏的物品，以解开谜题和推动游戏的进展。通过与环境互动、收集物品、解决谜题和参与剧情发展，探索游戏世界、完成任务和解开游戏的谜团。

冒险游戏通常会与动作游戏结合，从而发展出动作冒险游戏这一分支，例如《古墓丽影》系列和《刺客信条》系列，都是比较经典的动作冒险游戏。《古墓丽影》系列是以女探险家劳拉为主角，探索世界各地的古墓和遗迹，寻找失落的宝藏和解开神秘的谜团。而《刺客信条》系列则没有特别固定的主角，主要围绕刺客兄弟会与圣殿骑士团长达千年的矛盾展开，玩家一般扮演刺客兄弟会的成员，使用隐藏和暗杀的技巧，与敌对势力作战并揭示隐藏在历史事件背后的秘密（图6-19）。除了动作冒险游戏，还存在文字冒险游戏、解密冒险游戏、沙盒冒险游戏和视觉小说等其他一些分类。

图6-19 《古墓丽影》与《刺客信条》

（5）模拟游戏。模拟游戏是一类模拟真实世界活动或经验的电子游戏类型。玩家可以在虚拟环境中扮演各种角色或管理各种情境，模拟现实生活中的各种活动和决策。模拟游戏提供了一种与现实世界进行互动和体验的方式，让玩家能够探索不同领域的活动和情境，体验真实世界的各种角色和职责。它们常常被用作教育工具，帮助玩家学习和理解特定领域的知识和技能。

模拟游戏的主题十分丰富。例如，在《城市：天际线》中玩家可以扮演一个市长进行城市规划建设，在《猎人：荒野的呼唤》中玩家将扮演一位资深猎人在世界各地进行捕猎，在《微软模拟飞行》中玩家将扮演飞行员驾驶各类飞行器在世界范围内自由探索（图6-20）。以上只是模拟游戏的一些例子，实际上还有许多不同类型的模拟游戏可供玩家选择。

图 6-20 《城市：天际线》和《猎人：荒野的呼唤》

2. 游戏平台分类 在电子游戏的发展过程中，游戏载体的升级一直在影响着游戏的发展。简单来说，游戏运行平台就是游戏主机，游戏主机是给游戏软件运行提供了一个大环境。游戏平台越好，那么上面搭载的游戏也就越好，每个游戏平台都有它的极限，当游戏平台发展到了极限，不能满足游戏软件的需求时，游戏平台就会升级。当然，计算机技术给游戏平台带来升级的同时也会促使游戏内容变得丰富。按照平台划分，目前的游戏可以分为以下几类：

（1）PC游戏。1931年计算机诞生，可以说是 20世纪最伟大的发明，时至今日，计算机平台已成为开发游戏的主要工具，绝大多数游戏都是通过计算机编程制作出来的程序。随着电子游戏的诞生，计算机硬件的更新速度也开始了飞速的发展，英特尔创始人之一戈登·摩尔（Gordon Moore）曾提出：处理器的性能大约每两年翻一倍，同时价格下降为之前的一半。不只是中央处理器和内存，更关键的在于提高显示性能的独立显卡有了很大的提升，图像处理器不断迭代，显存也越来越大，使计算机在显示和支持3D图形方面的能力越发强大，很多高端的游戏能够在PC平台上展示高品质的画面效果并且流畅运行。

例如，2021年由NEOWIZ[1]开发的MMORPG《神佑：释放》，这款游戏以差异化的

---

[1] NEOWIZ是韩国著名的游戏公司，成立于1997年6月6日，主运营PMANG，是韩国综合游戏网络门户，曾在国内红极一时的游戏《穿越火线》就是由该公司参与开发。

神佑技能系统、华丽的连击动作以及广阔的开放世界为基础，以策略战斗和3 VS 3竞技场和15 VS 15战场为首的多种内容，以及多种BOSS之间的战略战术，使玩家体验到精彩的幻想世界（图6–21）❶。

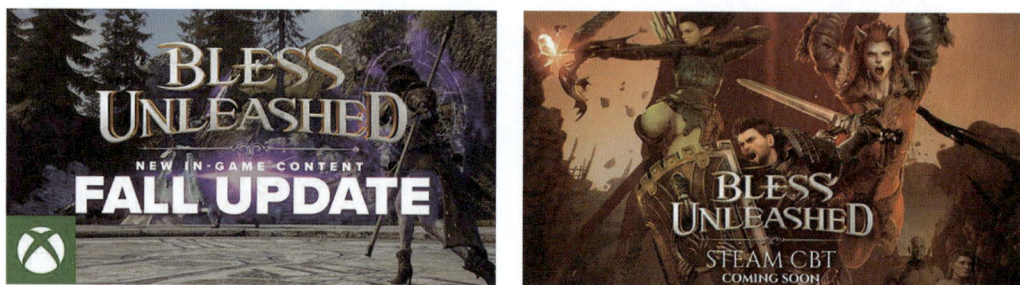

图6–21　PC 版 Bless Unleashed、电玩版《神佑：释放》（*Bless*）海报

该游戏使用虚幻4引擎开发，具备顶级的游戏画面，和以连击和躲避为基础的华丽战斗。其中，虚幻4引擎（Unreal Engine 4）是一个以"所见即所得"为设计理念的操作工具，内容制作方法和编程开发方式更简单，操作方式更快捷，可以很好地弥补在3D Studio Max和Maya中无法实现创作内容的问题。在可视化的编辑窗口中，游戏开发人员可以直接对游戏中角色、NPC、物品道具、AI的路点及光源进行自由摆放和属性控制，并实时渲染带有动态的光影效果。虚拟4引擎可以很好地运用到游戏开发，赋予开发商更强的能力，其所属Epic Games公司❷，该引擎一经面世就有大量的游戏工作室使用其进行游戏开发，如游戏《绝地求生：刺激战场》（图6–22）。

图6–22　《绝地求生：刺激战场》海报及游戏场景

（2）控制台游戏。控制台游戏（Console Game），主要指大多数家用游戏机，也可

---

❶ 彭燕来.NEOWIZ将推出多款PC游戏新作[J].计算机与网络，2020，46(20):21.
❷ Epic Games是一家美国电子游戏与软件开发公司，前身为Epic Mega Games，于1991年在美国马里兰州罗克维尔成立，开发出诸如《战争机器》(Gears of War)系列、《堡垒之夜》等游戏。

简称为"单机"。在国外被称为Console，控制台游戏特点是以游戏主机为搭载游戏运行平台，通过平台特点和性能，再由游戏软件供应商来开发游戏软件，是典型的游戏硬件软件分离式的游戏方式。一般游戏控制台也是专门为游戏而设计的一台计算机，这台计算机有专门搭载游戏软件的方式。从发展历程上来说，从插卡到光驱再到现在的硬盘存储，都是控制台游戏的主要搭载模式。控制台的设计是专门为运行游戏而来，那么控制台就在CPU、内存、图形设备、声音设备和输入输出设备上为游戏而全力打造，而且控制台的这些硬件设备是量身定制，集成度高，并不能像PC机那样随时更新升级某个部件。可以说控制台类游戏应该是由游戏控制台和高清电视机再搭载游戏软件组成，这类游戏是高端高品质游戏的主要诞生地。

例如，微软于2020年推出的第四代Xbox游戏机（图6-23），这一代Xbox主机分为Xbox Series X和Xbox Series S两款产品，为核心游戏玩家与轻量级游戏玩家提供了不同的选择。第四代Xbox主机拥有大量的新特性，可变速率着色（VRS）、光线追踪、动态延迟输入（DLI）等技术都运用在其中，可以给游戏玩家带来全新的游戏体验。Xbox Series X将会有完整的性能释放，适合核心游戏玩家，而Xbox Series S则性能稍弱，但是拥有更小的体积，适合轻量级游戏玩家。

图 6-23　Xbox Series X 和 Xbox Series S

不同于PC，游戏主机是一个各类硬件高度集成，为了游戏而打造的电子产品，游戏玩家可以用低于PC的价格去购买游戏主机，获得沉浸的游戏体验。自第一台全数字游戏主机Xbox Oone S数字版发售以后，Xbox游戏通行证服务的用户增多，游戏玩家只需花费较低的价格订阅XGP服务，就可以畅玩上百款游戏。无论是想要以较低预算体验次时代游戏的玩家，还是只有2K显示设备的玩家，XSS降低了游戏门槛，小巧的造型便于摆放与携带❶。

---

❶ JEFFREY.麻雀虽小 五脏俱全 史上最小的Xbox主机XSS[J].家庭影院技术, 2020, 273(10):110-111.

（3）街机游戏。街机是置于公共娱乐场所的经营性专用游戏机。自1971年麻省理工学院学生诺兰·布施内尔（Nolan Bushnell）设计了世界上第一个业务用游戏机开始，街机这一名词开始出现❶。随着计算机技术的发展，PC游戏、手游、电视游戏等多样游戏形式不断涌现，新兴的游戏方式冲击着街机游戏市场，而街机游戏的临场感、操控感以及体验感是PC游戏、手游以及电视游戏等形式无法比拟的，这类游戏已逐渐发展成一种竞技性和娱乐性非常高的游戏种类。

街机游戏机也可以分成硬件和软件，当时软件和硬件发展都没达到很高的水平。为了得到比家用机更好的游戏效果，专门设计制作出成本更高容量更大的游戏机，现在在游戏厅更为常见。街机游戏机软件和硬件也是分离的，只不过当时的游戏软件要比家用机的复杂得多，并不是一个小型卡带就能解决的东西，其用盈利的模式也不是靠销售主机和游戏软件，对比TV主机，最大的优势就是临场感，让玩家花较少的钱在短时间内感受到比家用机更高的游戏体验。其中《魂斗罗》《音速超人》等都是经典的街机游戏。

《魂斗罗》（Contra）（图6-24）是KONAMI❷于1987年推出的一系列卷轴射击类单机游戏，最初诞生在街机上，后来移植到其他平台。游戏背景是发生在公元2631年，一颗陨石坠落在新西兰附近的Galuga群岛，两年以后，海军总部得到消息说一个叫作"红隼"的武装组织开始把该群岛地区修建成一个发动异型侵略战争的基地，Contra成员比尔·雷泽（Bill Rizer）和兰斯·比恩（Lance Bean）被送去破坏对方的计划。

图6-24　《魂斗罗》（Contra）游戏界面

《音速超人》（图6-25）是一款来自街机平台的横版动作游戏，讲述由于地球被外

❶ 邓增强,朱铮涛,龙诗军.3D街机游戏系统研究与应用[J].电脑知识与技术,2017,13(3):202-205.
❷ KONAMI（科乐美）是日本最具影响力的游戏软件商之一，KONAMI这一名称来自KOuzuk（上月）、NAkama（仲真）、Matsuda（松田）和Ishihara（石原），自1969年创办，在20世纪80年代末90年代初兴起，主要依靠大量FC游戏软件以及一大批制作精良的街机游戏。经过多年的发展，KONAMI已经成长为一家全球知名的国际娱乐企业，主要从事家用娱乐软件产品、在线游戏及其他电子娱乐产品的制造及销售。

星人入侵，从而逼迫一直低调的特异功能人士现身，来守候人类共同的家园。游戏的画面采用了日式卡通风格，并充斥着相当强的重金属打击感，其更受男性玩家的欢迎，而游戏在玩法上采用易上手的操作方式，玩家只需控制攻击、跳跃和移动，便可顺利完成游戏，游戏战斗中提供招数与道具种类也相当丰富。

图6-25 《音速超人》游戏界面

（4）掌机游戏。掌上游戏机，简称掌机，是指便携类小型游戏机，其特点是便于携带，可以在任何时间地点使用。最早的掌机游戏可追溯到任天堂的Gameboy系列。掌机游戏早期特点是简单明快，以休闲游戏为主。此类游戏的主要目的是给在闲暇时无事可做的人以短暂有趣的游戏体验；现代游戏掌机PSV和3DS上也开始移植高端的视频游戏，虽然还不能完全跟真正的视频游戏相比较，但画面效果和游戏性也都并不逊色多少。

例如，Nintendo Switch游戏机，简称NS，是日本任天堂公司出品的电子游戏机（图6-26）。其拥有可拆卸控制器和可分离式主机，游戏载体使用了专用卡带，主机处理器使用了英伟达定制的Tegra X1系统芯片，这是任天堂首次采用英伟达的系统芯片。

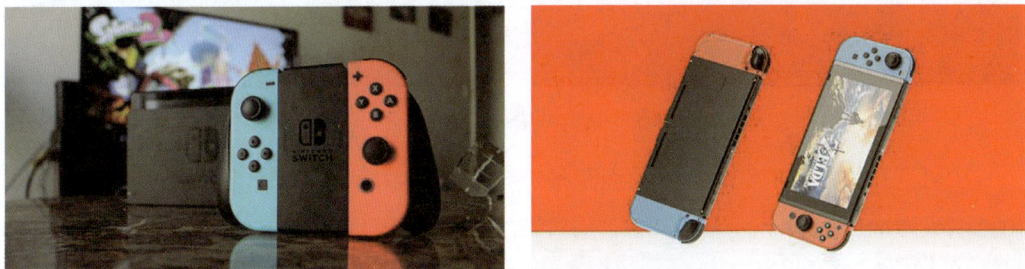

图6-26 Nintendo Switch 游戏机

Nintendo Switch游戏机最大的特征就是同时具备携带和家用两种特性，同时有针对手柄控制器进行模块化设计的全新形态游戏主机。家用机和携带掌机一直是支撑任天堂经营业绩的两大支柱，NS等同于将过去的两条产品线合二为一，对任天堂来说不再有主机和掌机两条产品线，对开发者来说可以摆脱双线奋战的困扰，更专注开发游戏。Switch上最具代表性的游戏之一是任天堂开发的《塞尔达传说：旷野之息》。

（5）手机游戏。手机游戏就是在手机上运行的游戏。手机游戏和前面的掌机游戏有一定的相似度，都便于携带，游戏方式和种类也有很多相同之处，但其发展历史和搭载平台有着本质区别，掌机游戏是专为游戏而设计的便携式游戏机，而手机是从家用电话发展而来，随着硬件的发展，智能手机越来越高端，才使手机上的游戏得到了发展的空间，手机终端是近年游戏产业主要的发展市场。

我国游戏产业正在朝着自主研发的方向发展，近年来中国移动游戏市场在多个方面都有创新突破，包括付费模式、承载终端、社交链条、运营模式等，其手机游戏发展的市场前景无法估量。例如，《原神》是米哈游的一款开放世界游戏（图6-27），2020年10月公测后，获得全球多国应用商店畅销榜第一名。《原神》的用户构成，一是圈内米哈游固有粉丝；二是泛圈层内多样化选择较少的用户；三是大众圈层内被热度和新鲜感卷进来的玩家。如果跨品类对比，《原神》具备太多竞争优势，如有些游戏氪金逻辑单一，上限明显，有些游戏一套装备几万元。《原神》中一个较贵的角色要几千块，也可免费玩较多角色、装备等。对没有接触过开放世界品类的传统用户而言，《原神》设计上的弊端和不合理之处都不会被感知到，这便是《原神》找到的游戏中的蓝海。

图6-27 《原神》游戏界面

在初见开放世界的红利上，大面积推广与产品美术表现的组合，带来的是在短时间内可以极强地占据玩家的认知，随之是对游戏习惯的长期绑定。如果说抖音是利用碎片时间抢占用户娱乐时间，《原神》便是全方位式抢断用户游戏时间。

同时在手机移动端的冲击下，H5游戏开始流行，H5游戏保留了PC页游的核心内容，又做了移动端的适配和交互简化，入口便捷且免下载。

例如，里约奥运会期间，网易推出的H5动作类游戏《泳池大乱斗》（图6-28）。

网易将在这届奥运会上火爆了的泳队和跳水队神将"3米板霞姐""水上射手""SWIM""包子"和童年回忆格斗游戏相结合，制作出这款纯手绘格斗游戏《泳池大乱斗》。游戏有四种角色，每个角色拥有不同的技能。在开始时只有一种角色可供玩家选择，其他三种角色需解锁。有两种解锁方式，第一个是一键解锁（下载网易新闻App）；第二个是每回合击败对手后，即可解锁新角色，全部通关后即可进入风云排行榜●。《泳池大乱斗》在设计上属于纯手绘风格，2D游戏经典界面，极易将玩家带回到童年时代，增加游戏与玩家之间的黏性。

图6-28 《泳池大乱斗》游戏界面

二、游戏开发

对于游戏产业而言，想将玩家的兴趣激发出来，让他们拥有较高的游戏体验度，就需有所创新。游戏主要创意环节为游戏策划与开发，从整体设计游戏规划、游戏内容、应用数字媒体技术进行游戏整体开发。

游戏策划的过程主要包含了以下几点：第一，对游戏的整体展开策划，必须要做好整体设计与规划，展开整体管理，规定其概念，从而保证游戏可以整体发展及运用，游戏整体策划属于游戏管理的必要条件。第二，策划游戏的系统，一般来说，设计整个游戏的规则也就是系统策划，主要包含两点，编写相关系统规则和设计相关程序。我国对游戏策划另一种叫法就是平衡性设计，即调控数值，平衡各方规则，保证游戏可以正常运行。第三，策划游戏剧情与关卡，要想确保游戏的正常运行，必须要合理地设置关卡和剧情，游戏策划在编排游戏的发展与进度时，要设定好整个流程和关卡，并把握关卡难易度。第四，策划脚本，在游戏策划中这也是非常重要的环节，这项工作对游戏技术程序员的要求比较高，需要较强的专业能力。

在进行游戏策划时应考虑到游戏的可玩性和娱乐性。要想增强游戏的可玩性和娱乐

● H5案例分享.网易新闻：泳池大乱斗[EB/OL].（2016-8-17）[2022-08-23]. https://www.h5anli.com/cases/201608/wydaluandou.html.

性，就要调整游戏的平衡，设置合理的关卡，让玩家在升级的过程中体会到相应的乐趣。同时，在游戏的设计与开发过程中，要充分考虑游戏的平衡性。前期在宏观设计游戏时要考虑其感、观、用的平衡性，后期在测试数据时也要细微地调整其平衡性。在游戏开发的各个关卡环节中也应该考虑其平衡性，在设计游戏的初期，设计者必须遵守基本平衡性设计原理，在此基础上不断扩展和延伸。在之后的制作过程中，也需要不断地修改细节，完善游戏感观及界面使用功能，不断测试游戏的出错率，让游戏更加完美。

游戏中平衡的基本理论，要求我们在游戏设计初期应该做好基础工作，包含对于玩家与玩家之间的平衡，如果一个游戏中的角色所掌握的技能总是优于其他玩家，其他玩家不管怎样升级都不可能打败此玩家，那么这个游戏就是不平衡的，这个游戏的胜利永远只属于一方。在大多数游戏设计的过程中，设计师的游戏设计目标都是将安排事物的平衡性体现出来，从而赢取技能，很多关卡都需要靠运气，设计师必须要注意游戏之间的平衡❶。

游戏策划也要兼顾用户游戏体验性：第一，美感（aesthetics）：指用户对产品的美学感知，是用户在产品上通过感知器官从产品使用中获得的愉悦感，包括了一般意义上的美感和经典美学中清晰和对称等美的概念。第二，情感（emotion）：情感体验是用户体验的关键要素之一，包括了情绪和被唤醒的情感。另外，也有研究者将对自身能力的满足感也被归于这一维度。第三，刺激感（stimulation）：指产品在多大程度上能够满足用户对新奇、趣味、交互和内容的需求。第四，认同感（identification）：指用户在多大程度上认同游戏产品的理念及角色设定和界面设计风格是自身（生活）的一部分。使用或者拥有某个产品是用户达到某种预期形象的一种方式❷。

如2016年在美国及澳洲发布的Pokemon Go（图6-29），一时之间刮起了"全民抓精灵"的风潮，它刷新了游戏最快登顶美国区iOS和Google Play畅销榜的纪录，但一年后游戏活跃用户数骤降90%。2017年Pokemon Go做了多方面更新，首先加快了"精灵池"增加的速度，起到了一定的吸引玩家的效果。真正拉动玩家的是"传说中的宝可梦"（Legendary Pokemon）活动，指"神兽副本"，允许玩家捕获相关的传说精灵。除了允许玩家捕捉更多精灵之外，游戏还在其他系统层面做了大量更新：天气系统、服装系统、AR+系统等。游戏中将天气与精灵的出现，以及属性的强度相互"挂钩"，使天气成为玩家最关心的因素之一，极大地激发玩家游戏的积极性。

❶ 陈浩.游戏策划理论及方法研究与实现[J].卫星电视与宽带多媒体, 2020(2):205-206.
❷ IvanMu.游戏用户研究-方法及应用简介[EB/OL].（2017-09-04）[2022-08-23]. https://www.jianshu.com/p/5efd8a67cc51.

图 6-29 *Pokemon Go* 海报及游戏界面

《王者荣耀》于2015年11月26日在国内Android、iOS平台上正式公测，是由腾讯游戏天美工作室群开发并运行的一款MOBA（多人在线战术竞技游戏）类国产手游，游戏前期使用名称有《英雄战迹》《王者联盟》。《王者荣耀》的欧美版本名为《传说对决》（*Arena Of Valor*），于2018年在任天堂Switch平台发售。2014年，腾讯将"琳琅天上""卧龙""天美艺游"三个工作室，重组成为"天美工作室"。经过一年左右的研发，手游《英雄战迹》上线内测。几经更名，这款MOBA类对战手游最终定名为《王者荣耀》（图6-30）。在游戏设计之初，《王者荣耀》是一款快节奏1V1、3V3的MOBA游戏。

图 6-30 《王者荣耀》海报及游戏界面

现今大多数最新的游戏研发中，视觉艺术也成为游戏制作人和广大游戏玩家所研究和关注的重点，一款游戏的成功与否，艺术表现力起到了至关重要的作用。其中游戏的场景制作便是游戏中至关重要的一环，因为在玩家视觉所能看到的90%以上的内容都在游戏场景制作范畴内，游戏的剧情、角色的载体、游戏的玩法、任务的进行、关卡的设计等游戏相关的娱乐内容都是需要在游戏的场景中进行的。游戏场景的制作流程也是极为复杂的，在整个游戏团队中需要与各个部门、各个学科的专业技术人员相互配合，共同完成游戏场景的制作。一款成功的游戏不能缺少优秀的场景制作人员的努力，一个好的场景不是单凭某个程序员、地编人员、策划人员或物件制作人员来实现，场景的制作是一个研发团队综合能力的体现。在游戏中，数字技术为优质的场景提供了强有力的支持，可以让人有身临其境的感觉，包括各种光源、各个物体的材质、地形地貌、天空、人物模型、背景音乐、技能特效、音效、交互模式、过场动画等。

数字媒体技术为游戏的发展与创新提供技术和理论支持，新数字媒体技术的发展，为游戏开发团队在实际研发中遇到难题提供了解决问题的方法，很多新技术让游戏更加真实，代入感更强烈，游戏的开发有了更多新方向。

三、游戏运营

我国的网络游戏产业环境十分复杂，但具体已形成三个层面。第一层面即处于产业链前端的网络游戏制造公司或者叫作游戏开发商。处于中间层面的是网络游戏代理运营公司即游戏运营商。处于产业链末端的是网络游戏的用户，他们是整个产业链的价值源泉。其他参与企业则都属于辅链部分。从游戏运营的商业模式流程图（图6-31）中我们也可以明显地认识到，处于产业链中端的网络游戏运营商在产业链价值的传递、实现过程中的作用十分复杂且重要，起到桥梁或"路由器"的作用。在网络游戏产业前、后端的各商户之间存在着相互合作和制约的关系。在整个产业链中，越接近末端的环节就越处于下游，越远离客户的就越处于上游，它们之间相互依赖、拉动和制约。

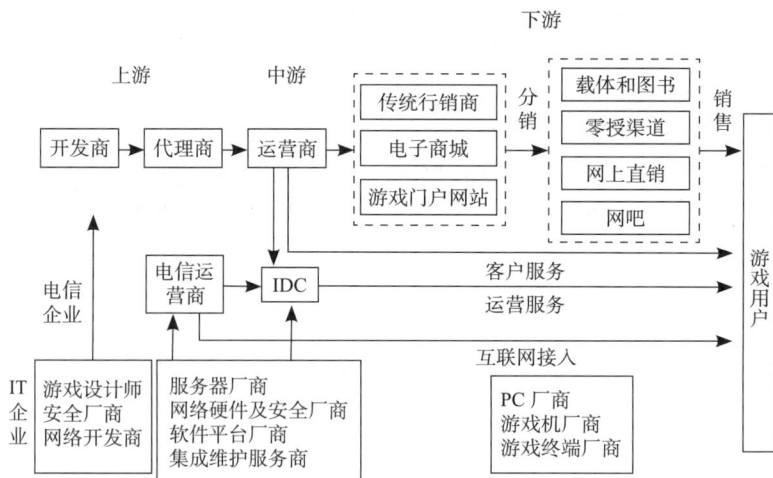

图6-31 游戏运营的商业模式

产业链是由建立在产业内部分工和供需关系基础上的价值环节构成，以若干个企业节点为形式，纵横交织而成的网络状系统。经过近十年的发展，目前我国网络游戏产业已经进入了一个较为稳定成熟的发展阶段，并且逐渐形成了较为完整的产业链。产业链上的各环节之间都存在以某种适当的方式形成合作关系，当然各环节之间也有相互掣肘的关系，以无边界整合的战略眼光来指导自己的运营模式。这样产业链中不同行业的公司也可以运用创新运营模式来组成合作共赢的整体。同时，网络游戏运营商的商业模式对于整个游戏产业链的形成、发展和完善具有至关重要的作用。打造良性运转的、完善的游戏运营模式可以促使整个产业链优化整合，这使产业运转更为顺畅，同时加速形成规模效应。

一般的游戏运营模式是将一款游戏平台推入市场，通过对平台的运作，使用户从接触、认识，再到了解实际线上的一种操作，最终成为这款游戏平台的忠实玩家的这一过程。再通过一系列的营销手段达到提高线上人数，刺激消费增长利润等目的。对游戏运营影响比较集中深远的因素有传统行销商、电子商城、网上营销、零售渠道等，统称为游戏营销；互联网接入、运营服务统称为网络管理；再者就是客户服务。

游戏营销，是指对一款游戏通过媒体展开行销活动，目的是吸引更多的玩家和商家。建立在互联网上的网络销售平台使主动营销能够轻易实现，使网络运营公司能够在较低的投入条件下，获得较高的信息传播效果。

网络管理，是指游戏运营商为提高服务质量，达到更快的网络传输速度与最大限度的用户承载能力而投入的经营与管理。主要工作是在各地架设网络服务器，由数据中心统一进行管理，也就是实现运营商的集中管理来满足各地的分散需求，具体包括服务器架设地点与数量的选择、安全性的保障、系统维护等[1]。

客户服务，是指为保证顾客对游戏的忠诚度而开展的一系列交互活动。包括用户订单的查询，关于游戏使用的解释，关于促销活动的咨询，甚至包括发票收据、留言、退款等细节的要求，当然也包括投诉[2]。游戏运营是一个复杂的工作，运营一款游戏包括十二大要素：

1. 游戏环境 服务器、客户端、网络是组成网络游戏环境的三大要素。服务器通常包括有PASSPORT服务器、账号服务器、角色数据服务器、大区服务器、WORLD服务器、游戏服务器等，运行相关的程序与数据库。

2. 官网 游戏官网是运营商面对玩家的最主要渠道，同时承载了新闻发布、内容提供、互动等多种功能。从架构上可分为官网、论坛两个部分，二者相辅相成。官网主要承担发布与提供的功能，论坛主要承担玩家互动功能，如《王者荣耀》的官网及论坛，可从中查看、了解关于游戏运营最新消息（图6-32）。

---

[1] 陈湘.网络游戏运营价值的优化模型[J].价值工程，2008(8):63-64.
[2] 李阳.我国网络游戏市场研究[J].合作经济与科技，2005(23):7-8.

图6-32　《王者荣耀》官网及论坛

3. 软文　软文从内容上分为新闻、公告、攻略三个部分。依据发布渠道分为官网软文、网媒软文以及平媒软文。官网软文发布在官方网站，主要针对的是现有玩家，偏重于内容的实效性；网媒软文发布在网络媒体，如网络媒体17173（图6-33），面对的是玩家大众，同样偏重于实效性；平媒软件主要发布在报纸与杂志上，游戏类的平媒一般没有日报，而杂志更是双月刊或者月刊，因此平媒的软文注重的是内容性，以攻略类的文章为主。

图6-33　17173网络媒体软文

4. 媒体宣传　简单地说就是广告投放，还有媒体活动、媒体关系等内容。从发布渠道上来分，可分为网媒广告、平媒广告、电视广告、公众广告等，网媒广告即在各网络媒体、官网、软件等渠道投放的广告；平媒广告即发布在报纸杂志的广告。网络游戏的电视广告在国内少有普及，如《征途》的电视广告；以及公众广告，车身、站牌、地铁广告牌等，基本来说就是公众视野内可见的广告，如《明日方舟》地铁广告牌（图6-34）。此外，通过EMAIL发送EDM，也可以算是广告的一种方式。

5. 线上活动与线下活动　线上活动即在游戏中进行的活动，从形式上分为问答式、采集式、任务式和互动式等；不在游戏内进行的游戏活动都称为线下活动，活动方式多种多样，如网吧可举行地区比赛、玩家聚会或者是进行促销活动等。例如，《王者荣耀》线下举办的《王者荣耀》官方顶级职业联赛KPL（图6-35），由腾讯互动娱乐主办，

VSPN❶承办，首届举办于2016年9月。其比赛共分为春季赛和夏季赛（原秋季赛）两个赛季，每个赛季又分为常规赛、季后赛及总决赛三部分，采取东西部分区赛制，赛区间对抗则采用单循环赛制。《王者荣耀》职业联赛KPL活动的举办，是《王者荣耀》职业化的起点，标志着移动电竞正式入局电竞市场。经过2016年、2017年、2018年三年的时间，2019年"《王者荣耀》职业联赛"正式更名为"《王者荣耀》世界冠军杯"。如今的KPL，每场比赛现场俨然成了电竞里的娱乐圈，尖叫声、台下的灯牌以及台上的战队选手，都是成功的营销。KPL在2018年也取得"年度最具影响力移动赛事平台奖"和"2018中国十大热门体育赛事"荣誉。KPL的快速发展，使《王者荣耀》已然不是单纯的手机游戏，更是存在于多个领域的文化现象，其将游戏运营效果最大化。

图6-34 《征途》电视广告、《明日方舟》地铁广告

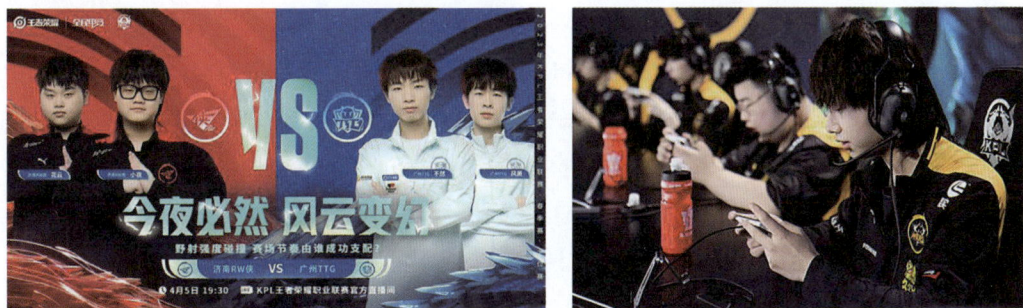

图6-35 KPL海报及比赛现场

6. **地推** 地推分为推广员、推荐系统和分区运营三大类。推广员主要通过海报、客户端、游戏桌面、周边品赠送、传单、网吧和校园等进行推广活动；推荐系统是近几年

❶ 英雄体育VSPN成立于2016年，以电竞赛事和泛娱乐内容制作运营为核心，提供电竞商业化、电竞电视、VSPN+等综合服务，致力于构建全球可持续发展的电竞生态圈，为全球电竞爱好者提供全新电竞文化体验和生活方式。VSPN核心团队主导并成功承办或举办了雅加达亚运会、PUBG、英雄联盟等知名竞技游戏的一系列官方、顶级、职业赛事。

较流行的一种方式，简单地说推荐系统就是玩家间的游戏推荐，通过游戏内的奖励来刺激玩家与玩家之间的推荐；分区运营，主要集中在二、三线的游戏运营商。

7. 客服　通常分为电话客服、论坛客服与线上GM，承担线上管理工作，包括禁言、封号和活动执行等。例如，网易游戏客服开放了客服专区、游戏精灵、在线帮助中心、接待中心等，为玩家提供全方位的服务。

客服专区：以自助、便捷的服务特色为特点，为玩家架构一条畅通无阻的绿色服务通道呼叫中心，客服专注为玩家解决每一个问题；游戏精灵：是网易游戏客服首推的特色服务，以活泼可爱的精灵形象和个性有趣的回复方式，受到广大玩家的喜爱和好评；在线帮助中心：是网易游戏客服的特色服务，玩家通过在线帮助中心可直接向在线GM提出疑问、举报非法等，通过在线帮助中心，在线GM可以快速解决玩家问题、维护良好的游戏秩序；接待中心：网易游戏客服可受理玩家游戏账号问题与解决游戏问题。

8. 渠道　主要分为实体卡渠道、虚拟卡渠道及电信增值业务三种。大型网络游戏运营公司都会构建自己的实体卡渠道，如网易、盛大、金山、网龙等，其中盛大是通过对传统渠道的突破，为《传奇》的成功奠定了基础。中型及小型的运营公司，则通过与大型渠道商合作达到渠道的铺货，如国内的骏网、连邦等。虚拟卡渠道则主要是通过售卡平台来实现，国内的虚拟卡销售平台较多，如骏网、云网、天下、51卡和淘宝等。电信增值则是通过与电信、网通、移动、联通等电信商合作，利用电话、短信等方式实现购卡。

9. 数据分析　在游戏运营中，数据分析必不可少，通过数据分析才能了解游戏运营现状，分析玩家需求，提供玩家所需商品，如ARPU、ACU、PCU、销售额等，以及玩家等级分布、游戏内金价、市场金价、月消费、活动数据等。

10. 产品规划　规划内容主要包括系统与消费，系统是指游戏内的系统，如赠点商城、师徒系统等，消费则主要是游戏内收费道具，及各种促销包的设计。

11. 异业合作　异业合作的方式多样，合作行业也很多，但以网站和快消行业为主，如饮料、方便面、零食等，一般依游戏运营的需要进行选择。常见的合作方式有：网站会员导入、饮料或方便面包装上加印游戏人物及新手卡号或抽奖、游戏形象授权制作游戏周边、资源交换等（图6-36）。

12. 策略结盟　属于运营的高级阶段，要求游戏产品与结盟产品处于基本相同的认知度，并且用户群有交集，在双方产品的行销、运营等各个环节互为推动，以此达到在用户、收益、知名度双方均共赢的目的。

例如，肯德基与《神武3》在广州推出的游戏主题店以及主题套餐，浓浓的二次元武侠元素更显匠心。以"新学期选修《神武3》"为主题、游戏人物角色为模型，将流行于校园的座位表中学霸、学神的区域分布图概念引入到设计中来，生动形象又颇具创造力地表现主题思想。通过游戏人物角色窗贴、耳熟能详的游戏地名标识，将虚幻神武游戏世界移植到现实空间，让更多的人感受到《神武3》特色游戏文化（图6-37）。

图 6-36　包装加印动漫游戏人物

图 6-37　肯德基与《神武3》游戏主题店室内场景

精心打造极致感官体验、营造"家"的氛围，打造真实虚拟世界，营造线下聚会新基地。线上、线下双向推动，参加活动获赠限量版珍藏闪卡、定制大礼包、代金券以及定制道具等多重好礼，同时配上开学季的主题氛围，备受学生们的青睐❶。

运营一款游戏，以上十二项中的前十项缺一不可，如果将游戏策划比喻为游戏的灵魂，那么产品策划就是游戏的大脑，只有大脑和灵魂相识理解，达到统一，才能使该款游戏在市场的大浪里经久不衰。

从游戏运营模式上可分为自主运营、联合运营、授权运营三方面。自主运营，是指公司不依赖其他游戏运营企业，独立运营自主研发产品的一种经营模式。在自主运营模式下，公司负责产品的研发、发布和版本更新，同时为游戏玩家提供云服务器和运营服务，玩家的充值通过支付宝等支付渠道直接流向公司。联合运营，是指公司与其他游戏

---

❶ 厂商.新晋网红店！《神武3》肯德基主题店背后的故事[EB/OL].（2018-03-15）[2022-08-23].https://www.juxia.com/sjwy/news-52973.html.

运营企业共同运营本公司游戏的一种模式，联合运营商通常为App应用商店的运营方，拥有一定的客户资源，如苹果公司和腾讯公司。通常在联合运营模式下，公司与联合运营商共同运营游戏，公司负责游戏产品的研发和版本更新，同时为游戏玩家提供云服务器和运营服务，联合运营商负责发布公司的产品和收取玩家的充值款，公司与联合运营商对账后，联合运营商按照协议将分成款支付给公司。授权运营，是指公司授权其他游戏运营企业在一定区域范围内运营本公司游戏的一种模式。通常在授权运营模式下，公司为游戏开发商，主要负责产品研发和版本更新，其他事宜由授权运营商负责，公司与授权运营商对账后，授权运营商按照协议将分成款支付给公司。

第四节　数字媒体环境下游戏制作的新困境

随着计算机时代和媒体时代的到来，游戏的开发与设计不断呈现多元化，数字媒体游戏不断带给人们新鲜感。同时，科学技术、网络的发展给游戏带来了巨大的便利条件，使其呈现出新的发展趋势。

基于我国存在着人口众多并且对游戏的需求日渐增加的趋势，我国对游戏产业的发展及在生活中的融入是非常重视的，这不仅能够为国家产生效益，而且能够在日常生产生活中扮演调剂者的角色，起到中和生活与工作、现实与虚拟的作用。游戏能够缓解人们的压力，丰富人们的生活，让人们在游戏中发现乐趣，放松精神。同时数字媒体游戏也呈现新的发展问题，需要我们不断努力创新。

一、游戏发展中的问题

1. 游戏开发技术水平有待提高　技术是网游开发企业生存的根本，是游戏创作的基础，对于游戏制作的质量有很大影响。面临创新问题，许多人把技术与创新混为一谈。创新是模式创新，也可以模糊地称为创意。技术上有创新，模式上也有创新，这里单指的是模式创新、产品创意。技术从企业的角度来看，好比是生存的命脉。一款游戏产品需要技术呈现出来，只有技术才能将产品从无到有。

特别是在游戏运营中，技术的缺乏很容易导致一款产品出现众多的问题，也会因为技术不过关导致外挂、私服等。有了技术，这些问题迎刃而解。也正是如此，技术型人才在网络企业中很受重视，他们的存在无疑是给游戏企业增加了一道安全的屏障。而造成这些问题的一个很重要原因就是人才的不稳定，研发人才的离职原因中，薪资问题排到了第一位，也从侧面反映出这个行业目前的一丝浮躁。而在现阶段我国的游戏开发技术水平一直处在发展阶段，一定程度上制约了游戏设计的发展进程，游戏的质量也迟迟得不到提高，与先进国家的科技水平相比还存在一定的差距，不利于我国游戏产业的进一步发展。

2. 国产游戏行业整体创新意识匮乏 一款完美的游戏产品离不开创意，没有创意的产品便没有灵魂，因此用户在选择产品时不会被本质上一样的产品所打动，更会因为产品后劲不足而造成用户的流失。国内游戏普遍缺乏自主创新的能力，产品长期单调乏味。同质化产品首先对用户没有吸引力，没有进驻游戏的冲动。在游戏设计上往往都会跟着市场中的流行趋势，永远都是追随其后，市场占有份额都是剩下的小部分，企业规模也因此无法做大。

在国产游戏发展的早期曾有过一段比较辉煌的时期，但由于《血狮》的失败和盗版游戏的冲击，几乎所有游戏公司都走向了代理游戏的道路，直到近几年这种情况才出现扭转，国产游戏开始如雨后春笋般冒出。但总体而言，国产游戏普遍缺乏一定的创新意识，市面上存在许多品质低劣与抄袭的游戏。游戏企业如果想做大就必须拥有好的产品创意，给予企业翻天覆地的变化，甚至为游戏市场带来一次新的革新。

3. 游戏市场人才短缺 对于这个不断发展的社会，科学技术的不断提升，人们生活水平的提高，人们对游戏要求也在不断提升。传统的理念束缚着游戏领域专业人才的思想，认识不到数字媒体游戏制作所带来的效益。数字媒体发展领域中需要大量具有专业能力的人才，在游戏设计、制作领域对人才的要求标准更高。目前我国在游戏领域的人才还存在大量的空缺，导致我国游戏产业一直居于落后的地位。没有足够的专业人才是我国游戏领域最大的困难之一。就目前来说，即使出现产业繁荣也只是暂时性的。人才缺失的问题是我国动漫产业致命的缺口，制约了我国游戏产业的发展，因此若想加快游戏领域的发展就要不断引进具有专业素质的人才。这些人才不仅要懂得如何设计游戏，还要懂得如何将游戏深入人们的内心，也可以创造出世界顶尖的游戏。然而当前的游戏领域不仅缺少高素质人才，也缺少高素质的教师队伍。这说明我国游戏产业处于弱势状态，亟待发展。

纵观我国游戏设计发展历程，可发现缺少必要的专项人员和技术人员，很多人员技术达不到国际水平，很难设计出有卖点的游戏，导致我国游戏制作程序与研发水平得不到有效提高。同时，游戏产业链的发展不尽如人意，这也阻碍了我国游戏产业的发展进程，拉大我国游戏设计开发与世界先进国家的差距。因此想要促进我国游戏领域的不断发展，就要加强对该领域人才的培训，提升整体专业水平。

4. 游戏研发能力 游戏产业的不断发展，也使与之相对应的游戏设备与游戏技术不断趋于成熟，使玩家的体验感不断逼真化，因此玩家对游戏的要求也越来越高。这就意味着游戏的研发水平需要不断提升，媒体数字艺术游戏是游戏领域发展的目标。基于此，许多高技术、高水平、高触感的游戏不断出现在游戏市场上。虽然技术水平有所提高，但是游戏领域存在许多问题。硬件与设施的更新水平不平衡，许多游戏玩家设备不新，无法运行高端的游戏，这就使高端的游戏在开发运行中需要不同的媒介才能达到数字媒体艺术的效果，进一步导致许多游戏玩家拒绝使用不同的媒介，因此无法达到理想的效果。因此要加强技术水平设计，使玩家在使用较低性能设备的同时也能玩数字媒体高端游戏。只有这样才能达到数字媒体游戏最初的设定目标，达到令人满意的效果[1]。

二、数字媒体环境下游戏发展策略

首先，需要大力培养数字媒体专业人才，开展数字媒体教育教学。在新时代发展当中，游戏开发对于数字媒体技术的依赖性越来越强，对于数字媒体技术专业人才的需求也不断增多。因此，必须重视高等院校、职业院校对数字媒体技术人才的培养，将教育教学工作作为数字媒体行业提升的重要环节，为新数字媒体技术在游戏开发方面的运用，提供充足的人才保证。在学校游戏设计教学当中，通过数字多媒体进行游戏设计教学，在教学过程当中培养学生自主创新能力，营造良好的设计环境，激发学生的游戏创作欲望。例如，高等院校可开设数字媒体专业课程，开展数字媒体技术实践教学，树立先进的教学思想，正确认识数字媒体技术与游戏设计的关系，利用树立媒体这一崭新的科学技术为游戏设计注入活力，实现教育教学与游戏设计的"双赢"发展。为学生讲解数字媒体技术相关知识，让学生更加全面地认识到数字媒体技术的重要性，从而为游戏行业的发展提供更多的专业技术人才。

其次，加强对游戏领域的监督管理。我国游戏市场管理缺少法制性和规范性，不利于游戏产业的健康发展，很大程度上限制了我国游戏产业前进的步伐，导致我国游戏发展水平得不到有效提高。因此，我国应在短时间内加强游戏产业监督与管理，形成规范化的游戏发展制度、优质化的游戏发展环境，引导儿童、少年、成人以端正的心态看待游戏与生活、学习之间的关系。保证游戏产业顺利发展，走上健康、可持续发展的道路，建立游戏市场的稳定消费者群体。

再次，反思归纳游戏发展问题。数字媒体与游戏设计协同配合的过程中经常会遇到一系列问题，为了实现游戏设计与数字媒体双向发展，游戏设计人员在工作进程中需养

---

[1] 郑畅.基于新数字媒体技术下游戏的发展与创新思考[J].文化产业，2021(3):159-160.

成良好的工作习惯，时刻关注游戏设计与研发市场中存在的问题，不断解决游戏当中存在的问题，不断优化游戏的视觉体验，掌握世界范围内游戏设计的发展方向，在游戏设计的过程中以耐心、创新为原则，详细分析市场中存在的问题。另外，创作者在使用新媒体技术进行游戏制作时，还需要对反复出现的问题进行归纳，总结这些问题出现的原因，优化游戏的整体水平，提高游戏设计的科学性及合理性，让游戏用户能够有更好的游戏体验，让游戏制作水平得到有效提高，为游戏行业的发展提供有效的技术支持，实现游戏设计创新与健康发展[1]。

最后，当游戏设计人员在对游戏的画面或剧情构思时，需要以玩家为本，从玩家角度设计游戏，或做一些玩家的反响调查。基于这种条件的游戏制作肯定会赢得相当大一部分玩家的喜爱。游戏设计者的思维必须不断吸收新的思想，争取做到创新，走在时代发展的前沿，推陈出新，结果必将推动游戏产业走向新的辉煌。

数字媒体艺术对于游戏领域来说是一个崭新的面孔。当下如何将数字与媒体有效地结合起来，建立一个全新的游戏领域是目前所有游戏制作人员面临的巨大挑战。当今社会数字媒体技术已深入人心，尤其是在这个信息和互联网不断发展的时代，为人们的生活提供了许多便利。如今将数字媒体艺术应用在游戏领域，也将会成为游戏领域的一大亮点。计算机的发展通过不同的方式展现出不同的效果。艺术家将不断对艺术进行创作，影视领域的艺术家们也将使用其特点不断进行影视创作，将最美的效果展示给人们，达到理想效果，游戏领域也将展示出特有的艺术性，增强游戏的使用性能。数字媒体艺术发展尚不完善，还处于探索的阶段。要想形成成熟的理论系统，就要不断对其进行分析和探索，只有形成了一个逻辑完整的体系，才能促进数字媒体艺术在游戏领域的发展，从而不断提升游戏创作的水平。

新媒体环境下游戏领域的不断发展，使游戏领域的技术不断更新，意味着游戏领域将突破传统，开创出新的技能，同时我们还要认识到数字媒体艺术的双重性，尤其是在网络制作的过程中，注意网络的虚拟性，如何设计策划游戏能使玩家在游戏中区分虚拟与现实，这样不仅可以促进网络媒体艺术的健康发展，也有利于游戏玩家的健康发展。

目前，我国对新数字媒体技术的研究和应用暂时处在探索阶段。我们需要从游戏的诞生、发展、创新、应用等多个层次阶段来完善其发展，以弥补不足之处。总的来看，我们需要对新数字媒体技术进行更深入的研究和分析，充分发挥该技术在游戏行业的优势，从而推动新的数字媒体技术的发展，还可以进一步提高中国的游戏创作水平。伴随

---

[1] 王子歌.浅谈数字媒体艺术在游戏中的使用与创新[J].营销界，2021(3):82-83.

数字媒体技术的发展和创新，我国的游戏制作也迎来了新的发展机遇，数字媒体技术不断促进我国游戏领域的发展，使我国的游戏产业越走越远。

● 本章小结

本章主要探讨了数字媒体技术推动下的游戏策划与设计，包括游戏设计的特点、游戏策划的流程与特点、游戏开发与运营，以及数字媒体环境下游戏制作所面临的新困境。数字媒体技术的不断进步为游戏设计带来了更多的可能性，包括更逼真的图形和音效、更流畅的互动体验以及更广阔的游戏世界。我们主要讨论了游戏的分类、开发与运营模式，探讨了数字媒体环境下游戏制作所面临的新困境。这些知识将为我们在数字媒体艺术领域中进行游戏策划与设计提供宝贵的指导，并帮助我们创造出更具创意和影响力的游戏作品。

● 思考题

1. 请简述数字媒体技术推动下的游戏设计及特点。

2. 游戏策划的流程与特点是什么？

3. 请结合我国的现状探讨数字媒体环境下游戏制作的新困境。

第七章

"IP"经济模式下数字文化产品策划及设计

课程名称： "IP"经济模式下数字文化产品策划及设计

教学内容： "IP"时态下的数字文化产品特点

数字文化产品的用户

新媒体时期的文化创意产品创新传播方式

课程时数： 4课时

教学目的： 通过本课程的学习，要求学生达到以下要求和效果。

1. 了解"IP"时态下的数字文化产品特点。

2. 分析数字文化产品用户需求。

3. 了解新媒体时期的文化创意产品创新传播方式。

教学方法： 讨论法、讲授法、提问法、实践指导法

教学要求： 开放式的教学环境，以课程为中心，进行实践指导。

教学重点： 熟悉"IP"经济下数字文化产品特性之后，指导学生尝试构想策划方案与设计。

　　"IP"经济模式下的数字文化产品发挥着激活与传播中国传统文化的重要作用。IP（Intellectual Property）原义为知识产权，文化IP已经成为一种文化产品之间的连接融合，有着高辨识度、自带流量，是文化与创意相结合的外在体现，具有很强的长时间变现周期的文化符号。目前集中在影视、动漫、游戏、文学等相关产业。文化IP可以赋予项目的唯一性，该特点是项目生命力的源泉，亦是当前重塑文化产业发展格局的关键因素之一。本章从"IP"时态下的数字文化产品特点、数字文化产品的用户研究、新媒体时期的文化创意产品创新传播方式三个方面进行分析。

第一节　"IP"时态下的数字文化产品特点

　　IP，解释为知识产权，即"Intellectual Property"，指权利人对其创作的智力劳动成果所享有的财产权利。新媒体以及自媒体的出现，文化市场已成为大熔炉，各文化产品间相互融合，各种文化载体甚至扩大到一切娱乐形式都不是单独的个体，融会贯通，共同形成了娱乐文化产业生态链。文化IP因其核心本质和载体媒介吸引众多用户支持和传播，延伸至IP衍生品时同样具有巨大的发展潜力。因此，文化IP的载体形象塑造在产品设计中显得尤为重要。在对文化IP进行跨媒介领域推广过程中，消费者起到了决定性的作用。例如，故宫博物院的国家文物宝藏、经典语录构成的表情包形象（图7-1），《英雄联盟》手游类的顶级赛事，甚至夸张至极的语言动作都可以称为文化IP。

图 7-1　故宫博物院表情包

IP可以赋予品牌价值。首先，IP化可以通过形象、故事等方式传播自己品牌的价值主张，与消费者实现人格化的情感交流，拉近与消费者的情感距离。其次，IP作为引起消费者情感共鸣的消费者符号，也可以满足消费者的情感需求。最后，IP可以开拓扩张市场，提升商业价值，为品牌增值。

在网络时代，IP成为企业品牌提升的必然趋势。品牌IP的形成就是品牌IP化的过程。成功塑造一个承载着文化的IP形象，最重要的就是IP策划。IP策划主要分为精准定位、赋予IP人格化色彩和丰富传播渠道三个方面。

第一，精准定位。首先，应提升IP策划及传播力度，加强对IP形象塑造的重视程度。邀请专业人员，通过微博、抖音等新媒体渠道对IP进行传播，塑造良好角色形象。同时，相关工作人员应注意，IP内容不光要具备艺术情怀，以及善良、热爱、向上等优良品质，还要对表现形式进行创新，可以在其中加入趣味元素，使受众审美及情感需求得以满足。其次，可以开展IP体验活动，对信息技术进行充分利用。例如，创设动画形象免费体验的平台，吸引观众眼球，形成口碑效应，进而实现人际传播。再者，要注重IP的精准定位，品牌IP的定位意味着战略和方向，其本质是建立差异。在深入研究和挖掘IP文化资源的基础上，依据一定的IP定位原则，确立整体IP的核心特质。品牌IP的形成始于定位，对后续品牌IP化的设计有着重要的指引作用。例如，绍兴黄酒品牌IP建设地，首先对其进行定位，选取了"黄酒"二字，之后根据自身特色黄酒产业中的特色元素进行标识与辅助图形的设计。

第二，赋予IP人格化色彩。品牌IP的内核就是人格。IP一旦具有了人格，便意味着具备了众多拟人化的特质。要将品牌塑造成一个个性鲜明、富有吸引力的形象，它必然要有故事、原型、个性和调性等特征，然后再借助这些特征进行人物形象设计。人物形象是品牌中IP个性的视觉描述。因为人物形象能使IP更具形象化和生动化，所以很容易被社会大众接受。从精神感受的角度来看，比视觉表象和符号更容易诱发心情和感染力，而有趣的精神情感也需要借助可爱的艺术形象来体现。对IP的人格形象设计，需要对IP的视觉形象进行一系列的处理，包括文化的提取、一定的逻辑性设计和系统性的设计等。

另外，在对IP进行策划及传播时，在为其注册微博、抖音等过程中，要以人物口吻与观众进行沟通、交流；在事件活动中，要发挥人格化色彩与观众互动，使用户感觉IP是一个生动、形象、逼真的人物，能给人们带来惊喜和感动等情绪价值；在对品牌加以发掘与策划之时，就必须赋予品牌个性化，通过人格化演绎建立链接，使之成为一种精神符号。

第三，丰富传播渠道。传播是围绕着IP人格和形象展开创作并与用户进行交互的，这也是最终能够形成IP的关键。通过内容的创造，可以赋予IP更丰富的表现形式，体现IP的精神。内容创作完成后，首先，在利用传统媒体进行报道时，应具备趣味性特点，将IP的引领作用充分发挥出来。除此之外，还应将其具备的核心价值观念体现出来，为观众提供讨论话题。其次，利用新媒体进行策划传播，强化IP，提升宣传力度，建立一个可以与粉丝交流互动的共同创作平台，提高粉丝的忠诚度和黏性，或通过抖音、快手、微博等网络平台进行传播，通过短小精悍的视频填充观众的碎片时间，实现广泛传播，增强IP的影响力。

进行IP人格化的形象设计之后，面向更多不同情感需求的人，可以通过内容的宣传、教育产品的设计、文创设计等，增加IP形象的丰富度，使IP更具有辨识度。当品牌IP的传播成熟之后，可以采用跨界合作和延伸周边产品，或者与知名品牌合作进行传播。知名品牌与IP联合推广是较为常用的宣传方式，通过不同平台、不同文本类型开展活动，能够降低传播成本，实现双赢，提供给用户更多延续性的品牌体验，加深人们对品牌的印象。

近年来，互联网技术的发展也在社会生活的方方面面起到了极大的推动作用，许多依赖互联网平台的新型技术也在不断地发展与进步。其中，数字媒体技术便是非常重要的一项新型技术。相对于传统意义上的纸媒、电视、广播等媒介平台，数字媒体不仅在数据信息传输的速度、内容上实现了极大程度的提升，更是在媒体技术内容方面体现了更大的兼容性，充分利用各种文化元素进行创意设计，结合区块链、大数据、人工智能、5G通信等数字技术，实现文化产品的价值创新，并促使经济价值、艺术价值和社会价值等高度统一[1]。

数字媒体时代的到来，不仅是对传统媒体的传承，更是对新媒体内容以及形式的扩充与变革。数字媒体技术基于互联网的特性，在用户之间实现了更为良好的资源共享与信息传播，提升用户体验的同时，也带来了非常可观的经济效益。随着科学技术的不断发展，传统的传媒技术已经不再能满足人们日益增长的精神文化生活需求，数字媒体技术的发展为人们的生活带来了翻天覆地的变化，使人们可以充分享受到信息化时代的便利。为了弥补传统媒体的短板与不足，新型的数字化媒体技术应运而生。交互式产品的理念与数字化媒体技术设计的有机结合，极大程度地提升了用户的实际体验，满足了广大用户的需求，也对数字化媒体产品的发展与优化起到了正向的推进作用。

随着信息化产品在广大用户之间的全面普及，越来越多的智能设备成了人们日常生活的必备产品。在信息技术层面，基于世界工业信息技术制造的第四次工业革命，大数据、内容交互等互联网信息技术深度发展。通过优化搜索引擎、结合虚拟数字技术和AR技术，融合文创产品进行设计与开发，互联网成为数字文化产品发展的新渠道。随

---

❶ 高晗.长三角数字文化产业发展要点[J].信息化建设,2020(8):60-61.

着5G技术的到来，AR和短视频等侵入式的媒体将为用户体验带来新高度。多媒体和新兴技术的出现，将与文化创意产业碰撞出不一样的火花，为数字文化产品的发展带来技术革命性变化。信息交互技术与媒体艺术之间的融合，使信息的传播更加多元化，也进一步推动了信息化时代交互技术的发展。数字化媒体技术与交互式产品设计的有机结合，也为信息化时代媒体制作及传播带来了巨大的优势。

交互式数字媒体技术融合了互联网、通信、设计等不同领域的技术，将影音图像等多种形式内容进行了有机融合，呈现到用户眼前。交互产品的设计初衷是建立用户与产品之间的良好联系，在充分满足产品实用性的同时，增强用户的实际体验，凸显以人为本的交互特质。交互式技术通过更友好的用户界面，使人们更加直观地进行交流联系。交互式技术将环境、人为因素都进行了充分考虑，将这些影响因素有机结合，设计出最利于与用户进行交流的产品。除了在视觉艺术方面实现最优体验外，交互式产品设计在技术层面也实现了最大限度的完善与优化，力求满足广大用户的使用需求，为人们的日常生活、学习提供了诸多便利。为了实现交互式产品的进一步优化，开发者需要结合新兴技术的发展趋势，进行新科技研发，为用户带来更为优质的体验。例如，山西博物院在2020年7月1日推出首个文物数字化展览"壁画的平行世界——狄仁杰带你探北朝"（图7-2）。数字展以无实物、场景化、重交互为特点，通过数字、艺术、故事、交互等手法，演绎了北朝社会、历史、文化和艺术的探索之旅。

图 7-2　数字展览"壁画的平行世界——狄仁杰带你探北朝"主题墙

观众通过手掌触摸，即可开启狄仁杰的"穿越之旅"。在"华彩重生""北朝风貌""壁上人间""神影仙踪"四个单元中，北朝风土人情跃然屏幕。山西博物院副院长范文谦表示，此次展览是山西博物院在数字保护方面的一个阶段性成果，是让文物生命力延长的最佳手段，从而更好地让文物"活起来"。壁画实物展与数字展一前一后展出，运用传统和现代两种截然不同的风格手法，共同诠释"壁画的平行世界"，这在山西博物院以往的策展经历中，尚属首次。

交互式技术更使文字有了温度。对多数人来说，敦煌莫高窟的印象可能还停留在书本和荧幕上。为此，敦煌莫高窟联合华为公司在2020年推出了一款AR地图——华为地图。在开发敦煌文化资源的基础上，创造了九色鹿和飞天的3D虚拟形象（图7-3）。

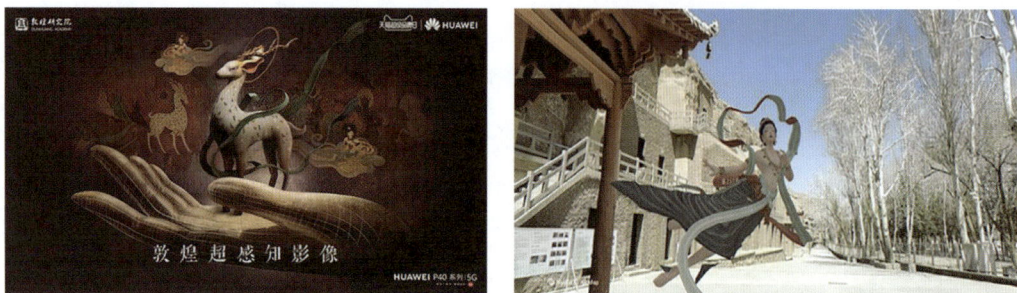

图 7-3 敦煌莫高窟联合华为公司开发的 AR 地图——华为地图

创新的科技应用让它"活了起来"，而基于华为河图技术构建的华为AR地图就是整个方案的关键。无须导游即可浏览洞窟、彩绘、壁画，了解悠久的敦煌历史，欣赏这世界上内容最丰富的佛教艺术胜地。

"交互艺术"作为一门新兴数字媒体艺术形式，特指观众能够通过视、听、触、嗅等感觉手段和智能化艺术作品实现即时交互，并由此达到"全身心"的融入、体验、沉浸和情感交流。也可以说交互艺术先由作者制定规则—从事创作—提供原作品—鼓励访问者参与—改变作品形态的方式作为对访问者的反馈。作品形态的转变对互动艺术来说主要由访问者决定。

交互艺术认为人们在艺术作品观赏中所扮演的角色是多重的、可变的，并把参观者看成作品不可或缺的一部分，强调受众的积极性、主动性和能动性，它要求参观者参与到作品中并通过互动使作品本身发生可逆或不可逆的变化，从而产生实时的、可变的艺术效果，这种动态和交互也就是作品的生命力所在。交互艺术的表现形式，根据接触方法的不同可分为"桌面式""现场式"等。

一、桌面式

桌面式交互作品主要通过电脑与因特网实现，人人都可以在不同时间进行参与，由网民进行异步设计或管理，这些作品可以随时间流逝不停地改变形象。比如，2008年10月，由故宫和IBM公司合作推出的"超越时空的紫禁城"项目就在互联网上开启了虚拟故宫的"大门"（图7-4）。

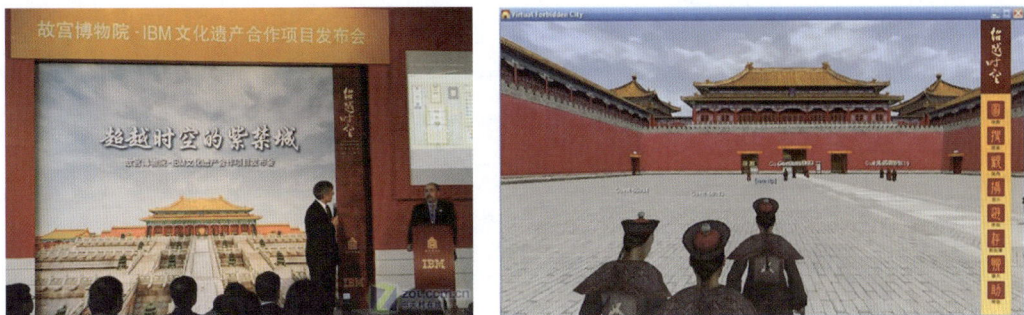

图7-4 "超越时空的紫禁城"项目发布会现场及界面图

这个项目也是中国第一个在因特网上展现重要历史文化景点的虚拟世界。它不但再现了故宫气势恢宏的建筑群和精美的文物，而且特别强调了用户的使用体验，如游客可以扮演不同的"角色"进入虚拟故宫，包括大臣、太监、宫女等，在游玩过程中人们可以聊天拍照，欣赏宫中藏品并观看故宫里的各种生活场景，如"皇帝用膳"等，也可以参加各种活动，如斗蟋蟀、射箭和下围棋等。

目前，借助搜索引擎、多媒体动画、聊天工具、虚拟漫游和VRML虚拟三维展示等手段，桌面式交互艺术得到了迅速的发展。

二、现场式

与桌面式交互作品不同，现场式交互作品主要在艺术场馆、博物馆、公共空间展示，并多以"虚拟现实"或"多通道人机交互"的形式出现。这种艺术作品通过计算机捕捉人的多种感觉，如言语、眼神、脸部表情、唇动、触觉、嗅觉或味觉等，以及动作通道，如说话、手势、姿势、视线、表情等，可以实现即时反馈。而观众则以并行或非精确的方式"沉浸"在虚拟计算机交互环境中，并借助可接触式或虚拟人机交互界面实现与艺术品的"对话"。

这种艺术形式为创意的呈现提供了更多的可能性，给创作者和体验者都带来了新的空间。它突破了传统艺术形式中作者与观众的关系，观众在创作和诠释艺术作品方面的地位变得越发重要，特别是观众的参与方式和参与程度往往成为作品能否成功的关键。在现场式的分类中，又可以分为界面式数字媒体艺术、沉浸式数字媒体艺术。

1. 界面式数字媒体艺术 界面交互式新媒体作品是目前国内外展览中最常见的艺术形式。观众可以通过语言、触摸、手势或操控控制杆、遥控器等肢体动作与作品进行交互，并通过观众面前的屏幕或"交互墙"（图7-5）产生反馈结果。这些互动作品通常放置在较为宽阔的开放空间中，其人机"界面"明确，观众可通过直接"接触"产生互动的结果。

这种人机交互的模式对观众的心理体验往往接近于电子游戏，它更强调观众或"玩家"通过直接动作所产生的惊奇感和愉悦感，如角色扮演游戏（Role-playing Game）。

在游戏中，玩家负责在一个写实或虚构世界中扮演这个角色，并在一个结构化规则下通过一些指令推动游戏发展。玩家在这个过程中的成功与失败取决于一个规则或行动方针。这些游戏的设计以及玩家体验就是一种界面式的艺术效果。

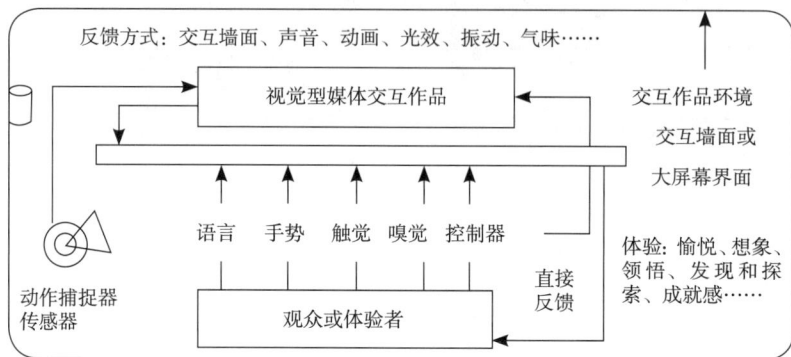

图 7-5　界面式媒体艺术作品的人机交互模型

这类游戏目前为大家所熟知的主要有桌游卡牌类游戏、端游类RPG，以及手游类RPG。首先对于桌游卡牌类角色扮演类游戏，通常是通过语言和讨论进行，需要游戏管理员（Game Master，简称GM）负责协调各位玩家间的沟通，以便游戏顺利进行，"三国杀""狼人杀"等卡牌游戏就属于此类。在这类游戏中，参与者在一定的游戏规则下扮演各自角色的同时完成相应的任务——赢得游戏的胜利。这种游戏并不需要过多的肢体参与，游戏自身的智能化程度较低，游戏过程也会受到环境的影响。这是一种典型的界面式交互，后续发展的角色扮演游戏多依附于电子平台。游戏类型从最初的文字式（Text-Based）泥巴游戏（Multi-User Dimension，MUDs），最终发展到现今的大型多人在线角色扮演游戏（Massive Multiplayer Online Role-Playing Game）。角色扮演游戏也包括仅能离线（Offline）进行的类型，玩家操控一个人或一个团队完成游戏目标，运用各种方式获得胜利。这些电子平台上的角色扮演游戏依旧和桌上角色扮演游戏一样，注重游戏中的故事、虚拟世界的风光、所扮演人物的塑造；不同的是游戏管理员的职位由计算机担当，而计算机的处理性能，让游戏摆脱桌面上纸牌和模型的束缚，可以直接模拟出游戏故事所描绘的虚拟世界。

根据游戏客户端所依托的电子平台的类型，可以分为"端游"和"手游"。端游指的是使用电脑作为游戏终端来进行游戏，比如Dota系列的RPG类游戏。而手游则是将原本需要在电脑上操作的游戏过程集成到智能手机上，使游戏过程更为便捷，比如《王者荣耀》《绝地求生》《阴阳师》等。这部分游戏同样是让玩家以一定的角色参与其中，交互体验上依赖界面屏幕，肢体参与度较低，采用的是界面式的数字媒体艺术。

2. 沉浸式数字媒体艺术 沉浸式交互作品主要在艺术场馆、博物馆、公共空间展示，并多以"环境体验"或"多通道交互"的人机交互模式的形式出现。

这种艺术作品通过计算机捕捉人的多种感觉，如视觉、听觉、触觉、嗅觉、味觉等，以及人的身体动作如蹲起、跳跃等，作品反馈时间往往有间接、环绕、滞后、延迟的特征，而观众通常"沉浸"在虚拟计算机交互环境中，并通过作品的互动探测装置如光纤、触控和投影传感器等，与作品互动（图7-6）。

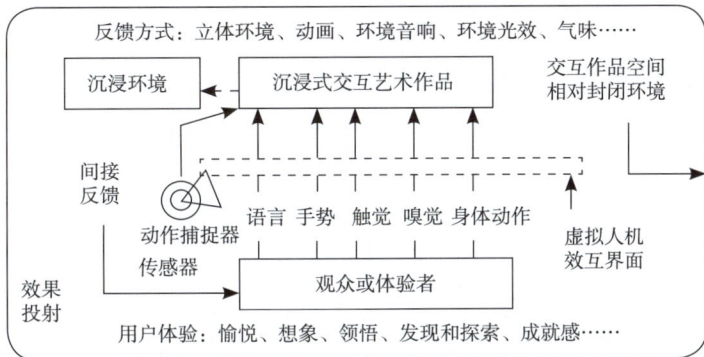

图 7-6　沉浸式（虚拟现实）交互艺术作品的作用模式

3. 界面与沉浸式交互艺术的比较 在自由度体验方面，界面式交互装置艺术对交互墙面或屏幕的依赖性高，而沉浸式交互装置艺术的自由度更高，仅部分依赖交互墙或屏幕；在沉浸感体验上，观众通过界面式交互装置艺术体验时更多地受周围环境的影响，而沉浸式交互装置艺术的那种封闭或半封闭的空间会带给观众更强的沉浸式体验；在心理体验上，界面交互装置艺术是直接的、瞬间的、视觉化的，而沉浸式交互装置艺术是间接的、滞后的、环绕的、多通道的。另外，界面式的智能化程度较低，而沉浸式体现的是环境交互，智能化程度较高；在观众参与度上，界面式更多的是触摸或者上肢参与，而沉浸式则会有全身的动作参与，有多通道的参与体验，感受更加分散（表7-1）。

表7-1　界面与沉浸式交互装置艺术的比较

比较类型	界面式交互装置艺术	沉浸式交互装置艺术
自由度体验	对交互墙面或屏幕的依赖性较高	部分依赖交互墙或屏幕、自由度较高
沉浸感体验	观众受周围环境影响较大	封闭或半封闭空间加强沉浸式体验
心理的体验	直接的、瞬间的、视觉化的	间接的、环绕的、滞后的、多通道
智能化程度	界面交互、智能化程度较低	环境交互、智能化程度高
观众参与度	主要为触摸或上肢参与	全身动作参与、多通道、感受分散

结合上述两种模式，让观众在黑暗环境中借助挥手或身体舞动使作品发生变化。例如，装置艺术家安妮卡·卡普特丽（Annika Caprelli）和她的搭档克里斯托贝尔·门多莎（Christobel Mendoza）的作品《神经网络》就将互动体验变得更加流畅和优美，她们结合了尼龙绳、投影仪和摄像头，设计出了一款"有形+无形"的交互装置作品。当观众走过或者向这个装置挥手时，摄像头记录下身体的动作，计算机控制尼龙绳进行有规律地波动，由此产生了非常有趣的互动效果。

面对国内外的竞争与挑战，设计和开发出以用户需求为核心的产品，扩大自身优势，成为我国数字文化产品需要思考的重点问题之一。围绕以用户体验为中心的设计开发，成为我国文化创意产品核心竞争力的关键因素。

第二节　数字文化产品的用户

近年来网民数量增多，数字文化产业在近年来蓬勃发展，《2020～2026年中国电子商务行业市场经营风险及投资前景分析报告》显示，截至2020年3月28日，我国网民规模为9.04亿，互联网普及率达64.5%，线上消费激增，数字文化产品的消费也大幅增长，为其发展提供了契机（图7-7）。

图7-7　2013～2020年3月中国网民规模及互联网普及率走势
数据来源：中国互联网络信息中心（CNNIC）、智研咨询整理

各类产品的消费市场逐渐从企业主导向用户主导转变，消费者不仅希望产品具备相

应的科技与功能，还期望产品体现出自身的文化喜好、审美和价值观等因素，数字文化产品也不例外。随着用户精神文明需求的提高，需求更加多元化，设计师更加注重以人为本、以用户为中心进行分析研究。设计师研究产品面向可能的消费群体，分析目标用户群体，了解行为动态，得出简要的设计需求，并定义概念产品，制作设计方案。在前期设计开发阶段研究用户，准确定位产品设计方向，关注用户使用产品后的信息反馈，有利于产品的优化设计和保留忠实的品牌粉丝群体。

用户研究是对用户行为特征、心理特征、实际需求等进行研究，设计师得到用户反馈，根据用户体验改良产品，掌握用户体验流程，提取关键接触点，在满足用户行为习惯、心理预期的情况下进行产品设计，从而创造出更优异的用户体验。

常见的文化创意产品消费群体，主要包括普通消费群体和特殊消费群体。后者通常是对文化创意产品内涵追求有特殊需求。对于普通消费群体而言，其购买文化创意产品的主要影响因素在于产品所具有的价值以及自身的收入水平。而特殊消费群体的购买影响因素主要包括产品的知名度及创新点。除此之外，激发消费群体购买行为的关键因素在于对文化创意产品的认同。因此，必须保持文化创意产品的持续更新，在产品中融入更多时代特色背景下的文化创意，并结合高效的生产及销售，才能保证消费群体对文化创意产品的持续购买。

增加用户黏性时最基本的五个元素为时间、地点、人物、交互及交互的内容。设计者必须要考虑许多的行为，比如销售行为方式及销售地点、如何吸引消费者、购买后使用情况及用户体验反馈等。因此，产品设计必须围绕用户的行为而展开设计。用户是一个产品的最终落脚点，也是根基所在。一个产品做得再出色，如果体验不佳，也不会吸引很多用户。只有在功能上能满足用户使用需求的产品，才能受到用户初步的认可，得到买家的青睐。由此可见，能否满足用户的需求成了问题的关键。

人们对事物的需求是社会发展、个体成长的内在动力和力量源泉，它由不同性质的需求构成，也有先后次序层次之分，它们由低到高分别是：生理需求、安全需求、社交需求、尊重需求、自我实现需求（图7-8）。这是由美国心理学家亚伯拉罕·马斯洛（Abraham Harold Maslow，1908—1970）于1943年在《人类激励理论》中最先提出的概念❶，虽说需求理论在一些领域存在很大争议，但对于产品和用户研究来讲却十分贴切，人们往往在低级的需求得到满足后向更高层次的需求进发，提出更多需求。

---

❶ 王芳.基于马斯洛需求层次理论的应用研究[J].科技创新与应用，2012（13）:1。

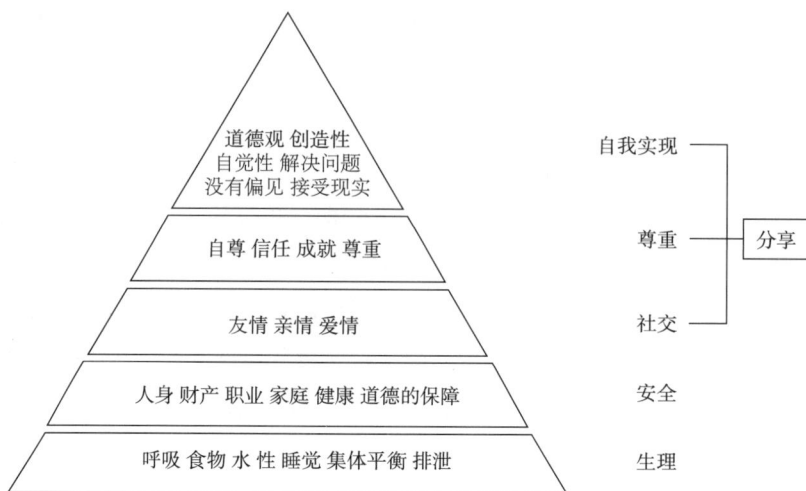

图 7-8　马斯洛的需求层次论

对于产品来说，用户的需求就显得尤为重要，用户使用的任何一件产品，其根本目的都是实现某种或几种需要。例如，买一个文创产品首先是为了日常使用，这是基本的需要；当所有的文创产品都可以满足这个需求时，有的客户会选择价格相对便宜的，这也是生存阶段的需要，现在出现另一种问题，部分客户可能会因为倾向拥有更精美外观或文化内涵的产品而舍弃相对低价格、平庸的产品，满足更高层次的精神需要。所以在有些时候，需求理论并不是一定要从低到高，这便要求我们要更精准地抓住不同用户的心理，确定产品的风格和审美，利用设计的力量，尽可能从心理、精神角度满足各类用户的需求。

用户研究是为了通过用户定义产品，在对用户的细分和研究层面上，以用户需求为基础，本着以用户为中心的设计思想，在设计的每个环节体现出对用户的考量，满足用户对产品的最终需求才是用户研究的真正目的。其具体可以归纳为以下几方面：确定目标用户、区分用户的特点和心理特征、理解用户的现状和存在问题从而确定需求、建立用户模型和心理模型、提供产品的设计参考。

用户研究，分为以下几点：第一，用户的需求动机和心理期望值；第二，用户生活行为经验；第三，用户使用产品的状态、使用产品的经验。完整的用户研究包括三个步骤：获取用户信息、提炼信息要点和转换设计需求点。首先，运用实地调查法，对用户使用产品的行为进行实地调查，观察用户行为，发现用户需求点，收集大量用户行为信息。其次，在大量信息的基础上提炼核心要素，找到关键需求和产品设计方向，构建典型用户模型，模拟用户行为习惯。最后，对提炼的信息进行优化，为产品设计作铺垫。

第三节　新媒体时期的文化创意产品创新传播方式

一、新媒体时期文化创意产品的分类及特点

文化创意产品将文化与创意相结合，融入人们的生活，是具备市场价值的产品。文创具有广义与狭义之分，狭义的文创产品是符合"文化主题+创意转化+市场价值"三特点的物质化产品；而广义的文创产品满足这三点的同时，也包含了满足大众需求的服务，这些服务分为物质实体与非物质形态两类。新时代下，互联网时代的新技术、新手段为文化创意产品的传播带来了新的发展契机，从而推动其蓬勃发展。

根据"文创内容""产品载体""结合方式"三个基础作为分类的条件，将文创产品分为两大类，即"一体型"文创产品与"IP衍生型"文创产品。

1. **"一体型"文创产品**　"一体型"文创产品以"文创内容""产品载体""结合方式"的融合作为核心点。"一体型"文创产品指某种文创内容与其对应的产品载体，以特定的关系和方式结合为一体。但是其中的文创内容一旦脱离此种关系的产品载体后，便会无法独立存在，或是无法与其他广泛的产品载体再结合，因此"内容、载体、方式"三种条件形成了这种特定的"一体化"关系。

2. **"IP衍生型"文创产品**　"IP衍生型"文创产品以"文创内容"为核心，辅助"结合方式"作为核心特点。"IP衍生型"文创产品是从文创IP创作内容特色出发，一系列的衍生都应该应用于市场现有产品载体上，结合方式基本是在产品载体的原有形态上进行二次融合，比如通过印刷、雕刻等工艺方式进行IP衍生，并不改变产品载体的原有结构。

随着生活互联网化程度的不断加深，各个领域对信息的及时性要求越来越高，新媒体时期的文创产品有了更高的传播价值。新媒体不同于传统媒体相对单一的传播方式，它能高效响应新时代快节奏的工作与生活，呈现出可分配时间碎片化利用的特征，在创意、技术和内容涵盖范围上具备更多鲜明的特色。例如，利用微信、微博、抖音等多元化的新兴媒介网络平台，人们可以随时通过浏览信息、互动表达、参与评论等方式活跃平台氛围，形成良好的循环反馈机制。现阶段，与信息媒介环境协调发展的文化创意产业已经在我国形成新兴产业，它不但引领着其他相关领域的发展模式，而且逐渐成为我

国经济社会转型发展的巨大动能和强大的支撑。❶比如故宫博物院、上海博物馆等一系列衍生品就是基于文化内涵进行"品牌化、经典化、艺术化、民族化"的打造。借助现代科技手段对知识产权进行创意开发与应用，从而产出高附加值产品，这是对创造力的考验，也是使文化与现代新技术结合的必要之举。

二、新媒体时期文化创意产品推广原则

1. 个性化原则　现代社会中，消费者对物品独特性和创造性的关注度更高，这往往成为其自身审美眼光的体现，也使物品属性逐渐和个人的个性建立起联系。文化创意产品本身就具有丰富的层次，这有效满足了消费者的不同审美需求。因此，在今后的销售过程中，应当更加强调文化创意产品的个性化特征，在此基础之上，明确市场定位，找准受众群体。

例如，"'非遗'办公物语"2018上海"非遗"文创设计大赛的获奖作品《基于传统盘扣造型的文具系列》（图7-9）。盘扣是一种固定方式，而固定方式可以有很多，夹、绕、钉、套、扣，围绕这些动词可以重新定义不同的单品。将其运用在日常办公上能让我们在传承盘扣技艺的同时体会盘扣传达的古典情怀，温暖我们日常办公生活❷。

2. 趣味性原则　文化创意产品的价值体现在其所承载的文化创意内涵，注重对娱乐价值的挖掘，能够达到行之有效的销售效果。基于网络环境实施文化创意产品营销，可以通过趣味性的方式来拓展销售范围。因为消费者在购买文化创意产品时，动机往往源于精神需求和娱乐需求，这是突出娱乐性的必要所在。例如"'非遗'办公物语"2018上海"非遗"文创设计大赛的获奖作品《京剧趣味便笺纸》（图7-10）。作品提取京剧中髯口、水袖的造型特点，进行趣味设计，用长长的便笺纸替代京剧角色的水袖和髯口，揭开便笺纸，就像用户与京剧角色进行有趣的互动，形象生动，可以给现代快节奏办公的环境带来轻松诙谐。

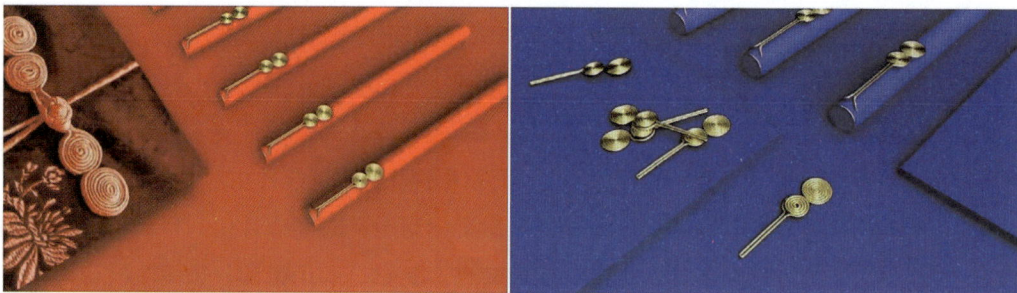

图 7-9　《基于传统盘扣造型的文具系列》

---

❶ 王君瑶.新媒体时代下文化创意产业面临的挑战及发展策略探索[J].文化产业, 2022, 235（18）:141-143.
❷ 交城旅游.文创|当非遗遇上现代设计，这些"跨界"产品让人眼前一亮[EB/OL].（2019-03-14）[2022-08-23]. https://m.sohu.com/a/301472796_99936216.

图 7-10　《京剧趣味便笺纸》

　　3. 互动性原则　丰富用户体验，往往能够增加消费者对文化创意产品的好感，在进行消费的过程中获得良好体验是增进消费者好感的有效措施。这就需要保证销售过程的互动性，可以充分利用新媒体所具有的互动特征来拉近文化创意产品和消费者之间的距离，通过双向交流和沟通的方式获取顾客的个性化需求，从而推出有针对性的文化创意产品方案，保证最终所销售的文化创意产品更加符合客户的需求。同时，互动性还需要延伸到销售后期，如借助新媒体实现客户的回访，从而了解客户对文化创意产品的反馈，建立和受众群体之间良好的关系，激发客户的持续购买行为。

　　4. 利益化原则　之所以强调利益化，目的在于通过利益化特性来激发消费者的购买欲望。在实施销售的过程中，要注意物质和精神两方面，这样才能激发消费者购买文化创意产品的欲望。为达到这一效果，需要采取适当的让步措施。例如，让消费者通过朋友圈转发和点赞的方式获得免费试用机会或者打折的营销措施，借助消费者的朋友圈来拓宽产品的营销范围，能够达到裂变式的宣传效果。为扩大利益，还需要加强对文化创意产品前期吸引力的运用，激发消费群体的潜在消费意识，刺激消费群体进行购买。

三、新媒体时期的文化创意产品营销模式

　　在新媒体时代背景下开展文化创意产品营销，需要充分考虑消费者的消费行为特征以及新媒体的传播特征。在此基础上，针对文化创意产品的营销过程进行阶段划分，从而达到细分市场、精准定位的效果。下面针对营销过程中的五个主要阶段进行简要分析（图7-11）。

　　第一阶段是吸引阶段。吸引阶段的主要工作是通过行之有效的销售措施，第一时间抓住消费者的眼球。只有消费者对产品产生兴趣，才能够延续后续的销售过程。因此，在初期阶段应当借助网络形式开展推广和介绍，提高知名度，增加产品的粉丝数量。第二阶段是兴趣阶段。在文化创意产品抓住消费者眼球后，需要加强消费者对产品兴趣的培养。通过市场调研的形式，准确把握消费者的心理，然后借助新媒体提高消费者对文

化创意产品的认知，从而培养消费者的兴趣。另外，也可以通过新媒体平台，与消费者之间进行交流互动，提高消费者的认可程度，培养其浓厚的兴趣。第三阶段是搜索阶段。指通过新媒体平台为消费者提供有关文化创意产品检索的功能，从而保证消费者全面获取产品的真实信息。在该阶段也需要获取消费者的产品反馈，有利于产品的改进。第四阶段是行动阶段。通过行之有效的销售手段及售后服务来增加消费者对文化创意产品的购买行为，保证利润。第五阶段是分享阶段。该阶段的主要工作是对文化创意产品的品牌形象进行维护，通过良好的市场口碑吸引更多的消费群体。有关品牌形象的建立可以通过消费者的分享过程实现，从而达到口碑营销的效果。[1]

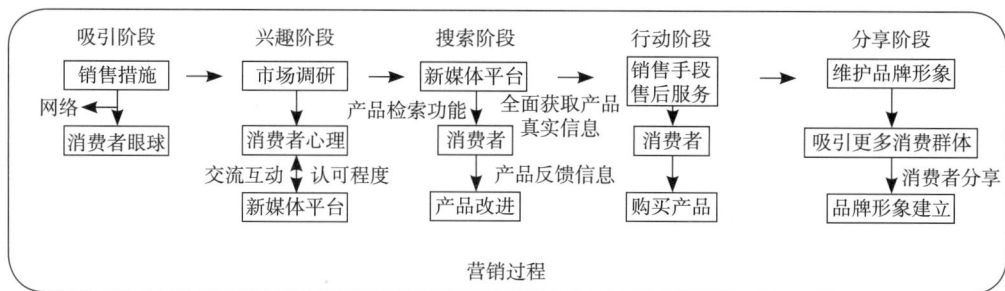

图 7-11　营销过程流程图

　　基于新媒体时代文化创意产品的传播及推广，需要考虑文化创意产品自身的独特属性以及新媒体时代的特征。充分运用新媒体带来的便捷性拓展营销渠道，扩大宣传范围。在不同营销阶段应当有一定的工作侧重点，这样才能够保证文化创意产品的销售成果。

　　在新媒体技术的驱动下，5G、AI、大数据、区块链、物联网等新兴互联网技术在信息市场中迸发出巨大的发展活力，同时也给文化创意产业带来新的变革与财富机遇。[2]在前沿技术的助推下，新媒体平台得以快速发展，这也间接推动了我国文化创意产业蓬勃发展，为文创产业开辟了新的市场空间，提供了更多的发展可能性。新媒体具备较强的宣传推广效力和信息集聚能力，可以帮助文化创意企业优化转型。

　　1. 丰富主体品牌情感体验　在实施文化创意产品宣传的过程中，要注重对多元化宣传方式的采用，以达到多层次宣传、开展情感化销售的效果。其主要形式是通过满足消费者心理需求的方式来带动其对文化创意产品的消费。这种销售措施主要是针对文化创意产品的忠实消费群体。通过激发情感因素的方式，加强文化创意产品和消费群体之间的情感联系，以情感为纽带能够更为有效地建立消费群体对文化创意产品的忠诚度。这

❶ 李洋洋.文化创意产品在新媒体时代的传播策略与推广原则[J].参花(下), 2021(1):51-52.
❷ 王君瑶.新媒体时代下文化创意产业面临的挑战及发展策略探索[J].文化产业, 2022,235(18):141-143.

种方式所收获的营销效果远超过对产品性能和创新的理性介绍。为达到良好的情感销售效果，可适当增加特殊的存在价值，如推出限量版或珍藏版等形式，这对于忠实的消费群体而言具有特殊意义，能够满足该部分群体的心理需求，也能够激发该部分消费群体在所有消费者中的心理优越感。例如，故宫博物院与安踏、联想、健力宝、瑞幸、奥利奥、飞利浦等品牌合作开发了一系列文化创意产品，深受广大群众的喜爱。

　　2020年1月，安踏品牌正式推出了安踏×冬奥特许商品故宫特别版，强势推出了新年款"霸道"，得到了消费者与爱好者的广泛关注。作品以浓浓的新年为主题设计，鞋款以清代吉服褂为灵感，突出华夏文化中人们对于新年的美好希冀。在清代，吉服褂是人们在重要场合或是新年的装扮——明亮的色彩绸缎是吉服的显著标识。此次的男女款球鞋以两种不同的色彩风格设计还原了中国古代吉服的视觉效果，多种材质拼接而成的鞋面，也将这种独具中国传统文化魅力的事物，完美还原于"霸道"中。在细节设计方面，此次的特别鞋款更是格外讲究，依凭于镶、嵌、绳、宕四步制造吉服褂的工艺，打造了此次的鞋款。并将故宫吉祥元素、冬奥会元素与新年元素相结合，纹样中的斗彩勾莲纹葫芦瓶、《广绣鹤鹿同春图》等馆藏文物吉祥元素象征着故宫；冬奥会标识及运动主题细节设计，则象征着冬奥会主题（图7-12）。

图 7-12 安踏新年款"霸道"和细节纹样

　　传统国风元素为太平鸟带来高辨识度与潮流感，实现其IP价值赋权最大化，博得年轻群体的喜爱。三星堆出土的青铜神树被认为是《山海经》中的扶桑，将复古元素通过新潮的设计，令太平鸟品牌释放出旺盛的生命力，创造出属于中国青年的潮流风貌（图7-13）。

　　文化与文化的相互碰撞，激发出前所未有的奇思妙想，将博大精深的中国文化融入人们的日常生活中，受到了人们的喜爱。文化创意产品与品牌的合作，借助其品牌的优势，吸引了广大消费者的关注，促进了文化创意产品的宣传和销售，品牌也借此将传统与现代碰撞，设计出新奇、符合消费者心理的产品，以此相辅相成，融合发展。

　　2. 借助终端平台扩大传播　一是借助数字电视平台传播。电视作为一项受众非常广泛的媒体技术平台，具有较长的发展历史，现已取得了非常成熟的发展。然而，随着信息化时代的发展与变革，传统的电视媒体技术平台已然无法满足人们日渐增长的精神文化需求。因此，为了顺应新时代的发展潮流趋势，新型的数字电视技术应运而生，数字电视也逐渐走进千家万户的日常生活当中，并且成为人们进行日常娱乐活动的重要平台之一。相较于传统的电视平台，数字电视技术的普及与优化有赖于网络媒体技术的发展，通过稳定性及便捷性都实现进一步提升的数字信号，进行数据信息的传输，一方面体现了数字化媒体技术在交互式产品中的设计，另一方面也在极大程度上提升了广大用户对电视媒体技术的体验满意度。

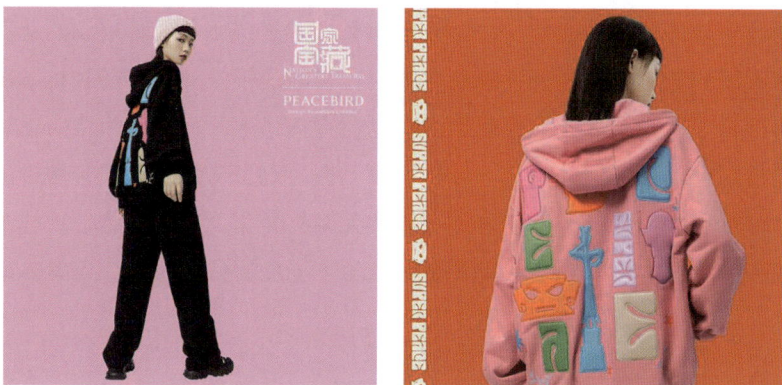

图 7-13　太平鸟传统国风元素服装
图片来源：太平鸟品牌官方微博

二是借助智能手机终端传播。在飞速发展的信息化时代当中，智能手机的开发与推广具有非同寻常的意义，为人们的日常生活带来极大的便利，并逐渐发展为人们生活、娱乐及社交必不可少的重要设备。与此同时，随着互联网技术的优化与发展，智能手机的功能也实现了功能上的提升与完善。用户通过智能手机终端，便可以实现新闻浏览、生活购物以及社交沟通等多样的功能。除此之外，视频影像内容的收看也成为智能手机终端的一大重要功能，其在使用便捷性方面显然优于传统的电视或者电脑平台，使人们可以随时随地观看视频，大大增强了用户的体验。智能手机终端这一交互式数字媒体技术的推广与应用，为人们进行日常生活娱乐与学习提供了非常便利的条件，也极大程度地满足了人们的精神文化需求。

三是借助社交平台的开发。数字媒体技术在交互式产品设计中的另一重要应用则体现在众多社交平台的开发与推广中。以微博为例，作为近年来发展最迅速的主流社交平台之一，享有非常广泛的受众人群，也逐渐成为很多社会群体以及政府官方与广大用户进行交流沟通的重要媒体平台，人们可以通过微博及时获得最新以及最为全面的社会诸多方面的信息。同时也可以与信息的发布者进行实时便捷的沟通，形成一个良好高效的反馈，实现信息之间的交互共享。而其他的社交平台也具有类似的沟通反馈功能，并且在内容设计与信息交互方面也有着不同的特色。例如，在一些社交平台当中，对于用户的信息隐私保密性更强，用户可以有选择性地对其发布的内容进行隐私化的设置，这在很大程度上也体现了数字媒体技术在交互式产品设计当中的广泛包容性，进而满足不同用户的多元化需求，优化用户的体验。例如，故宫博物院推出的微信公众号和App（图7-14）。

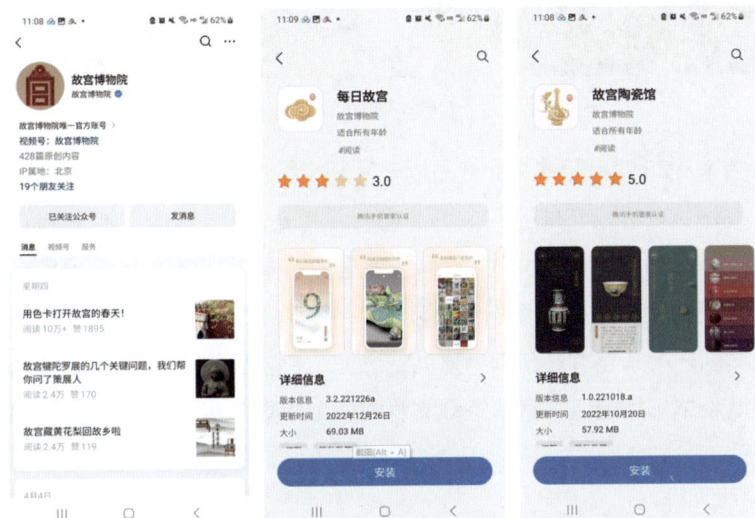

图 7-14　微信公众号和 App

公众号和App可以使消费者跨越时间和空间限制，了解其文化创意产品、博物馆的特点、历史背景及其文化底蕴，增强博物馆文化创意产品和消费者的互动。且具有在线订票、语音导览、参观指南、提前预约、购物等服务类型，向受众提供便利的同时宣扬博物馆的特色文化和文化创意产品，为文化创意产品的销售开辟了更多的渠道❶。

3. **实现文创产品的个性化升级**　新媒体时代彻底改变了传统的信息推送方式，使文化创意产业越来越重视客户的个性化需求。基于高速发展的新兴媒介技术，大数据分析技术与信息个性化推送技术逐渐成为文化创意产业探索客户发展需求，深度挖掘、了解用户的主要手段。一方面，我们可以利用大数据分析相关信息，了解并分析客户需求、挖掘行业中潜在的文化创意元素，更精准地掌握行业发展动向；另一方面，我们可以对市场进行精准细分，提前做好规划，利用信息推送技术更准确地推销产品，既节省了时间，又打破了空间的限制，使文创产品更加符合市场需求，加快了行业转型升级与产业融合。比如，2022年新疆博物馆文创推出的"私人定制"服务，可为各单位、团体、个人等打造带有馆藏文物元素的个性化文创产品，如雨伞、丝巾、包、徽章等文创周边产品（图7-15）。

---

❶ 芮渊菲, 周威. 面向新媒体时代的文化创意产品设计开发[J]. 工业设计, 2022(1):123-124.

图 7-15　新疆博物馆"私人定制"文创

　　新疆博物馆从2017年开发文创产品以来，相继推出了"五星"系列、"唐小驹"系列、"潮虎想象"系列等10大类600余种文创产品，包括日用品、文具、乡村特产等。2021年，新疆博物馆文创首开"博物馆文创+食品"的先河，推出"虎纹金牌"雪糕、语音讲解棒棒糖等可以食用的文创产品，受到观众喜爱。不仅运用本馆馆藏文物元素开发文创产品，新疆博物馆文创还为八路军驻新疆办事处纪念馆、昌吉回族自治州博物馆等单位研发文创产品。新疆博物馆巧妙运用丰富的馆藏文物资源，为更多观众提供文创个性化服务。

● 本章小结

　　本章主要从"IP"时态下的数字文化产品特点、数字文化产品的用户研究、新媒体时期的文化创意产品创新传播方式这三个方面展开。目的是帮助大家了解"IP"时态下的数字文化产品特点，分析数字文化产品用户需求，了解新媒体时期的文化创意产品创新传播方式。

　　科技与文化交融，碰撞出新成果、新业态、新创意。数字技术的运用为人们共享文化成果提供了便利，成果惠及更多群众。数字技术也更利于创新出更多的优秀作品，拓展出更多的创作空间，从而提高文化产业的高质量发展。文化创意产业在新媒体的快速发展下可以实现更好的转型与升级。一方面，新兴技术的应用与发展改变了产业原有的业态，推进文化创意产业加速重构新型经济形态；另一方面，新媒体技术引领传统消费向新型消费升级，在为文化创意产业链上下游注入新动能的同时，也对文化产品设计、客户消费观念、产品营销模式等诸多方面提出了全新的挑战。

● 思考题

　　1. "IP"是什么？

　　2. "IP"时态下的数字文化产品特点是什么？

　　3. 交互艺术的表现形式有哪些？

第八章

数字媒体环境下数字文化创意产业的发展路径

课程名称： 数字媒体环境下数字文化创意产业的发展路径

教学内容： 文化创意产业发展现状

数字媒体与文化创意产业的关系

数字媒体对文化创意产业的影响

数字文化产业发展策略

课程时数： 4课时

教学目的： 通过本课程的学习，要求学生达到以下要求和效果。

1. 了解文化创意产业发展现状。

2. 熟悉数字媒体与文化创意产业的关系及数字媒体对文化创意产业的
影响。

3. 了解数字文化产业发展策略，可作延伸讨论。

教学方法： 讨论法、讲授法、提问法

教学要求： 开放式的教学环境，以课程为中心，激励学生积极讨论。

教学重点： 清晰分析问题的思路，思考数字文化创意产业的新发展路径。

近年来，随着我国现代科技的快速发展，数字媒体应运而生，并展现出蓬勃的生命力和发展力，同时也深刻影响着各个行业领域的创新变革，为人们带来了前所未有的便捷性服务体验。在社会生活水平不断提升的社会环境下，国家相关部门大力支持文化创意产业的发展。然而，数字化时代的到来为文创产业的发展提供了新的可能性，为文化创意产业的快速传播提供了更为便捷、广泛的渠道。本章从文化创意发展现状、数字媒体与文化创意产业的关系、数字媒体对文化创意产业的影响、数字文化产业发展策略四个方面进行分析。

第一节　文化创意产业发展现状

数字创意产业是以文化创意产业为核心，依托数字技术进行创作、生产、传播与服务的新兴产业。从要素投入看，与传统产业倚重物质资源和能源等要素投入不同，数字创意产业发展最重要的因素是富有创新意识、创意能力的人力资本。从市场特征看，数字创意产业具有需求非刚性与不确定性，高度个性化的消费体验是数字创意产业发展的重要推动力。从产业发展看，数字创意产业对文化具有高度依赖性，文化发展能在很大程度上促进数字创意产业繁荣发展，而数字创意产业繁荣发展又会促进文化产品与服务供给的丰富性和多样化，促进文化发展和传播。这些特征决定了推动数字创意产业高质量发展必须坚持市场导向，厚植文化根基，与相关产业交互赋能、融合发展（图8-1）。

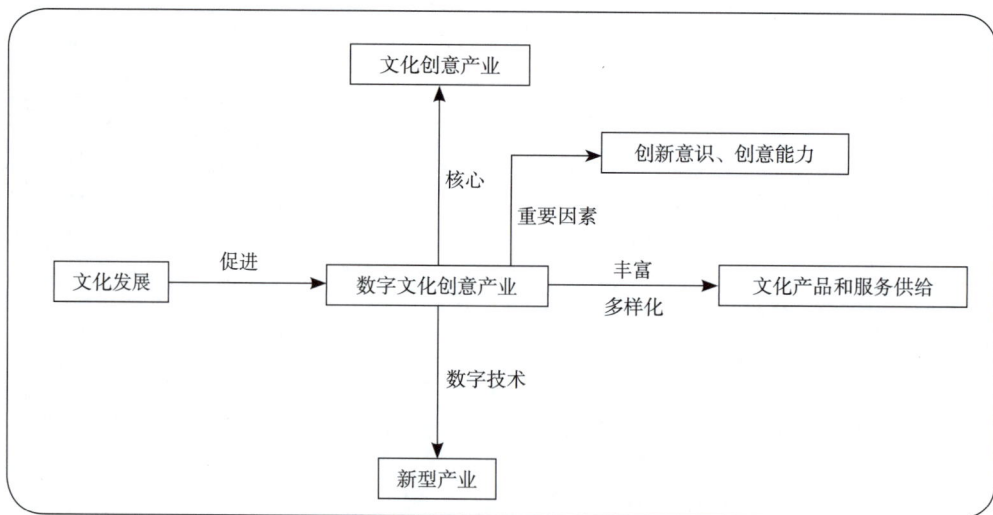

图 8-1　数字文化创意产业发展特征

虽然国家大力支持对传统文化的保护与传承，对文化创意产业的产品设计与开发也越来越重视，但文化创意产业的发展仍存在一定的问题。

一、文化创意产品同质化严重

文化创意产品是全方位覆盖设计层面的一种新型创意方式，不是单一的一种设计形式。尽管现在文化创意产业的发展如火如荼，但仍有很多文化创意产品存在产品同质化、创意缺失、设计思路没有亮点、缺乏创造力和想象力、缺少地方文化特色等问题，无法给用户带来新鲜感，失去了文化创意产品的核心竞争力。文化创意产业发展最为重要的就是创新，市场需要艺术性和实用性并存、富有浓厚文化内涵的文化创意产品。文化创意不是简单地复制藏品，而是提炼文化元素，并将其运用到文化创意产品中。

二、缺少三方的良性沟通

文化创意产品应以满足消费者文化需求、生活需要为中心，理解消费者的感受、了解消费者的喜好是做好产品设计的前提。现在市面上的许多文化创意产品都缺少设计内涵和文化底蕴，既无法满足消费者的生活需要，又缺少文化附加值和针对性。在新媒体时代下，开发文化创意产品前，文化创意产品设计公司和设计师并未注重市场调研，针对消费人群仔细研究消费者的需求。这导致在信息交流的主动性和个性化更强、受众自主形成虚拟群体用于分享、交流与学习的时代背景下，大多文化创意产品设计公司与设计师未能及时收集反馈信息，关注消费者的交流分享内容，总结设计产品的问题与不足，从而影响了设计师、消费者与市场三者之间的良性沟通。

三、缺乏新媒体的融合

新媒体具有数字化和信息化的优点，能使文化创意产品设计呈现出动态化、多样化、综合化的特征。现在大多文化创意产品的设计趋于平面化，在原有的文化基础上，缺少了与科技的结合，没有融入新技术，如AR、大数据等，无法充分地调动用户的视觉、听觉、嗅觉、触觉全方位的感官。新媒体的发展使文化创意产品的渠道得到了拓宽。新媒体传播速度更快，渠道更广，而一些文化创意产业未能跟上新媒体的高速发展的脚步，未能运用新兴的技术进行产品的宣传、客户需求和反馈的收集。在数字媒体环境下的数字文化创意产业，需要充分考虑到环境、对象等诸多方面的影响因素，尤其数字交互产品应进一步优化用户界面，提升广大用户的体验满意程度，实现人机交互以人为本的设计初衷。与此同时，交互产品的设计还需要与信息化时代的发展潮流进行全面的结合，对数字化媒体技术进行针对性的改进与优化，设计出更贴合用户需求的交互式产品，使广大用户获得更加优质的体验，享受到更加完善的交互服务[1]。

第二节 数字媒体与文化创意产业的关系

科技的飞速发展推动了数字媒体艺术的健康发展，电影特效、虚拟现实也逐渐出现在大众的视野，成为人们精神世界的娱乐活动之一。在经济全球化的时代，各国开始聚焦文化，利用文化发展产业，形成了国与国之间的文化产业竞争，而数字媒体的存在可以为文化创意产业的成长和发展续航。

一、数字媒体成为文化创意产业的重要载体

现代化传播媒介的多元发展、互联网的普及、多媒体技术的更新与迭代，这些因素都对文化创意产业产生了一定的影响。但是，数字媒体能为创意产业的突破和发展提供技术支撑，不论是文字还是图片，都能通过互联网进行显示与传播。同时，互联网与多媒体技术能使文字、语言等文化信息打破时空限制并进行融合，为人们信息的及时获取提供了便利，提高了工作效率。

二、数字媒体为文化创意产业构建技术支撑

在数字媒体技术的支持下，可以从海量数据中精准定位出用户需要的内容，将文化信息转化为图片、文字和声音等便于理解的形式，加以整合之后，再传递给大众。同样，文化创意产业的需求从另一角度对数字媒体进行了督促，数字媒体需不断发展自身，提升技术水平，才能更好地为文化创意产业的发展助力。

数字媒体技术的加入促进了文化创意产业的发展，建立高校、企业和社会的三位一体的人才培养模式，利用企业和自身优势，依靠数字内容产业技术来增强数字信息服务能力。同时，融合中国传统文化，进行创意产品的研发，打造优秀的文化品牌，从而促进文化创意产业的可持续发展。

例如，杭州的"中国网络作家村"在将文化产业数字化的过程中，最为关键的是IP产业化。所谓IP产业化，就是形成一条以网络文学为核心的IP产业链，向外延伸。作家们接受培育、孵化、相互交流，创作出高质量的作品；再由专业的经纪公司对接资源、联系出版、将其影视化，以及进行动漫周边的衍生开发。网络文学作品不再仅限于网络阅读或纸

---

[1] 焦馨.数字媒体技术在交互产品设计中的应用探析[J].卫星电视与宽带多媒体,2019(12):31-32.

媒出版，搭上数字化的快车，使其拥有了产品多元转化延伸的可能性（图8-2）。

图 8-2 中国网络作家村

三、数字媒体为文化创意产业提高产业竞争力

成本低与差异性构成了竞争力的产生。简言之，对于文化创意产业，产品的差异性是一个非常关键的特点，而数字媒体技术的不断更新与迭代则能够为产品的差异性提供更加良好的发展平台，尤其是和影像等多媒体文件有关的文化创意产业，都需要数字媒体技术支持独特性的制作和传播，这样才能更加有效地为差异性群体提供优质服务。而在成本方面，数字媒体的特性即双向传播和数字化为文化创意产业带来了更加独特的传播方式，进而有利于降低成本，在此基础上，数字媒体的技术和性能的不断优化能够为文化创意产业降低成本提供很大的帮助。

第三节　数字媒体对文化创意产业的影响

一、为文化创意产业带来机遇与挑战

创意广告、网络游戏、多媒体产品等行业都是未来创新设计人才的用武之地。衡量文化创意产业发展质量和水平，最重要的是看能否提供更多既能满足人民文化需求，又能增强人民精神力量的文化产品。文化创意产业将抽象的创意落实为可视化的数字媒体艺术，进一步扩大了传统文化的影响力，提升了传统文化的价值，也为数字内容产业创造了施展潜力的空间。以丰富数字文化产品和高品质文化服务的有效供给，重视传统文化的创新性发展。

二、商业价值减弱了文化艺术性

商业运作普遍模式化、流水线式，这必然会造成文化艺术性和人性化创作的减少，商业化的需求逐步使艺术创作转为理性化机械生产。但是，数字媒体也属于艺术领域，若制作者在创作过程中一味追求商业价值，势必会使文化创意丢失活力与生机，变得呆滞无味。所以，将数字媒体运用于文化创意产业领域的同时，也要重视文化艺术原有的审美价值，守护其艺术价值。

三、数字媒体中艺术的重要性

在西方发达国家中，艺术产业是一个非常具有前景的朝阳产业，有资料显示在一些西方发达国家，艺术作品已经远远超过金融产业的发展，成为继房地产之后的第二盈利种类。中国在日趋激烈的市场竞争中，面对巨大的市场效应，如果想要在国际上站稳脚跟，一定要进一步刺激艺术创作者的生产积极性[1]。

数字媒体技术通过计算机将艺术创作者想要表达的内容通过音频、视频或者是图片的形式表达出来，能够给人们更强烈的视觉、听觉冲击。在艺术创作中融入数字媒体技术能够将现代化的科技美与传统的艺术美相结合，为人们创造出更加丰富多彩的艺术品。当代的艺术创作，已离不开数字媒体技术，而且数字媒体技术本身也是一种艺术创作，人们在艺术创作的过程中加入数字媒体技术，能够将传统的艺术转化为更加符合现代人审美的一种艺术品，在一定程度上改变了艺术创作的形式。数字媒体技术还能够作为艺术创作的传播载体，利用现代化的信息网络技术将艺术创作的内容更好地传播到人们的生活当中，提高了艺术品的传播速度。然而，在技术不断发展的同时，也要注重艺术的表达。数字媒体艺术若要发展，必须立足于本国国情，利益竞争的背后也需重视精神世界的创造，而非与艺术价值背道而驰。

四、数字内容产业为文化创意产业注入新血液

北京师范大学肖永亮教授指出："创意产业立足于'内容'和'渠道'两个方面：以丰富的数字艺术为表现形态的数字内容是数字媒体的血液，渠道主要有电影、电视等媒体和娱乐、服装、玩具等衍生行业。可以看出，数字媒体在创意产业中占据重要的地位。"当前，媒介融合早已打破以往的文化艺术固有的边界，横跨通信、网络、娱乐、媒体及传统文化艺术等各个行业，而朋友圈、公众号、微信、微博等一大批新型数字媒体与创新娱乐形式则展示了强大的生命力。近年来，虚拟现实的发展让观众耳目一新，

---

❶ 田泽同，赵月.数字媒体艺术对文化创意产业的影响[J].传媒论坛，2020，3(16):164-165.

使观众朋友真实地感受到我国数字内容产业的无限魅力。

文创产品作为传统文化与现代生活的沟通桥梁，其使命在于激发现代人了解传统文化的兴趣。由此，依托处于野生的、散漫状态的、天然矿产式的传统文化资源，通过深度挖掘可转化成文化IP的象征、符号、传统文物和当代衍生品，并借助微博、微信等新媒体手段传播，从而实现传统文化的IP转化。以故宫文创为例，作为近年来快速成长起来的超级文化IP，其成功秘诀不仅在于创意，更在于创意内容的营销渠道。借助文化IP的商业化运作和新媒体这种新型营销方式，让故宫的传统文化渗透到大众生活中，在收获人气的同时实现传统文化的传承。

第四节　数字文化产业发展策略

一、数字内容产业人才为文化创意产业的发展引领方向

全球文化创意产业的发展也迫切需要加快创意人才队伍的建设。好莱坞的蜘蛛侠、霸天龙、超人侠等动漫衍生品成了一个庞大的产业链，从玩具、电子游戏、动漫图书到手机装饰、学习用具乃至食品包装等，处处可以看到这种全球性文化商品的蔓延。数字媒体将声音、图像及文字三者有机地融合在一起，实现了现实与虚拟的组合，从而为影视行业的繁荣发展提供了技术支撑，同时正在发展的高新技术也进一步推动了数字媒体艺术行业的发展，从而带动了文化创意产业的进步。数字媒体把传统艺术通过不同的形式展现出来，使原本呆板的艺术获得了生命，拉近了文化创意与观众之间的距离，从视听的角度，走向人们的日常娱乐活动，丰富了人们的精神世界。只有集技术与艺术于一体的创新型人才才能在文化创意产业未来的竞争中脱颖而出。

二、重视IP二创权，扩大产品知名度

文化创意产业的核心竞争力即创造力，只有创新，才能凸显差异性。所以在万物互联、信息快速流通的时代，更要注意知识产权的保护。结合政府部门的严加管控，加强对文创产品的高质量输出，激励大众创新，促进文化贸易的高速发展。

数字时代，消费者正从被动接受者转变成主动感受者和体验者，甚至是文化产品的创造者。借助数字时代的科技优势，在做好产品的基础上，利用各类方法促进文化衍生品的产出与传播，扩大产品知名度，促进消费者消费。但需注意把握好原产品与文化衍生品之间的关系，避免文化衍生品给原产品带来负面影响，影响到原产品的品牌声誉。

数字文化产品的生产者应满足消费者需求创作出优质的产品，拉动消费。数字文化产业若想良性发展，应注重提高内容质量。另外，注重情感化设计是产品创新设计的重要发展方向，提高产品带给消费者的精神关怀，激发消费者的情感共鸣是未来数字文化产品发展的趋势之一。

三、注重产品非主体内容设计

吸引消费者选取优质平台，加强与消费者联系，依据消费者的具体需求进行非主体内容设计，吸引其进行第一步的产品选择。此外，生产者需借助平台优势加强与消费者的联系，利用优质平台强大的资源整合能力和网络效应，将自身和消费者连接在一起，快速匹配供需，两者结合，帮助消费者获得更好的初触感觉，刺激其消费。

四、促进数字媒体与文化创意产业的紧密融合

自20世纪90年代以来，在信息技术浪潮的推动下，我国的数字媒体产业成为国民经济发展中最引人注目的增长点。以信息产业为主体的产业结构提升为大批与文化产业相关的新兴产业群的生长提供了新的技术基础，并反过来对一些传统文化产业领域产生了延伸影响。新技术革命背景下的文化需求推动了我国文化产业的发展。近十年来，我国创意产业已经发生了重大转变，成为与高科技，尤其是数码技术发展结合得最紧密的产业，这种跨界融合反过来影响和改变了传统文化产业的面貌。

目前，文化娱乐、新闻出版、教育等文化产业的主体或核心行业飞速发展。传统的文学、戏剧、展览馆和图书馆等正在和数字媒体紧密结合，碰撞出不一样的火花。创意资源的数字化制造过程缺乏统一的技术标准和行业规范，而创意资源的平台化制造可以实现软件集成、统一关联模型、多领域优化、数据、知识等技术的融合，并能与主流VR、AR、MR、3D全息成像等应用环境实现无缝集成。数字媒体与文化创意产业的有机结合，促进各自发展的同时，也为经济发展贡献了蓬勃的生命力，提高了文化产品的经济价值，也深化了数字媒体的艺术内涵。

文化创意产业的快速发展推动了服务业的进步，为制造业的发展提供了有利条件。数字媒体的即时性、互动性和广泛快速的传播性，为文化创意产业发展带来了深远影响。因此，两者是相辅相成的，促使对方发展的同时也为自身的繁荣提供了有利的契机。

● 本章小结

本章主要从文化创意产业发展现状、数字媒体与文化创意产业的关系、数字媒体对

文化创意产业的影响、数字文化产业发展策略这四个方面展开。目的是帮助大家了解文化创意产业发展现状，熟悉数字媒体与文化创意产业的关系以及数字媒体对文化创意产业的影响，了解数字文化发展策略。

● **思考题**

　　1. 请简述我国文化创意产业发展现状。

　　2. 论述数字媒体给文化创意产业带来哪些影响。

参考文献

［1］王歌风．建筑设计中的数字手段与虚拟现实技术［D］．北京：中央美术学院，2007：37.

［2］陈雪．数字产品特征及其多重定价策略研究［J］．平原大学学报，2006（5）：8-10.

［3］翟姗姗．数字产品的定价策略研究［J］．湖北经济学院学报(人文社会科学版)，2008（2）：69-70.

［4］尹海员．数字经济中的消费者数据隐私保护——基于数据伦理和数据所有权视角的探究［J］．经济学家，2023（4）：79-87.

［5］YANG Y，LYU J，WANG R，et al．A digital mask to safeguard patient privacy［J］．Nature Medicine，2022（28）：1883-1892.

［6］中国互联网络信息中心．第47次《中国互联网络发展状况统计报告》发布［J］．新闻世界，2021（3）：96.

［7］蒲嘉陵．印刷及出版传媒产业和技术发展的回顾与展望［J］．北京印刷学院学报，2018，26（10）：1-10.

［8］胡姣，彭红超，祝智庭．教育数字化转型的现实困境与突破路径［J］．现代远程教育研究，2022，34（5）：72-81.

［9］王超．产品设计的数字媒体表达方法研究［J］．大众文艺，2010，251（17）：43-44.

［10］李小青．基于用户心理研究的用户体验设计［J］．情报科学，2010，28（5）：763-767.

［11］徐健．响应式网页设计案例实现与分析［J］．信息与电脑，2018（6）：3.

［12］甄珍．认知心理学视域下UI界面设计研究［J］．科技创新与应用，2021（6）：102-104.

［13］罗仕鉴，龚蓉蓉，朱上上．面向用户体验的手持移动设备软件界面设计［J］．计算机辅助设计与图形学学报，2010，22（6）：1033-1041.

［14］刘雅琴．版式设计的立体化视觉［J］．新闻战线，2007（5）：31-32.

［15］刘丰杰．版式设计的形式美原则［J］．出版与发行，1986（6）：45-48.

［16］祝瑜，王毅，黄海燕．手机界面设计的视觉语言分析及其风格化设计艺术研究［J］．包装工程，2007（12）：218-220.

［17］杨鹤．扁平化——UI领域的简约主义［J］．北华航天工业学院学报，2015，25(5)：19-22.

［18］张晓娜，李青云. 基于手机游戏中UI界面的交互设计［J］. 电子技术与软件工程，2021（15）：31-32.

［19］刘倩茹，李栋宁. 基于审美体验的交互装置实体界面设计研究［J］. 设计，2021，34（11）：25-27.

［20］周正浩，杨晓云，余夏琳. 简述戏剧影视创作中对受众心理的把握［J］. 艺术大观，2020，57（21）：54-55.

［21］吴玉霞. 浅析电影艺术地域性的表现［J］. 电影文学，2014，616（19）：4-5.

［22］柯雨汐，欧阳瑰丽. 探索MG动画科普宣传的作用［J］. 中国包装，2022，42（7）：85-88.

［23］汪兰川，张娜，吕婉仪. 定格动画艺术形式在商业动画广告设计中的应用研究［J］. 设计，2016，242（11）：130-131.

［24］余颖怡. 动画电影的受众需求及其发展策略研究［J］. 电影文学，2023，816（3）：82-86.

［25］戴晓玲. 国产动画电影与受众心理［J］. 电影文学，2018，709（16）：113-115.

［26］刘明来，杨群. 动画角色设计［M］. 合肥：合肥工业大学出版社，2006：5.

［27］田红媛. 迪士尼动漫形象衍生品经营特色的启示［J］. 产业与科技论坛，2016，15（2）：127.

［28］袁晓黎. 景人一体　交互交融——论场景设计在动画片创作中的作用与特点［J］. 电影评介，2006（23）：21-22.

［29］赖亮鑫. 动画分镜头脚本的设计［J］. 艺术科技，2015，28（6）：28-29.

［30］郑畅. 基于新数字媒体技术下游戏的发展与创新思考［J］. 文化产业，2021（3）：159-160.

［31］谈嗣徽. VR技术在数字媒体艺术游戏设计中的应用［J］. 材料保护，2021，54（2）：202-203.

［32］彭燕来. NEOWIZ将推出多款PC游戏新作［J］. 计算机与网络，2020，46（20）：21.

［33］JEFFREY. 麻雀虽小 五脏俱全 史上最小的Xbox主机XSS［J］. 家庭影院技术，2020，273（10）：110-111.

［34］邓增强，朱铮涛，龙诗军. 3D街机游戏系统研究与应用［J］. 电脑知识与技术，2017，13（3）：202-205.

［35］陈浩. 游戏策划理论及方法研究与实现［J］. 卫星电视与宽带多媒体，2020（2）：205-206.

［36］李阳. 我国网络游戏市场研究［J］. 合作经济与科技，2005（23）：7-8.

［37］王子歌. 浅谈数字媒体艺术在游戏中的使用与创新［J］. 营销界，2021（3）：82-83.